LE PIÈGE

QUÉBÉCOIS

SPLENDEUR ET MISÈRE D'UN COUPLE D'IMMIGRÉS FRANÇAIS AU QUÉBEC.

Puisse Maria me pardonner ce que mon aveuglement lui a fait subir.

***

J'aurais aimé m'appeler Rodrigue, être né à Triana du côté de Séville, et du haut du mât de la Pinta, crier "Tierra" par une nuit d'octobre 1492. Mais je suis né à Limoges en 1950 et je n'ai pas le pied marin. Alors, je roule, je marche, je rêve. Il m'arrive même de faire des conneries. Voici le récit de l'une d'elles, nommée Québec et figurant en bonne place dans le peloton de tête de mon hit-parade.

Il serait certainement beaucoup plus facile de faire état d'une réussite, susciter envie et admiration plutôt que de narrer un échec retentissant. On apprend toujours de ses erreurs. Il est plus difficile d'apprendre des erreurs des autres, car on est toujours supposé plus malin. Et si je vous disais que de nombreux Québécois se font aussi fourrer par leur système, pour reprendre la terminologie locale ?

Le texte ci-dessous est un roman inspiré de faits réels, mais aussi le fruit plus ou moins partiel de l'imagination. Une vérité travestie, déformée, déplacée dans l'espace ou le temps n'est plus la vérité. Il s'agit d'un roman, mais l'exactitude de certains éléments et/ou documents peut le replacer dans la vérité. En conséquence de quoi, toute ressemblance avec des faits, lieux, organisations, services, personnages moraux ou physiques, et événements existants ou ayant existé ne serait pas toujours que pure coïncidence et il appartiendra au lecteur de le replacer ou pas dans le contexte romanesque. Et si parfois un quidam venait à se reconnaître, sera-ce toujours flatteur ?

Vous l'aurez compris : Ce bouquin est un ramassis d'affabulations. Sauf pour certains documents touchant à des aspects pouvant s'avérer techniques, historiques, juridiques ou sociétaux, accessibles à quiconque. Je force souvent le trait quitte à paraître amer, aigri ou désabusé. C'est souvent pour tenter un brin d'humour. C'est aussi parfois, hélas, un vrai ressenti. Je sais bien que le lecteur de ces lignes pourra être dans une situation psychologique ressemblant à la mienne lorsque j'ai pris la décision d'immigrer au Québec. Puissent les quelques lignes qui suivent les aider à gratter au-delà de l'image d'Épinal, à contenir leur euphorie et murir leur décision. Non, le Québec n'est pas le paradis.

Le récit de nos "aventures québécoises" est retracé en s'efforçant de coller au plus près de la réalité et de nos ressentis. Il ne prétend pas être exhaustif, encore moins servir de base juridique. Il s'agit simplement pour moi de narrer une expérience de vie, la rencontre du rêve qui fut le nôtre avec les réalités du Pontiac et au-delà, du Québec. Une histoire humaine, avec parfois ses grandeurs et toujours les faiblesses qui s'y attachent. Mon but est de mettre en évidence quels furent nos désirs, aspirations, mais également et surtout nos erreurs. Car l'échec n'est pas toujours et seulement la faute des autres. Ce sera donc sans complaisance à mon égard et avec un maximum d'honnêteté que je ferai état de mes fautes, imprudences et autres carences. Je tenterai de mettre un peu d'humour dans ce texte, car finalement, il vaut mieux en rire et surtout ne pas trop se prendre au sérieux. Car après tout, n'a-t-on jamais vu un coffre-fort suivre un corbillard ? Puisse la lecture de cet ouvrage éviter à ceux l'auront parcouru de répéter nos erreurs !

Alors, mensonges ? Il y a aussi la vérité du terrain, du solide, de l'indiscutable : une superbe maison, un parc d'agrément, deux chalets neufs quatre étoiles, tout ça balayé par les vents glaciaux. Maudit blizzard emportant dans la folie de ses tourbillons des années de travail acharné, de vraies passions, de grands espoirs et un sacré paquet de dollars. Et ce paquet de fric perdu nous donne *a minima* le droit d'exprimer haut et fort notre ressenti, n'en déplaise aux beaux parleurs Canadiens.

L'auteur.

Un écrivain du "Grand dehors"[1] : Joël Jean Deplanque.

Il est des êtres et des auteurs inclassables. Joël Jean Deplanque, découvreur des Chutes Vieux Broussard, est de ceux-là. La haute silhouette sombre impressionne, son regard ne s'oublie pas et pourtant Dieu sait que la Guyane offre de nombreux types de personnalités des plus sympathiques au plus étranges.

La Guyane, nom magique des rêves fous, la "Terre sacrée" des Amérindiens, cette Guyane qu'il connaît mieux que quiconque puisque depuis plus de onze années, il l'a saisie à bras le corps pour en traquer les beautés et déjouer les pièges. Aguerri par de longs périples antérieurs sur les pentes des Pyrénées, il a appris, en bon montagnard, à économiser son souffle pour cheminer pendant des heures sans fatigue. Le soir, dans une clairière, quand le feu de camp éloigne les ombres de la nuit, il abandonne son fusil favori - un drilling - pour offrir le "Carburant du chercheur d'or" ou, guitare en main, redonner toute sa poésie à une chanson de Brassens avant de scander les incantations heurtées des Rolling Stones.

La jungle ?

Il en a parcouru les layons, exploré les criques, tracé ses propres sentes en forestier professionnel habité par la passion des arbres et de la nature. Mais c'est aussi un homme du fleuve, le mystérieux Maroni ; un homme de la frontière où se rencontrent chasseurs, trafiquants très éclectiques, bandits à l'affût du butin des orpailleurs, aventuriers de tous poils et de toutes nationalités. Sur l'une des dernières vraies frontières, résurgence actuelle du Far-West mythique, l'autorité fluctue au rythme des instincts enfiévrés par l'alcool, l'appât du lucre et des désirs brutaux. Zone incroyable où certains payent un simple Coca-cola... en paillettes d'or. Pays de grands chasseurs et de chasses à l'homme, une bonne arme y vaut mieux parfois que le plus officiel des documents.

Le calme apparent de notre écrivain est trompeur, même dans son quartier général de Saint-Laurent du Maroni où, pour se délasser entre deux expéditions, il compose ses récits époustouflants. Converser avec lui n'est jamais de tout repos. L'esprit railleur toujours en éveil, il excelle à fustiger les médiocres... et la médiocrité. Ses réparties cocasses souvent rabelaisiennes désarçonnent. D'une boutade dévastatrice, il met en valeur l'incongruité des situations. L'uppercut des mots martèle, essouffle, meurtrit. Sangdiou ! Qu'il a la dent dure ! (La griffe acérée plutôt de ses amis jaguars) et, à la joie de rire avec lui des travers qu'il souligne, se mêle l'amère satisfaction de se sentir soi-même épargné, mais pour combien de temps encore? Ni dupe des êtres ni des institutions, il appartient à la race des hommes libres, des résistants par nature. Pour lutter contre les nouveaux barbares qui infiltrent la vie quotidienne, il a choisi, au sens propre ce qu'Ernst Jünger

---

[1] Selon la belle définition de Michel Le Bris.

appelle "Le retour aux forêts". Il sait y puiser régulièrement l'énergie qui aide à échapper à la veulerie moutonnière et faire échec à la brutalité sadique des Huns modernes prêts à l'assaut.

Mais d'où tire-t-il aussi cette puissance hors du commun ? Sa volonté a la dureté inébranlable du granit. Celui de la vieille terre limousine de ses aïeux. Et quand s'apaise sa verve combative, brillent furtivement des pans de son âme. Une âme qui a gardé au plus profond d'elle-même, depuis l'enfance, la pureté des étangs perdus dans les collines où le reflet doré des genêts en fleur succède à l'éclat du ciel si bleu après l'averse. Une âme qu'enflamment le goût de la belle ouvrage, le respect de la noble simplicité paysanne et des gestes généreux. Le sang des preux de la "Cortezia" occitane coule intact dans ses veines. Il vit, parle, écrit comme un grand fleuve chasse. A chaque instant, il doit (Et il sait) s'adapter, improviser pour dominer les événements ou écarter les malfaisants. Sans compromission, capable de réflexes fulgurants, d'une violence extrême, mais sans cruauté inutile, il survit comme les personnages de ses romans : Inflexible, ironique, jamais indifférent. Avec chacun de ses ouvrages se trouve confirmé l'adage "Le style est l'homme même". Il bouscule les clichés, déménage les idées reçues, broie les archétypes, balaye les (Tristes) topiques, renouvelle ainsi le roman d'aventure en décuplant le pouvoir d'une écriture à multiples facettes. Il transporte le lecteur dans les recoins les plus secrets de l'Amazonie guyanaise. Mais attention, cœurs sensibles, esprits fragiles, Joël Jean Deplanque a peiné, sué, saigné dans les grands espaces, affronté des êtres sortant de l'ordinaire et, bon gré mal gré, nous entraîne à sa suite, sans pitié pour les timorés. Le chasseur Matéra dit "Le Killer" son héros - Son double plutôt - c'est un regard à la dignité farouche. Un témoin vigilant, amoureux de la forêt vierge, intransigeant sur les devoirs qu'implique l'amitié. C'est aussi le spécialiste inflexible qui, comme un maître en arts martiaux, peut renvoyer la mort à ceux qui veulent la répandre.

Compromis sur les principes, connais pas ! Moraliste alors ? Peut-être. Au panache discret ! Joël Jean DEPLANQUE, un vrai conteur, un homme étonnant quelque part là-bas aux limites de la France et du Surinam, à Saint-Laurent du Maroni en Guyane.

14 juin 1995.

Henri Bernard CATU.S..

IMMIGRATION AU QUÉBEC

MIRAGE OU RÉALITÉ ?

Ah, l'immense Canada où les rails de chemin de fer reliant une côte à l'autre se dilatent ou se contractent de 10 kilomètres… Pays comptant 32000 lacs de plus de 3 Km²… Nous avons tous reçu ce message humoristique caricaturant la vie au Canada. Le nouvel arrivant découvre, apprécie la nature, l'hiver, les animaux. Il se lasse vite et finit par en avoir marre, vouloir assommer le conducteur du chasse-neige, souhaite que les chasseurs exterminent le gibier, etc. Simple caricature, pur hasard, évolution logique des ressentis ? Y a-t-il du vrai dans ce qui demeure avant tout un gag ?

PARTIE 1

NOS BELLES ANNÉES

Afin de donner plus de sens à cet ouvrage et d'en faciliter la bonne compréhension par le lecteur, je ferai une courte présentation de nos personnalités, en évitant de "raconter nos vies" et cursus par le détail. Il s'agit en effet et avant tout d'une aventure humaine qui ne saurait se soustraire à ces préliminaires.

Maria et moi sommes issus d'une ruralité que nous revendiquons haut et fort.

MARIA.

Maria est née en Andalousie en juin 1949. Sa famille est originaire de la région d'Albacete et une branche s'établira en Andalousie. Les parents de Maria possédaient une usine de savon à Baños de la Encina, près de LINARES au sud de l'Espagne.. Un océan d'oliviers dominé par le plus ancien château d'Europe… Un soleil de plomb forgeant des gens nobles. En cette terre catholique, être protestant est une difficulté pouvant couter cher. Pendant la guerre civile, le père de Maria échappera de peu à l'épuration, prévenu qu'il fut par un voisin : *"Ils vont venir te chercher."*. Ainsi chante Brassens *"Les braves gens n'aiment pas que l'on suive une autre route qu'eux"*...

Le père de Maria fait figure de personne aisée en ce milieu rural pas encore contaminé par le modernisme. On l'appelle respectueusement Don Tomas. Signe extérieur de richesse établissant définitivement et sans contestation possible un statut social pour le moins enviable, le numéro de téléphone de la famille de Tomasa et Tomas Garrido est le 3 à Baños de la Encina. Le 3… C'est dire ! La famille fabrique du savon à partir des résidus d'huile d'olive, préalablement mis à décanter dans de grands bacs, et traités à la soude. Une fois moulées les barres sont découpées à la machine. Après quoi les cubes de savon sont estampillés et mis à sécher avant d'être commercialisés. Pendant une vingtaine d'années les affaires marchent bien. C'est dans les années cinquante qu'arrive sur le marché le savon en poudre. Cette nouveauté contient de perfides, mais attractives parcelles de couleur. Il faudrait restructurer l'usine, ce qui nécessite de gros investissements. Il est décidé d'arrêter la savonnerie, de construire et de se replier sur une *huerta*, sorte de mas noyé dans les oliviers à proximité de la coopérative de Baños. C'est la vie à la campagne et le dur travail des oliviers. Plus de quatre-cents poules blanches, des cochons, des lapins sont élevés à la huerta de Renacuajar ! La terre est très riche, mais la pluviosité reste faible. Un puits est creusé, équipé d'une noria venant compenser les aléas météorologiques. Un astucieux système d'irrigation est aménagé. Tomates, fruits, melons poussent en abondance et nourrissent la famille, mais aussi les animaux.

Dans la plus pure tradition locale, la mère de Maria ne dédaigne pas capturer des grives à l'aide de pièges et de collets. Cette activité restera une des composantes de l'éducation de Maria. Sa mère est l'ainée de treize enfants, fille de maçon, aucune tâche ne la rebute. Elle maniera truelle et marteau avec la même aisance que face à sa machine à coudre ou ses instruments de cuisine. Plus "littéraire", peu attaché aux biens terrestres, le père de Maria garde la tête sur les épaules et se plait à plaisanter :

"*Cuando tenia dinero, me llamavan Don Tomas.*
Ahora que no tengo, me llaman Tomas, no mas".

(Quand j'avais de l'argent, on m'appelait Don Tomas. Maintenant que je n'en ai plus, on m'appelle Tomas tout court). Comme beaucoup d'Andalous, ils quitteront leur province natale pour venir s'établir en Catalogne, région bien plus industrialisée et offrant de meilleures perspectives d'avenir. Maria est l'avant-dernière de sept enfants dont cinq filles. La motivation principale poussant ses parents à partir vers le nord était de ne pas voir se marier leurs filles avec des employés des mines de plomb de la région, la plupart mourant prématurément, victimes de la terrible silicose. Ce fut donc le départ pour Tarrassa, ville champignon de la banlieue de Barcelone. A cette époque charnière, l'Espagne s'apprête à basculer dans le modernisme. Le général Franco est encore Caudillo et le pays se découvre une nouvelle richesse : Le tourisme. C'est donc à l'automne mille neuf cent cinquante-six, à l'âge de sept ans que Maria se retrouve toute jeune déracinée. Ici, le drapeau sang et or flotte sur la marmite. En cette région industrielle de Catalogne le travail est abondant et l'accueil chaleureux. Il n'en ira pas de même quelques années plus tard, le marché de l'emploi commençant à s'essouffler. Difficultés aidant, la culture régionale s'exacerbera. Ici, on parle catalan et les Andalous seront parfois montrés du doigt, envahisseurs Espagnols en terre espagnole. Pourtant, dans cette famille échaudée par les horreurs de la guerre civile, on ne fait pas de politique et les valeurs du travail y sont parfaitement enracinées, dans la plus pure tradition ibérique.

Financée par des missionnaires Américains, dirigée par la Señorita Maria Bolet, une école biblique forme Maria à Err, petit village de Cerdagne, blotti au pied des contreforts du Cambre d'Aze. L'enseignement dispensé est gratuit. Seule, la nourriture est payante, de là l'obligation de travailler l'extérieur. Pour Maria ce sera un emploi à Font-Romeu, station préolympique, aux hôtels Carlit et Cimes, pendant les congés scolaires.

JOËL.

Je suis né en Haute Vienne en 1950. Ma mère avait dû mettre de l'impulsivité dans mes biberons. Je suis l'ainé de trois enfants dont une sœur et mes parents m'initieront rapidement à la mobilité. A l'âge de cinq ans, nous quittons Limoges et nous établissons à Thouron, petit village à une vingtaine de kilomètres de la préfecture. Ma mère travaillera comme chef comptable. Quant à mon père, c'est un dur. Moniteur parachutiste, brevet N° 707 ! Il a fait les deux séjours en Indochine et sur les 800 hommes composant son bataillon, seuls 53 sont revenus vivants... Sa carrière de militaire le transporte au Maroc où ma mère le rejoint.

Notre grand-mère maternelle s'occupe de nous. Je la terrorisais avec des vipères que je mettais vivantes dans mes poches d'où je les extrayais sans précautions particulières[2]. À la fin des années cinquante, nous partons tous pour Dakar et y resterons un peu moins de deux ans. Du Sénégal, je ne conserve que quelques bribes de souvenirs, des odeurs et couleurs. Et des rappels cuisants... Pour cause d'indiscipline avérée, je fréquenterai plusieurs établissements scolaires, un des derniers étant l'école de la Cathédrale de Dakar. Là, les pères maristes m'apprendront quelques rudiments d'ordre et de respect. Avec l'aide efficace de mon père... À cette époque, la génération Pepsi, personne ne connaît. Je goutais régulièrement aux joies pédagogiques de la ceinture de corde blanche et pleine de nœuds des maristes.

Je me souviens avoir mangé les fruits du baobab, ces "pains de singe". Outre une moelle blanche comestible de consistance rappelant celle du sureau, ils contenaient des graines noires très dures que les "copains" d'école locaux frottaient énergiquement sur le sol de béton de la classe. Aussitôt appliquées sur la peau de nos jambes, elles nous infligeaient de belles brûlures. C'était le début de la spirale : indiscipline, cris de douleur, règlements de comptes, bagarres, sanctions, problèmes du retour à la maison...

En 1959, juste avant l'indépendance, nous quittons le Sénégal et rentrons à Thouron. Comme beaucoup de parachutistes se sentant trahis par la politique, mon père prendra sa retraite en 1962. Nous partirons à Saint-Yrieix la Perche, au sud du département où mes parents achèteront une ferme d'une vingtaine d'hectares. Pour mon père c'est un retour aux sources. Quant à ma mère, elle passe du statut de chef comptable à celui d'agricultrice... C'est sur cette terre acide, ingrate, exigeante que je m'imprégnerai à la fois de ruralité et d'une sagesse (?) souvent très relative.

Les foins, moissons, onglées, maux de reins seront le quotidien de ma formation non mécanisée. Il faudra y ajouter les labours à l'aide de vaches, l'abattage de haies au passe-partout, le ramassage des topinambours et autres joyeusetés du même tonneau. Mais pourquoi donc ne m'a-t-on pas prénommé Manuel ? Solidarité

---

[2] Authentique ! En la matière je souhaitais sans doute faire encore plus fort que mon moniteur de père ! Je ne me suis jamais fait mordre, mais si papa m'avait vu tripoter de la sorte ces reptiles, nul doute que j'aurais reçu de ses mains la correction qu'imposait ce comportement quasi suicidaire.

oblige, quand ce n'est pas chez nous, c'est chez les voisins. Je poursuis mes études sans trop de zèle, c'est le moins que l'on puisse dire, l'appréciation *"peut mieux faire"* étant régulièrement portée au cahier de notes et suscitant bon nombre de corrections post signatures du dit carnet. Je fréquente le Lycée Darnet à Saint-Yrieix la Perche. Les élèves sont pour la plupart des citadins ayant oublié, ou faisant semblant d'oublier leurs origines rurales. Il n'y a rien de pire…

Des remarques nauséabondes suintent parfois de quelques camarades enseignants. L'un d'eux, me fixant lourdement dans les yeux, assènera que les parachutistes ont du sang sur les mains. Encore un tocard ayant oublié que les guerres coloniales de la France sont dues à la très socialiste quatrième république... Je me rends en vélo à l'école distante de cinq kilomètres et y arrive souvent les vêtements crottés par la boue d'une mauvaise piste. Cela me vaudra les reproches acerbes d'un professeur évidemment socialiste et accessoirement conseiller municipal, que mon père devra "ramener à la raison". Rapidement, avec succès, et via une méthode pour le moins musclée. Mais ça fera plus d'effets qu'une messe, car quelque temps plus tard, la route sera même goudronnée ! Comme quoi, quand on sait demander gentiment...

Après plusieurs travaux importants, mes parents ouvrent un restaurant à la ferme. Les spécialités vont de l'omelette aux cèpes à la soupe chinoise ou au couscous. Plus d'une fois, je tournerai la broche d'un méchoui.

C'est la période charnière des yéyés et évidemment, en même temps que je fais des efforts colossaux pour transformer un timide duvet en barbe drue, je deviens rebelle… Tellement rebelle qu'un soir, excédé par mon indiscipline, mon père me donnera le choix entre une école militaire et une formation agricole. Il me laisse la nuit pour réfléchir. Rebelle viscéral, mais nullement guerrier, j'opterai évidemment pour l'agriculture[3]. Quelques années plus tard, j'oserai même affirmer - sans rire - que c'est chez moi, une vocation !

C'est ainsi que je débarque au FPA, Foyer de Progrès Agricole de Saint-Yrieix la Perche en Haute-Vienne. L'ambiance y est radicalement différente et je m'y sens bien. Tellement bien que j'obtiens de très bons résultats, toujours sans trop forcer sur le travail. Intelligent, mais foncièrement paresseux, il me suffit d'écouter les cours pour apprendre. Entre deux blagues et trois gags...

C'est dans ce petit établissement scolaire à l'ambiance familiale que je connaitrai mes meilleurs professeurs. Ici, tout le monde se connaît et les élèves étant presque tous fils d'agriculteurs, il se crée naturellement un socle commun, terreau d'une solidarité jamais démentie. Les intellectuels autoproclamés des autres écoles nous ont surnommés les *"betteraves boys"* mais nous n'en avons cure. Les mois passent et peu à peu, entre cours et travaux à la ferme, la ruralité finit par s'installer en moi, en même temps que la notion de solidarité vraie. Je connaitrai le travail harassant des batteuses, et les repas pantagruéliques qui vont avec. L'immersion se poursuivra au lycée agricole des Vaseix près de Limoges puis à l'école forestière de Meymac en Corrèze où j'achèverai mon cursus scolaire en passant le concours d'entrée à l'Office National des forêts.

---

[3] Authentique.

Finalement, toutes ces années - quoique mouvementées - et le milieu au sein duquel j'évoluais auront contribué à faire de moi un rural. A géométrie variable toutefois, cette ruralité variant du vernis aux profondes racines, solidement ancrées. Pourtant, rien n'interdit à un rural de s'autoriser quelques libertés. Alors, je reste un spécimen... Que dis-je ? Je m'obstine à refuser d'entrer dans quelque moule que ce soit et m'attache à une spécificité certaine... Le but de ce livre n'étant pas de raconter par le menu aventures et quatre-cents coups, je passerai sous silence mes "exploits".

Avec le recul, cette époque basée sur le travail et l'attachement à la terre apparait comme du pain blanc. Nous faisions nos légumes, notre viande, et même notre poisson, grâce à trois étangs en cascade créés par mon père. Je n'appréciais que modérément les choses vraies, gavé que j'étais de foie gras, de pâtés truffés, de jambons maison. Nous étions des rois et, moi, roi des petits cons, je ne le savais pas encore. Qui aujourd'hui peut prétendre vivre de la sorte ? Je réalise maintenant que cette royale qualité de vie est passée en quelques années de la norme à l'exception. Il faut être riche pour vivre cette approche de l'autarcie qualitative, bio, celle qui permet de manger et boire les produits de sa terre. Qu'est devenu le paysan, "pauvre", mais libre ? Sous prétexte de remembrement, de concurrence stupide entre voisins et de mécanisation à outrance, il s'est créé de nouveaux besoins, livré aux banques, asservi à Bruxelles. L'imbécile a cru pouvoir s'affranchir d'une condition réputée difficile. Leurrées par les feux de la ville et les tables de formica, les filles fuyaient la vie de la ferme. Le signal d'une irrésistible fuite en avant était donné. Victime de ce mirage qu'est l'espoir d'un succès, l'agriculteur devenu chef d'entreprise doit désormais passer par un abattoir pour tuer son cochon aux hormones... Progrès que ça s'appelle.

"Pauvres cons" serait-on tenté de dire ! Mais comment résister à une mécanisation promettant de faciliter les durs travaux manuels ? Comment ne pas souhaiter posséder un tracteur plus gros que celui que celui de son voisin ? En fait, le paysan est un homme comme les autres, avec ses défauts et qualités. L'arrivée des apéritifs anisés et du whisky snobinard sur les tables des repas de batteuses, préalable au cidre parfois bouché et du vin rouge fut un des signes avant-coureurs d'une mutation aux conséquences incalculables. Cela faisait des siècles que la solidarité paysanne se pérennisait, que de solides marchés étaient signés à grands coups de verres de cidre et simples poignées de main. Autre catalyseur d'un individualisme briseur de liens sociaux, l'arrivée de la moissonneuse batteuse permettait à chacun de faire sa récolte sans avoir à recourir à l'aide des voisins. Ce faisant, nul besoin de renvoyer l'ascenseur en allant travailler chez celui-ci. A leur tour, et s'invitant à la même époque, télévision et électroménager participèrent à la sape des fondations. La notion de bel ouvrage campant la réputation de ces travailleurs fut alors supplantée par le besoin de posséder un tracteur plus puissant que le voisin. Le paysan devint chef d'entreprise, commença à rêver de congés. Les banques étaient là pour "aider".

PARTIE 2

Chapitre 1

Montagnes Pyrénées...

Le 28 novembre 1971, j'arrive en gare de La Cabanasse, département des Pyrénées Orientales, affecté en tant qu'agent technique stagiaire de l'Office National des Forêts au poste de La Llagonne, petit village du Capcir près de Mont-Louis. Le soir même, baptême du feu (c'est le cas de le dire) avec une marche de plusieurs kilomètres dans la neige, un collègue pour le moins zélé ayant signalé un incendie de forêt imaginaire... Bizutage ? Le lendemain, la couche de poudreuse aura épaissi d'un mètre. Le travail de forestier ne commencera qu'au printemps. En attendant, nous ferons du ski jusqu'à saturation, ne payant pas les remontées. Moi qui avais peur du grand plongeon dans la vie active, je rigole. Un travail comme celui-là, c'est exactement ce qu'il me fallait !

Quelques jours après mon arrivée, j'aménage dans la maison forestière qui m'est attribuée à La Llagonne. Il serait incongru de parler de déménagement, je ne disposais alors que d'une valise ! J'achète le strict minimum à savoir un lit, table de cuisine, quelques chaises et casseroles. Mes moyens financiers sont limités et ce n'est pas mon premier salaire qui me permettra de faire des folies : En 1971, je percevrai moins de mille francs par mois...

Le maire du village est aussi exploitant forestier. C'est un homme très sympathique qui me fournira gratuitement du bois de sciage. Je me lance dans le bricolage et équipe petit à petit et à peu de frais la maison qui à force de vis, de coups de marteau, ponçages et vernissages, prend un peu de vie. Mon intérieur sera du genre rustique, mais agréable. D'autant plus que je suis encore célibataire...

Pendant les deux premiers hivers je ne chaufferai pas et dormirai en laissant ouvertes les fenêtres de la chambre, même par des températures extérieures flirtant avec des moins vingt... Les gens me prendront pour un fou (Y compris certains amis du C.N.E.C.[4] de Mont-Louis), mais je ne serai jamais enrhumé ! Par contre, je devrai laisser couler les robinets afin d'éviter aux tuyauteries de geler. La maison forestière doit être abonnée aux originaux, car un de mes prédécesseurs n'avait rien trouvé de mieux que d'essayer de vivre en se nourrissant exclusivement d'eau sucrée...

La vie de célibataire touche à sa fin et le 9 septembre 1973, Maria et moi, nous marions.

A La Llagonne, mon logement de fonction est au centre du village. Cette maison est mal isolée au plan phonique et les pièces sont petites. De plus, avec un collègue au-dessus et ses enfants en bas âge, certains moments sont difficiles et nous devons faire preuve de bonne volonté et tolérance. Les étés se suivent avec la saison des martelages et les tournées de surveillance. Le chef de triage que je suis a environ

---

[4] Centre National d'Entrainement Commando.

3000 hectares sous sa responsabilité. Je les arpente en tous sens. Chasseur, je repère le gibier. Bientôt, je connaitrai "mes" animaux "par leurs prénoms".

Je suis notamment responsable de la forêt domaniale de Barrés qui s'étire jusqu'au lac des Bouillouses au pied du massif du Carlit. Le site est très touristique et je dois sévir contre le camping sauvage, les dépôts d'ordures en forêt. L'ennemi principal reste le feu et je connaitrai une paire d'incendies dévastateurs. Sans parler des écobuages[5], souvent hautement comiques.

J'ai beaucoup de chance : Mes supérieurs hiérarchiques sont de "l'ancienne école", aux méthodes et principes hérités de l'Administration des Eaux & Forêts. L'ordre règne, le respect est réciproque, l'ambiance studieuse et malgré quelques coups de gueule sans conséquence tout se passe bien, comme en famille. Peu à peu, avec de tels maîtres, le métier de forestier prend le dessus sur les connaissances acquises à l'école forestière. Il y aura de la passion dans l'exercice de cette fonction. Il faut dire qu'à l'époque, le garde forestier était sur le terrain, se battait pour une cause, la servait. Aujourd'hui, l'agent est parfois réduit à un rôle de larbin dénué de vocation, s'échinant pour un intérêt trop souvent économique, planté devant son ordinateur, s'acharnant à brader en quelques décennies les acquis de plusieurs siècles de gestion conservatrice.

---

[5] Feu mis volontairement aux pâturages, par et sous le contrôle des éleveurs, assistés des forestiers.

Nous passerons treize ans dans ce merveilleux département des Pyrénées Orientales. Un soir d'hiver, nous sommes invités à passer une soirée chez un ami militaire. Celui-ci nous montrera une série de diapositives sur la Nouvelle Calédonie et notamment l'Ile des Pins. Lorsque nous sortons de chez lui vers les deux heures du matin, un vent glacial nous gifle tout le long de la ruelle menant à la maison forestière. Une fois arrivés, Maria posera le problème très simplement :

- Et pourquoi ne partirions-nous pas ? Tu es fonctionnaire, ça ne serait pas une aventure trop risquée. Les enfants sont jeunes, s'adapteront facilement...

C'est vrai que regarder la neige passer à l'horizontale... Et puis, ce besoin permanent de changement, cette lassitude découlant de la routine... Partir, découvrir, vivre...

Pourtant, que ces années furent belles et agréables ! Je pense souvent avec émotion à ces vrais forestiers, ces humanistes que furent Messieurs Canal, Brizard, Bataille et bien d'autres encore. Ce sont eux qui surent me former, m'inculquer les bases du métier de forestiers, et au-delà, affirmer par leur exemple de solides valeurs humaines. Je ne peux oublier de citer notre ami Laurent Balaguer, aujourd'hui décédé après plusieurs années passées cloué sur un fauteuil suite à un accident. Voilà un homme qui avec son épouse Ginette, reste pour moi un exemple de courage et de dynamisme, créateurs et gérants de leur petite station du col de la Quillane.

Je fais de la CB et dès le lendemain, pars à la pêche aux renseignements. Une soirée entre amis, quelques diapositives... Ce n'est que bien des années plus tard et après un coup similaire que je réaliserai l'incroyable impact que peuvent avoir des évènements anodins sur le cours de nos vies.

Les T.O.M. ou Territoires d'Outre-Mer recrutent au plan local et donc en ce qui me concerne, la question est réglée. Ne restent que les D.O.M. ou Départements d'Outre-Mer. Le choix est finalement très simple : Quel département d'outremer me convient le mieux ? Il me faut de grands espaces et j'élimine d'emblée ces petits cailloux que sont les Antilles et la Réunion. Reste la Guyane, sa forêt amazonienne, son potentiel cynégétique...

Il faut bien sûr ne pas partir la fleur au fusil et collecter un maximum d'informations sur la scolarité, les écoles. Pas question de sacrifier l'éducation des enfants contre un subit besoin d'exotisme. Nous serons totalement rassurés sur ce point lorsqu'une école nous sera fortement conseillée par plusieurs de nos contacts, l'argument étant la notion qu'à sa directrice relativement à la discipline. Oui, même si je m'autorise une lecture très souple des réglementations en termes de chasse et de pêche, je reste très attaché au strict respect de la discipline chez mes enfants.

Par chance, un technicien forestier de Cayenne, également C-Biste, m'informe en temps réel des postes vacants et des différents évènements faisant les délices de l'O.N.F. Guyane. Je postule pour un poste à Saint-Laurent du Maroni, ancienne ville du bagne. Je me fais pistonner par un "voisin" ayant occupé de hautes fonctions à la direction générale de l'O.N.F. Nous serons onze à demander ce poste mais la commission paritaire me l'attribuera... Je passerai plusieurs mois à rêver de reptiles géants et félins tachetés. Notre déménageur est un ancien de Cayenne. J'ai toujours refusé de payer une redevance et c'est en voyant le simple porte-manteau métallique nous servant d'antenne de télévision qu'il s'écrira, tout sourire et sûr de lui:

- Toi mon gars, tu es fait pour la Guyane !

Le travail. Ou plutôt ce qui est surnommé ainsi ? Rien à voir avec les missions qui étaient les nôtres dans les Pyrénées. D'ailleurs, un de mes prédécesseurs auquel j'avais écrit m'avait prévenu par retour de courrier en ces termes :

"Si tu aimes le travail forestier, le vrai travail forestier, reste en Métropole et ne viens pas en Guyane. Par contre, si tu aimes la chasse, la pêche, la planche à voile, alors tu peux venir [6]*"*.

Il y a des gens comme ça, qui ne doutent de rien, croient pouvoir vous dégoûter avec de tels arguments. Il n'est pas dans mon habitude de reculer devant des obstacles (surtout de ce style) et je postulerai pour l'enfer vert. A deux mains !

Un container de vingt pieds est chargé de nos effets personnels puis part pour Marseille.

Avec, évidemment, deux planches à voile à son bord.

Nous passerons les derniers jours de mars 1984 au logement de passage de La Cabanasse. Instant chargé d'émotion partagée, Emile Bataille, mon chef de secteur et ami, versera une larme communicative lorsque nous nous quitterons. J'en ferai autant quelques heures plus tard, regardant par la vitre du train longeant la soulane du Carol[7], une chevrée de paisibles isards, taches roses au flanc de la montagne. Une montagne qui en cet instant précis déversera sur moi, le torrent des souvenirs de l'avoir sillonnée. Alors, ma gorge se nouera, en proie à une subite poussée d'angoisse. Un capitaine des douanes de Cayenne, C-Biste m'avait conseillé d'oublier la Guyane et de rester en Pyrénées. Le départ de cette magnifique région, est-il vraiment une bonne chose ? Il faut vivre dangereusement. Un avenir serein s'ouvrira en même temps que le train sortant du tunnel du Puymorens retrouvera la lumière.

J'avais lu le livre de Peyrefitte *"Le mal Français"* et étais encore imprégné de la thèse que l'auteur y développait : l'aspect élitiste des migrants pour l'Amérique, leur esprit alors critique, leur refus de la routine et leur légitime aspiration à un monde meilleur. J'étais persuadé de trouver en Guyane des iconoclastes, idéalistes avides de liberté. Je m'étais persuadé de pouvoir y servir une cause noble, dans un monde à ma vraie mesure. En fait, j'ignorais une fois encore le bonheur dans lequel je baignais, et avais besoin de changement. Besoin aussi d'un nouvel ennemi à combattre ! Dans ces si belles Pyrénées, je me battais pour la forêt, contre les pentes, les hivers, mais l'habitude s'était installée, réduisant à néant l'imprévu.

Lequel d'entre nous, cultivant le rêve, ne s'est-il jamais installé face à une mappemonde, un globe terrestre, éliminant au fur et à mesure qu'il les parcourait du regard et de l'imagination, tel pays, tel autre monde, telle échelle de valeurs supposées ? Moi, en cet instant précis, simple passager de ce train, balloté entre rail irrégulier, espoirs et regrets, je savais y aller.

---

[6] Authentique.
[7] Versant sud, dominant la vallée du Carol, proche du col de Puymorens.

Chapitre 2

L'O.N.F. Guyane.

C'est le 28 mars 1984 que la porte du Boeing s'ouvre pour nous sur l'aéroport de Cayenne Rochambeau. Le choc thermique est au rendez-vous et ma chemise me colle vite à la peau. Par défi à tous les bobards racontés sur la Guyane, je me tourne vers Maria et lui lance :
- On va tous crever.
Dans l'attente de notre voiture, un station-wagon Toyota HJ60, nous passerons quelques jours chez un ami C-Biste de Cayenne. Ce sera aussi l'occasion de découvrir la chasse en Guyane, non sans appréhension, mais c'est une autre histoire. Le fond sonore nocturne se résume à un concert de petites grenouilles criant une suite ininterrompue de "oui, oui, oui, oui...". Le 30 mars, nous rejoignons Saint-Laurent du Maroni à 245 kilomètres de Cayenne, via une route étroite et bosselée sur laquelle notre Toyota rebondit allégrement parmi une incroyable densité de morphos[8], densité que nous ne rencontrerons plus jamais.

L'ingénieur des Travaux est un petit bonhomme trapu à lunettes. L'accueil est limite glacial. Il me fait un caca nerveux au prétexte que je ne l'ai pas prévenu de notre arrivée. Il examinera notre Toyota bleu et me demandera :
- Pourquoi avez-vous une voiture aussi grosse ?
- J'aime pas les petites[9]...
- Effectivement, c'est une bonne raison. Bien, je vais vous conduire au logement de passage.

La chorale des grenouilles de Cayenne a du nous suivre car nous avons droit au même récital... Le lendemain 31 mars, nous recevons notre container de déménagement contenant nos effets personnels, dont nos armes. En guise de poisson d'avril, nous recevrons la nuit même la visite d'un trio de voleurs, venus tester sans doute les capacités d'intégration du nouveau blanc. J'avais été averti par un technicien et étais prêt dans ma tête, psychologiquement déterminé par des récits violents à agir sans trop m'attarder sur la case réflexion. Attitude périlleuse s'il en est. La poudre parlera et rassurera durablement nos visiteurs nocturnes quant à nos capacités d'adaptation... L'un d'eux emporte en guise de souvenir une ogive de 22LR. L'ordre est revenu, et je peux me recoucher.

Trois jours de Guyane, ça commence bien... Il est vrai qu'il m'a été conseillé de posséder une arme non déclarée, une simple machette, à mettre dans les mains d'un agresseur une fois celui-ci neutralisé. Dans le cas où ça tournerait mal. Ce faisant, la légitime défense serait établie, l'enquête simplifiée... La méthode me sera confirmée, et conseillée à plusieurs reprises par des amis porteurs de képis. Brrr...

Ici, c'est bien plus l'Amérique du Sud que la France...

---

[8] Papillons aux ailes de couleur bleu métallisé.
[9] Authentique.

En 1984 Saint-Laurent du Maroni est encore un paradis. Ne l'appelle-t-on pas le "Petit Paris" ? La vie s'y écoule tranquillement, entre sieste et tropicale nonchalance. La majorité créole est courtoise. Les gens se saluent, sont un brin bon enfant. Ici, on rigole de bon cœur, et on n'est pas du tout pointilleux sur la ponctualité. Nous habitons une grande maison du quartier résidentiel, un ancien logement de fonction de gardiens du bagne. Malgré cette visite nocturne, le niveau d'insécurité est très bas. Nous sortons, allons au cinéma en laissant toutes portes ouvertes et armes en évidence sur une table.

Le travail est on ne peut plus simple : il s'agit de transporter sur un chantier une équipe d'ouvriers et de les récupérer. Pas question de les surveiller, l'esclavage étant terminé... Le programme journalier est simple et devient rapidement un rituel proche de la corvée :

- Rendez-vous à sept heures du matin au bureau.
- Chargement des ouvriers et dépôt sur le lieu du travail.
- Au choix, chasse ou retour à la maison forestière.
- Au choix, bavardage avec les collègues ou pêche ou encore planche à voile, ou hamac les jours de pluie.
- À 14 h 30 récupération des ouvriers.
- Pêche, planche à voile, quartier libre.

Les ouvriers sont majoritairement des Bushinengués[10] et s'occupent à nettoyer à la machette des plantations de pins des Caraïbes. Plusieurs hectares ont été plantés à l'époque du Plan Vert, afin d'étudier la possibilité de réaliser des plantations dans le but de produire de la pâte à papier. Si cela s'était avéré rentable, il était même prévu de raser la moitié de la forêt guyanaise pour y planter du pin ! Lubie de fonctionnaire irresponsable...

Ce travail de nettoyage aurait pu s'effectuer plus rapidement et plus économiquement au girobroyeur, mais la représentation locale de l'O.N.F. doit employer du Personnel... Les ouvriers sont démotivés et s'emmerdent ferme sous leur bâche. Je les récupère l'après-midi, toujours secs même par grosse pluie. Pas beaucoup de sueur non plus... Que j'essaye de les pousser un peu - sans atteindre pour cela un rendement normal - et c'est le concert de jérémiades, voire la grève immédiate. La hiérarchie pratiquant la politique du "pas de vague", je suis coincé entre l'arbre et l'écorce et remise la notion de rendement dans la colonne souvenirs.

Aussi paresseux qu'aura pu les rendre le système français, ces ouvriers connaissent parfaitement la forêt, les six-cents essences qui la composent. Beaucoup d'entre eux sont des anciens du C.T.F.T[11]. Munis d'une simple machette, ils y sont chez eux et y trouvent largement leur subsistance. C'est là que ma ruralité s'avérera fort utile et m'ouvrira des portes. Je me consacrerai à l'apprentissage de cette forêt amazonienne. N'ayant pas peur de me "salir la peau", ce sera moi qui m'adapterai en devenant leur ami, partageant leur quotidien. Un des principaux vecteurs d'intégration sera ma passion pour la chasse. Au-delà des fossés culturels, cet amour de l'art cynégétique saura nous réunir. En écrivant ces lignes, je pense notamment à mon ami Manuel Pompea, aux grands moments que nous aurons vécus ensemble,

---

[10] Descendants des anciens esclaves.
[11] Centre Technique Forestier Tropical.

ces instants rares, émaillés de grandes joies, de découvertes. Comme il est facile de combler les fossés culturels, de se compléter, lorsque tolérance et passion commune sont au rendez-vous ! Je ne peux m'empêcher de penser à ses fils aussi, ces deux fantastiques piroguiers. Le quartier de la Charbonnière à Saint-Laurent est désormais une zone de non-droit pourri par tous les trafics. J'y allais souvent, portant un morceau de gibier, quelques bières. Là, au bord de ce grand fleuve qu'est le Maroni, nous parlions chasse et forêt. Une fois de plus et même si j'en jouissais, je n'avais pas vraiment connaissance du bonheur qui était le mien, n'ai pas su le savourer à sa juste valeur. J'aurai beaucoup appris de ces gens simples, en tout cas suffisamment pour écrire le "Manuel du vrai broussard", ouvrage de six-cents pages récapitulant les techniques de vie en forêt amazonienne, sa faune, sa chasse, etc.

Une partie du travail se révélera plus intéressante : il s'agira de mesurer les effets de coupes d'intensité différente sur la régénération. Nous voici donc occupés à compter sur des placeaux de plusieurs hectares, la totalité des semis et arbres de plus d'un mètre de hauteur. Comme il fallait s'y attendre, la quantité de recru est proportionnelle au volume d'arbres abattus.

Les inventaires statistiques sont également passionnants. Il s'agit d'ouvrir des layons parallèles régulièrement espacés et de compter les arbres sur une bande de dix mètres de part et d'autre de l'axe du layon. Je m'apercevrai rapidement que la forêt guyanaise est très loin d'être uniforme. Il s'agit en fait d'une mosaïque de forêts différentes.

Fantastique, envoûtante forêt de Guyane ! Que de trouilles bleues et de grains sur la gueule tu auras su m'offrir ! Mais surtout, que de leçons d'humilité, de vraies joies, de découvertes, d'instants impartageables et de tranches de vie intenses tu nous auras régalés !

Le temps passe vite. Trop vite. Maria et moi chassons de nuit, d'abord sur layon, puis hors layon. Il faut vivre dangereusement, alors, assurance aidant, nous corsons la difficulté... Chacun de notre côté, nous pénétrons en jungle à la boussole, accrochons notre hamac filet et appelons le gibier toute la nuit. Nous ne nous retrouvons qu'au lever du jour. Frissons garantis ! Maria est la seule femme de Guyane à faire ça.

C'est au début des années 1990 que débute une guérilla au Surinam voisin. Des P.P.D.S.[12] traversent le fleuve Maroni[13] en grand nombre. Des camps sont créés à l'Acarouany[14], zone dont j'ai la responsabilité. Plusieurs milliers de "réfugiés" y sont hébergés. Je la croyais d'un niveau relativement élevé, mais ma connaissance de ce que peut être le bordel organisé sortira fortement renforcée de cette expérience. Là encore, la réalité dépassera la fiction !

Pour acheter la paix sociale, l'ingénieur responsable de l'O.N.F. Saint-Laurent a établi trente minutes de palabres avant le départ au chantier du vendredi, évoluant rapidement en heure. Quel triste spectacle que ces Personnels désœuvrés glandouillant sous le vaste auvent du bureau et s'offrant à la vue des passants ! Mais s'il ne s'agissait là que de l'unique manquement à l'ordre le plus élémentaire ! J'ai

---

[12] Populations Provisoirement Déplacées Du Surinam.
[13] Fleuve frontière entre Guyane française et Surinam, ex Guyane hollandaise.
[14] Village proche de Saint-Laurent du Maroni, ancienne léproserie.

toujours eu le nez creux, pressenti à temps que le moment d'une décision importante et rompant avec la routine est venu. A force d'entendre et dire que le laisser-aller régnant au sein de l'O.N.F. Guyane ne pourrait s'éterniser, je me suis persuadé qu'il fallait trouver une solution de remplacement à une éventuelle disparition du service forestier. En été 1990 nous rentrons de congés bonifiés[15] avec vingt centimes en poche. Lorsque l'avion se pose à Rochambeau, notre décision est prise. Le backup salvateur devra être servi par nos compétences, mais également correspondre à nos gouts. Ce sera donc une armurerie. Comme je suis fonctionnaire et ne peux exercer d'autre activité, le commerce sera au nom de Maria. Il faut un nom accrocheur. La question de la raison sociale se pose et nous lançons un concours auprès de notre relationnel. Ce sera un ami Vietnamien qui trouvera la réponse. Le premier février 1991, l'armurerie "AU VIEUX BROUSSARD" ouvre ses portes au 16 rue Victor Hugo à Saint-Laurent du Maroni. Elle connaitra un grand succès doublé d'une certaine célébrité.

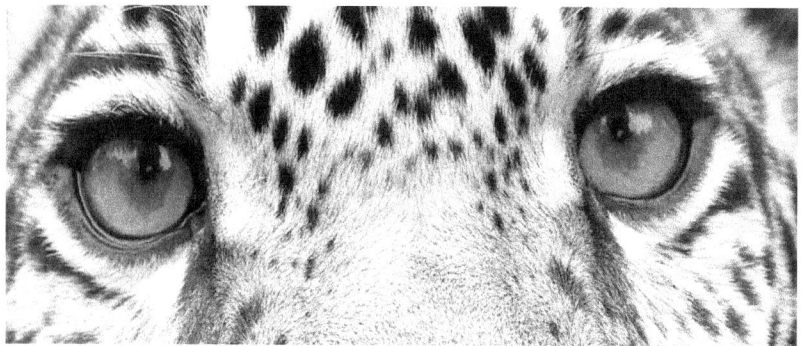

***

---
[15] Un mois de congés supplémentaires chaque trois ans avec vol aller-retour Cayenne Paris payé par l'administration. A l'époque, en classe affaires !

Chapitre 3

Vieux Broussard S.A.R.L.

Il faut bien garnir les vitrines et nous avons racheté le stock d'invendus - de vieux rossignols - d'un commerce de la ville. Grâce à mes relations professionnelles j'ai réussi à capter les importants stocks de touques[16] vides en provenance des camps de réfugiés. Accessoirement, ça alimentera la caisse noire de la sous-préfecture.

Nous ne connaissions que quelques adresses de fournisseurs. Les catalogues de produits arrivent pourtant et le magasin démarre très fort. Il est vrai que mon salaire de fonctionnaire aide beaucoup, tout comme ma réputation de chasseur. En la matière les gens savent pouvoir me faire confiance. Avec ses cinquante mètres carrés plus la réserve, le local est vite rempli. Nous devons donc nous concentrer sur la qualité des produits et optimiser l'espace. Un container dernier voyage est acheté qui servira pour stocker les marchandises excédentaires.

Notre chiffre d'affaire annuel connait des taux d'accroissement supérieurs à 55%. Sans compter l'incontournable caisse noire. Les affaires marchent et rapidement, le magasin de la rue Victor Hugo devient trop petit. Nous trouvons un local six fois plus grand, juste en face de la gendarmerie au 11 boulevard De Gaulle. Il faut le remplir et les containers se succèdent.

Prévoyants, nous avons embauché Pierre, un jeune technicien armurier avec l'idée de lui transmettre notre Société.

La Guyane est une terre de grands espaces, mais sans horizon. On y navigue dans un mur vert permanent avec le plus souvent, une vision limitée à quelques dizaines de mètres. En ville, règnent la crasse poisseuse, le bruit et l'insécurité. Torpeur et lassitude résignée y ont remplacé depuis longtemps bonhommie et douceur de vivre. Avec le développement incontrôlé de la *garimpe*[17], ces sentiments liés à une forte criminalité se sont exacerbés et ont gagné la jungle il y a peu de temps encore synonyme d'harmonie, d'Éden primitif. C'est là, en Guyane, que nous exploitions un commerce en ZFU[18], exonéré de taxe professionnelle, exempté d'impôts sur les quarante mille premiers euros de bénéfice net. Et nous continuions de nous plaindre !

---

[16] Bidons de plastique alimentaire de volumes divers, utilisés pour stocker les salaisons. Très recherché sur le fleuve et en forêt, mais également à la maison pour mettre aliments, matériel et vêtements à l'abri de la pluie ou de l'humidité.
[17] Orpaillage clandestin.
[18] ZFU = Zone Franche Urbaine.

Chapitre 4

La chute de l'O.N.F. Guyane.

    Si je subodorais l'inéluctable fin d'un laisser-aller menant à des situations surréalistes, j'hésitais sur les scenarii possibles, privilégiant la thèse de la disparition pure et simple du service forestier local. Presque vingt ans plus tard, au vu des nombreux suicides d'agents de l'Établissement, je me demande si tout ce bordel n'était pas une répétition avant extrapolation à toute la France. Fin 1992 sont nommés à Cayenne un nouveau directeur régional et un technicien. Un duo improbable de parfaits tocards !
    C'est en toute logique qu'à l'instar des liquides, le sac de fayots local épousa la forme du nouveau contenant. Sauf que cette fois, personne ne connaissait les projets du nouveau singe, ce qui au final n'est pas du tout incompatible... Alors, il lui fut signé un chèque en blanc sous la forme d'une motion de soutien ! Bizarrement, quelques mesures énergiques furent décidées qui reçurent ma totale adhésion. Elles furent hélas, rapidement abandonnées, collant au plus près des exigences de la politique du "pas de vagues". Pire, le service se lança dans des opérations à la légalité douteuse : des aventures touristiques sur l'Inini[19]. Des clients furent recrutés et, moyennant finances, trimbalés en forêt profonde. Un dangereux projet supervisé par un technicien monteur de secte et ignorant du mode de vie en jungle. Un peu comme si la police se faisait payer pour une participation à l'arrestation de criminels... Nous étions aux antipodes de la notion de service public. Chargé de guider les clients, je devins le lampiste et il me fut attribué la responsabilité de l'inéluctable échec. À lui seul, le récit de cette pantalonnade mériterait un livre. Des dossiers mensongers furent montés et rapidement exploités. Une ambiance délétère sévissait. Des rumeurs selon lesquelles le directeur général avait voulu vendre une partie de la forêt guyanaise à un financier du sud-est asiatique circulèrent.
    Bref, plusieurs postes furent supprimés dont le mien. Des salaires furent suspendus en totale illégalité et des syndicalistes achetés votèrent pour les suppressions de postes contre la promesse de maintien du leur. Notre force principale restait la solidité de notre couple. Une paire de "sympathiques collègues" de Cayenne passa au magasin pour y distiller des conseils "amicaux" et de circonstance :
    - Liquide ta boutique et obéi à l'O.N.F. Oublie la Guyane et accepte le poste qui te sera proposé... Pense à ta retraite...
    - Ben voyons ! Je ferai ce que je voudrai, et quitterai la Guyane quand je l'aurai décidé. La paye de l'O.N.F., j'en ai rien à foutre. Je gagne plus derrière mon comptoir que dans votre cloaque de larbins. Dites aux autres faux-culs qu'ils arrêtent de venir ici passer des télécopies depuis que votre directeur a demandé la coupure des lignes téléphoniques du bureau[20]. C'est pas la Poste, ici ! Aller, tirez-vous ! Je vous ai assez vus et vous emmerde !

---

[19] Authentique. Fleuve de Guyane, affluent du Maroni.
[20] Authentique !

Je me souviendrai toute ma vie de cette appréciation pour le moins déplacée de ce soleil de directeur régional sur ma feuille de notation : "*recruté par erreur dans la fonction publique et maintenu à l'O.N.F. par faiblesse*"[21]. Venant d'un tel gland, j'ai toujours considéré ces propos comme flatteurs, ainsi que d'autres annotations injurieuses en marge de rapports mensongers[22]. Je fus muté dans l'est de la France, un patelin trou du cul du monde, prés de Vesoul et dont les murs de certaines maisons sont recouverts d'ardoises. Je profitai du voyage pour visiter mes fournisseurs et me mis en disponibilité.

Je ne reconnais à personne le droit de décider du lieu où je vis, fut-il directeur général de l'O.N.F., et surtout pas sur la base de calomnies et abus de pouvoir. Enfin, moins d'une semaine plus tard, j'étais de retour en Guyane et, bénéficiant d'un excellent poste d'observation, mais aussi de soutiens internes, entrais dans la phase guerre de tranchée et règlements de comptes. Oui, parce que je sais être fidèle en amitié, je le suis aussi dans la rancune. J'avais eu le nez creux ! Le magasin jouait pleinement son rôle de backup salvateur et me permettait d'assurer à la fois l'éducation des enfants et un excellent train de vie. Je retrouvais une totale liberté, n'avalais plus de couleuvres administratives. Sur un peu moins de trois-cents mètres carrés, nous réalisions un chiffre d'affaire[23] à peu près équivalent à celui de

---

[21] Authentique !
[22] Authentique !
[23] Authentique !

l'O.N.F. sur quatre-vingt-dix mille Km² ! Le service forestier Guyane licenciait, nous embauchions, et le faisions savoir ! Je buvais du petit lait... Surtout lorsque quelques mois plus tard, le directeur régional quittait définitivement la Guyane, accompagné à l'aéroport par deux gendarmes ! Parachuté sur le front tropical, il en repartait sur le cul. Suivi peu de temps après par le gros de ses supporters que je n'avais pas du tout ménagés. En ce temps j'étais **LA** bête noire, l'agent le plus connu de tout l'O.N.F....

Chapitre 5

Le destin frappe encore.

Statistiquement parlant, le 24 du mois est celui de moindre affluence, de chiffre d'affaire le plus bas. Nous sommes en juin et beaucoup de fonctionnaires sont en congés en Métropole ou ailleurs. Ce jour-là, fait exceptionnel, le magasin reste vide de clients pendant une dizaine de minutes.

La pensée fugace d'un marginal de ma connaissance traverse alors mon esprit. Un de ces farfelus surnommés *"Folles Guyane"* par le bon sens créole. Nous ne l'avons jamais trop fréquenté, mais il nous a laissé le souvenir d'un gars honnête. Curieusement et contrairement aux zonards constituant le gros de ses voisins, il n'est pas amateur d'herbes euphorisantes. Serge a toujours été un peu "Rock'n Roll" et vivotait avec femme et enfant sous une paire de tôles rouillées au niveau de la crique Grand Laussat, à une soixantaine de kilomètres de Saint-Laurent. Cet écologiste autoproclamé avait commencé par raser un hectare de forêt primaire afin de tenter d'y créer un abattis. Hélas, le courage lui a toujours manqué et il dut pour survivre se résigner à vendre insectes, papillons[24] et aymaras[25] capturés dans la crique bordant "son" terrain. Curieuse attitude pour un adepte de l'écologie et du concept zéro trace... Enfin, à nos yeux, il comptait parmi les "moins pires" des déjantés et de plus, il était capable de converser de façon agréable. Ça nous changeait des prévisions de congés et des leçons de morale des enseignants moralisateurs du cru. Il a quitté la Guyane depuis pas mal de temps et je me pose la question de savoir ce qu'il est devenu. Une recherche sur Internet et nous apprenons qu'il est établi au Québec. Nous avons toujours rêvé de faire un voyage au Canada. Des images de jeunesse me reviennent à l'esprit. Pêle-mêle je relis Croc blanc, l'appel de la forêt, avale d'un trait les écrits de Jack London ou encore Oliver Curwood. Il me semble soudain que la climatisation fonctionne mal. Je lui téléphone aussitôt, et dès le combiné raccroché, commande les billets d'avion.

---

[24] Les ailes de papillons sont utilisées pour confectionner des tableaux très colorés. Les couleurs de celles-ci sont utilisées pour créer des motifs sous une vitre sur laquelle un dessin a été préalablement tracé à l'encre de Chine.

[25] Grand poisson carnassier à la chair rappelant celle du brochet.

PARTIE 3

LE FROID

Chapitre 1

Premier voyage au Québec. Juillet 2002.

Quinze jours après avoir téléphoné à Serge nous arrivons au Canada. Nous sommes en juillet 2002 et la température extérieure est sensiblement la même qu'en Guyane, humidité en moins. L'amateur de grands espaces que je suis va se faire avoir comme un bleu par cette notion. Il faut savoir qu'au Canada les distances sont énormes et que leur réalité échapper souvent à l'Européen. En France, les villes se touchent... Je sais Serge au Québec et évidemment prends deux billets d'avion pour Québec.

Attention cependant à ne pas confondre la province du Québec, grande comme plus de trois fois la France, avec la ville de Québec ! Je commettrai pourtant cette confusion et lorsque l'avion nous aura déposés à Ottawa en provenance de Miami, nous ignorerons encore que Serge n'est qu'à seulement une heure de route. Un brin bourrin, je n'ai pas du tout étudié la moindre carte et Québec est mon seul et unique but. C'est donc pleins d'entrain que nous continuerons notre vol jusqu'à Québec via Montréal, soit pratiquement quatre cent cinquante kilomètres à l'est de notre destination... Ce n'est qu'une fois à l'hôtel que je demanderai béatement à l'accueil comment faire pour se rendre à Thorne, croyant qu'il s'agissait là au minimum d'une bourgade. Évidemment, elle ignore totalement où peut bien se trouver ce bled paumé et questionne aussitôt avec un fort accent local :

- Vous venez de quel endroit ?
- Guyane française...

Elle fait la moue, ne connait visiblement pas plus la Guyane que Thorne et je me dois de préciser.

- Entre le Brésil et le Surinam... Kourou, la fusée Ariane...

Elle hésite.

- Le Brésil ?

Je cadre large et souffle :

- Oui... Amérique du sud...

Qui lui arrache une vague réponse sans trop de conviction.

- Ah, oui... OK. Je vois...

Elle ne voit rien du tout et je n'insiste pas. Il nous faut savoir où est Thorne. La dame nous demande dans quel comté se situe le patelin en question. C'est Maria qui m'apprend que ce serait dans le Pontiac. Et le Pontiac, notre sympathique hôtesse n'en a jamais entendu parler.

- Quelle est la grande ville la plus proche ?

Je dois lui avouer n'en avoir aucune idée.

- Vous allez voir quelqu'un ?
- Oui, un ami...

- Vous avez son numéro de téléphone ?
- Oui, bien sûr...

Nous appelons Serge qui nous apprend être à environ une heure au nord-ouest d'Ottawa.
- Mais, nous en venons !

Un cri d'étonnement précède un long fou rire.
- On loue une voiture et on fonce sur Ottawa. On te rappellera de là-bas...
- OK...

Nous expliquons mon erreur à notre hôtesse qui ne semble pas étonnée de notre méconnaissance de la géographie du Canada. Elle ira même jusqu'à ironiser :
- La France est un tout petit pays...

Je n'insisterai pas. Et moi pauvre cloche de Franconnard[26] présomptueux qui pensait que les Américains sont les plus nuls de la planète en géographie... L'erreur est contagieuse, et je l'ai faite commettre par un couple d'amis de Guyane devant arriver le lendemain et nous rejoindre à l'hôtel. Nous logeons au château de Léry, un très bel hôtel du XIX° siècle, tout près du célèbre château Frontenac. Nous sommes en plein cœur du vieux Québec et avons l'impression d'être en France. L'architecture est semblable à celle que l'on trouve dans tous les vieux quartiers des villes de l'hexagone. Visiblement, de gros efforts sont faits pour maintenir les monuments dans un état impeccable. Ici, le drapeau à fleur de lys flotte sur le sirop d'érable. On affiche, on affirme, on revendique une francité. Les gens sont courtois, avenants. Il nous suffit de dire bonjour pour que fuse la question désormais rituelle :
- Vous venez de quel endroit ?

Nous allons finir par croire que nous avons un accent... Maria et ses origines Ibériques, passe encore, mais moi !

Adepte inconditionnel de la bonne bouffe, je confie à notre hôtesse m'être juré de mourir sans avoir mangé un seul hamburger, symbole pour moi de la dégénérescence avancée de l'Amérique du nord. Il est vrai que le concept même de cette malfaçon prétendument culinaire m'irrite au plus haut point. Il suffit d'assister à leur préparation ou de la connaitre pour se faire une idée définitive de la culture qui s'y attache. Je continue à parler avec Pauline. C'est ainsi que se prénomme notre fort sympathique hôtesse :
- Je boycotte tout ce qui est malbouffe. Il est des enseignes réputées qui ne me verront jamais. Je préfère sauter un repas. Pour moi ces trucs sont des tueurs en série ! Ils massacrent plus de gens avec leur nourriture de merde que Ben Laden & Cie avec leurs attentats. D'ailleurs, vous pouvez aller vous empoisonner à petit feu dans n'importe lequel de ces *fast food* sans risquer de sauter sur un colis piégé. Ces gens sont les meilleurs alliés des terroristes. Non seulement ils tuent des innocents en leur faisant manger leurs saletés, mais en plus, ils les décultutrent gastronomiquement parlant. Ce faisant, ils accentuent la perméabilité de nos sociétés en sapant un peu plus encore leurs bases culturelles et traditions. Il s'en suit une perte de repères, véritable porte ouverte à toutes les manipulations et colonisations larvées. Tout se tient...

Je réalise y être allé un peu fort. Pauline rétorque alors :

---

[26] Habitant de la Franconnie, pays imaginaire, mais tellement peuplé...

- Les repas servis dans les *fast food* ne sont pas chers. Pour les jeunes, c'est intéressant. Ils n'ont pas beaucoup d'argent... Peu d'entre eux ont les moyens de s'offrir des restaurants de qualité..

Elle m'énerve et je la coupe.

- C'est exactement le contraire ! Vu le niveau de la saleté qu'ils vendent, c'est très cher ! C'est du nivèlement par le bas !

Je ne doute décidemment de rien et vais partir pour une nouvelle tirade anti-malbouffe. Je suis à deux doigts de lui citer Albert Einstein qui affirmait que *"Les Américains sont un peuple qui est passé directement de la barbarie à la décadence sans connaitre la civilisation".* Mais je réalise que je ne convaincrai jamais Pauline et mets un terme à ma croisade contre les empoisonneurs des temps modernes, les industriels de la contamination consentie. Finalement, je suis resté profondément Français : la bouffe, c'est sacré et le repas reste une fête.

Quoi ? Qui a dit franchouillard ?

Pauline en a vu d'autres et en bonne professionnelle, elle nous conseille de nombreux restaurants pouvant répondre à nos attentes. Des vrais. C'est ainsi que nous découvrons une des meilleures tables de Québec : Les Anciens Canadiens. L'établissement existe depuis plus de trois siècles et est situé rue Saint Louis, tout près de notre château. L'accueil est extrêmement chaleureux. Le service et la qualité du repas sont à la hauteur. Maria et moi, nous nous régalons.

Henri et sa femme sont arrivés accompagnés de leur fille, et nous faisons remettre le couvert aux Anciens Canadiens. Henri est très amusé par mon erreur géographique et me taquine.

- Pour un vieux broussard, tu la fous mal... Tu me sembles plus à l'aise en forêt guyanaise... Tu es donc parti sans étudier la carte ? Je reconnais bien là ton gout pour l'imprévu...

Notre ami Henri est un pur littéraire éternellement optimiste, une sorte de dernier chevalier, égaré au XXI° siècle. Également très cultivée, son épouse d'origine Haïtienne est agrégée de français. Tous deux sont professeurs à Saint-Laurent du Maroni et ce sont de véritables amis. Amateur d'aventures, Henri apprécie beaucoup mes romans sur la Guyane.

Nous flânerons en ville, lécherons quelques vitrines. Je ne peux résister au plaisir de raconter une anecdote témoignant de la gentillesse de nos "cousins Américains". C'est dans une librairie que je me rendrai compte de l'oubli de mes lunettes. Le patron m'entend en faire part à Henri et en extrait aussitôt une paire d'un tiroir.

- C'est un client Français qui les a oubliées ici. Essayez-les. Avec un peu de chance, elles pourraient vous aller...

Elles ont des verres ronds tenus par une monture plastique verte que ne renierait pas Jean-Pierre Coffe, et me vont parfaitement. Du moins au plan des performances. Je les adopte aussitôt et remercie le généreux vendeur. En plus d'un sourire, j'ai droit à l'inévitable :

- Vous venez de quel endroit ?

S'en suit une discussion très cordiale à l'issue de laquelle il appellera une agence de location de voitures pratiquant des tarifs plus que corrects. Pour nous rendre au Pontiac, nous louons un véhicule de circonstance, en l'occurrence une

Pontiac... Avec des lunettes rondes à monture verte, ça fera la rue Michel. Elle n'est pas belle, la vie ? Après tout, que demande le peuple ? Le soir venu, nous ferons une visite du Québec *by night*, emprunterons un bateau sur le Saint-Laurent, ce qui nous permettra d'admirer les feux de la ville...

Québec... Là où le fleuve se resserre...

Fatigués, nous nous offrirons une grimpette en funiculaire sur le coup de deux heures du matin. Là, nous serons piégés par un des employés, particulièrement bavard et amateur de bonnes blagues. Il est tombé sur des connaisseurs et l'aventure se terminera fort tard dans un mémorable fou rire. Le lendemain, encore une fois attablé aux Anciens Canadiens, je confierai à Henri et Huguette :

- Franchement, je retrouve ici la France que j'ai aimée.

Et ce, en toute sincérité.

Nous récupérons la voiture de location et appelons Serge afin de le localiser exactement. Nous quittons Québec, direction le Pontiac. Une très belle route ne serpente pas entre le fleuve Saint-Laurent et la vénérable chaine des Laurentides. Je redécouvre avec horreur les joies des boites automatiques et m'emmerde franchement sur ce ruban d'asphalte sans relief. Le paysage de plaine avec ses cultures rappelle la région toulousaine, parfois l'Aveyron, à proximité de rares collines.

J'ai horreur des plaines...

Nous ne nous arrêterons pas à Montréal.

J'ai horreur des villes...

Après Gatineau[27], nous empruntons la route 148 ouest. C'est l'équivalent d'une nationale française, parfois bosselée et la conduite y devient donc plus vivante.

Je respire, malgré ce stupide levier de vitesse tétanisé sur D...

Chapitre 2

Chez Serge.

C'est sous un soleil de plomb que nous arrivons chez Serge. Cela fait une dizaine d'années que nous ne nous sommes vus. A part de femme et de nombreux kilos supplémentaires, il n'a pas changé : toujours des cheveux longs, la barbe en vrac, le même baratin intarissable. La ferme transpire le manque d'entretien. Avec des carcasses d'engins éparpillées sur la pelouse, le désordre généralisé y règne, partageant le pouvoir avec un niveau de propreté plus que douteux. Nous nous installons dans une vaste salle aux plancher, cloisons et plafond en panneaux de particules. Après avoir débarrassé les fauteuils hétéroclites de divers objets les encombrant, en sus d'un sachet de citrons verts - *product of Costa Rica* - et d'une mini canette de sucre de canne, nous dégainons deux belles bouteilles de tafia[28] cœur de chauffe, trouvons une place assise et commençons à discuter.

De la Guyane, évidemment.

---

[27] Ville jouxtant Ottawa, côté Québec.
[28] Rhum blanc agricole.

Serge est content de nous revoir. Lorsque sa femme Christine nous rejoint, porteuse de verres genre simili cuir, je croise successivement les regards angoissés de Maria et Henri. Huguette préférera ne rien boire.

Ces verres sont pourtant en verre...

Bah ! Il faut vivre dangereusement, et du rhum de 55°, ça doit décourager les bactéries, aussi virulentes soient-elles... En toute logique, anciens de ou habitant toujours cette terre d'espace et de communication qu'est la Guyane, nous aurons une pensée émue pour notre fusée Ariane. C'est ainsi que nous allumerons un second, puis un troisième étage de *ti'ponche* tout en nous désolant en silence de la diminution du carburant dans la bouteille réservoir.

Adieu crasse et désordre ! Tout est nominal[29]...

Enfin presque, parce que Serge n'a nullement besoin de rhum pour se mettre parfois à raconter des histoires invraisemblables, à faire dormir debout un gamin de quatre ans. Enfin, il reste avant tout une mine précieuse d'informations sur la région.

Car l'idée de quitter la Guyane pour s'installer au Québec est en train de germer doucement. N'avons-nous pas embauché ce technicien dans le but qu'il reprenne notre commerce ?

---

[29] Nominal... Terme souvent entendu lors d'un lancement de fusée Ariane et indiquant que tout se passe bien. Au fur et à mesure des étapes du lancement, et dans le cas où tout se passe bien, chaque paramètre est déclaré nominal.

Serge nous raconte son Québec. Excepté une haine de tout ce qui est anglophone, il nous dépeint un pays presque paradisiaque. Il nous assène l'argument massue, celui qui fera mouche et résume en une seule phrase tous les discours possibles :

- Au Québec, j'ai trouvé sans le chercher tout ce que j'ai cherché en Guyane sans le trouver.

Absolument imparable ! Et de continuer :

- Une nature propre et respectée ! En Guyane, il ne reste rien. Les chasseurs ont tout tué et les gens ne respectent rien. Ici, tu as de tout : des cerfs de Virginie à profusion, des ours, des loups, etc. Nous étions à Québec avec ma mère et des oies sauvages passaient. Elles étaient tellement nombreuses qu'il faisait presque nuit. Ma mère s'est agenouillée sur le trottoir et s'est mise à prier, croyant la fin du monde venue. Elle m'a dit avoir cru à un signe divin. Nous avons des lacs en quantité, du poisson à gogo. Je veux un poisson ? Il me suffit de faire cent mètres à pied et j'ai du brochet ou du doré à la pelle. Pas d'insécurité ! En Guyane, je me suis fait agresser plusieurs fois. Ici, jamais. Les gens te laissent tranquille. C'est la vraie liberté. Une fois que tu as obtenu ta carte de résident, tout arrive en même temps : carte d'assuré social, permis de conduire, etc. Tu as pratiquement les mêmes droits que n'importe quel Canadien. C'est une vraie démocratie. Les policiers, tu ne les vois pratiquement jamais. En France, il y en a partout et c'est le bordel...

Sa propriété est située à proximité de la rivière des Outaouais, en zone plate, sans arbres, et j'imagine le coin sous la neige, balayé par le blizzard.

- Oui, mais l'hiver...
- Quoi l'hiver ? Tu es chez toi, bien au chaud et même quand il fait très froid, tu es bien. C'est un froid très sec, pas le même qu'en Europe. Que veux-tu que je te dise ? Comment expliquer à un Français qu'à moins quinze ou moins vingt, tu es bien ? Les gens me prennent pour un fou parce que par moins quinze, je suis toujours en short !
- Les Anglais...
- Ne me parle pas de ceux-là ! Ces gens ne sont pas comme nous. Ils ne parlent pas comme nous, n'ont pas la même notion de l'amitié que nous, ne mangent pas comme nous, ne raisonnent pas comme nous. On ne peut pas vivre avec ces gens-là. D'ailleurs, je ne les fréquente pas et me porte très bien. Je refuse de parler anglais. Ici nous sommes au Québec et la langue officielle, c'est le français. De toute façon, au Québec les anglophones sont en voie d'extinction. Comme ils refusent d'apprendre le français, ils ne peuvent pas trouver d'emploi, car il faut être bilingue. Ils sont obligés de se tirer en Ontario. Ca nous débarrasse. Il y a quand même quelques francophones mariés à des anglophones et qui prennent leurs habitudes. Ils regardent les chaines de télé anglaises, écoutent les stations anglaises, envoient leurs gamins dans les écoles anglaises. En une génération, ils deviennent Anglais. Ce sont les pires de tous, des traitres... Ça me dépasse ! Oui, ça me dépasse... Et le gouvernement fédéral encourage ces gens. C'est une honte. Moi, je suis venu au Québec parce que la seule langue officielle est le français. Si j'avais voulu parler anglais, je me serais installé en Angleterre ou aux États-Unis. Ou dans un pays de nègres : tous les nègres parlent anglais...

J'ai touché sa corde sensible et il s'énerve tout seul. Je sais que ses propos dépassent sa pensée, mais... Ce Français est plus Québécois qu'un souverainiste de cette province. Je le laisse continuer sa guerre de cent ans depuis le confort relatif de sa cuisine-foutoir.

Christine travaille à l'extérieur dans un de ces organismes au service de la communauté comme il y en a tant. Quant à Serge, il effectue à domicile quelques travaux de secrétariat, refusant de traiter tout ce qui peut être dans la langue de Shakespeare. Son orthographe aux limites vite atteintes ne l'empêche nullement de traquer sans relâche tout ce qui ressemble à un anglicisme. Symbole ostentatoire d'une incontournable francité, un béret basque est vissé en permanence sur sa tignasse toujours en désordre. Même à table, ce que je considère comme un manque flagrant de respect.

La notion de l'hygiène qu'ont Serge et Christine est pour le moins rudimentaire. Nous logeons dans une sorte de baraque en bois au confort sommaire et à la propreté à l'image du reste de la demeure. Derrière la tête de lit est accumulée une montagne de mouchoirs usagés, restes flétris de plusieurs rhumes de millésimes passés. J'en fais vaguement état à Serge qui, tout naturellement, répondra sur le ton de l'évidence absolue :

- Ici, c'est une ferme.

Ne souhaitant ni être désagréable, ni envenimer nos relations, je n'insiste pas. De toute façon, nous ne sommes pas chez nous, et si ça ne nous convient pas, nous sommes libres de partir.

Au bout de quelques jours, Henri et Huguette nous quittent et rentrent en Guyane. Un voisin inquiet, genre *red neck* jamais sorti de son trou, mais sûr de lui, était déjà passé, s'inquiétant de savoir si :

- La femme noire... Elle reste encore longtemps ?
- Non... Elle est avec nous et repart avant l'hiver...
- Ah...
- Elle revient au printemps. Avec toute sa famille...
- Hey !

Avec le recul nous comprendrons que l'ami Serge nous avait dépeint le Québec dont il rêvait et non le réel. C'était l'été, il faisait beau, nous étions bien, insouciants et aveugles. Hélas, il sera trop tard.

Chapitre 3

Premières balades.

Nous resterons un peu plus d'un mois à Thorne et visiterons les environs, dont le magnifique site naturel des chutes Coulonge. Le forestier que je suis appréciera à sa juste valeur la qualité de l'aménagement. C'est la fête à Shawville, petite bourgade sur la 148. Nous assisterons à un rodéo, y découvrirons de vrais cow-boys, ainsi qu'une poignée de splendides cow-girls, cavalières émérites. D'énormes chevaux se livreront à des concours de traction de blocs de béton. Je ne connais absolument rien aux chevaux. La première fois que j'en ai fait, je me suis retrouvé avec le cul en fleur, les jambes broyées, et le jean collé à la viande saignante. J'ai dû tremper dans l'eau mes fesses endolories pour décoller le tissu.
  Ne me parlez surtout pas de chevaux, sauf si vous changez les suspensions...
  En soirée, un orchestre country nous régalera de tubes de Johnny Cash, CCR et autres airs ayant participé à ma croissance. Plus rural que ça, tu meurs et je me régale ! Je retrouve dans les moindres attitudes des gens, des scènes de western. D'ailleurs, il suffit de parcourir l'annuaire téléphonique pour y trouver des noms d'authentiques cow-boys, d'éclaireurs, de bandits ou autres voleurs de chevaux entrevus dans un film ! Un autre monde ! Nous gouterons aux grands espaces en descendant de six-cents kilomètres vers le sud, dans le but d'admirer les réputées chutes du Niagara. Une grosse déception sera au rendez-vous, non pas que la cascade - même encerclée de béton rentable - ne soit pas impressionnante, mais

parce que - argent déifié oblige - les lieux ont été transformés en vulgaire piège à dollars. Ça pue le *money maker* à la sauce yankee à chaque pas, du parking au tarif dissuasif aux diverses attractions. On découvre le site en dépassant le Hard Rock Café, en même temps qu'une nuée bigarrée de voitures et une fourmilière de photographes de toutes nationalités. Ici, l'individu n'existe pas, réduit qu'il est à sa carte de crédit.

La route fut pourtant un pur régal, arrivant à me faire oublier la boite automatique ! De la vraie musique rock ou folk, comme je les aime sortent de l'autoradio, invitant à accroitre le kilométrage... Putain, que ça décoiffe ! Autrement que ces musiques débilitantes que sont rap et reggae, monoculture "*lokale*" des désormais tristes tropiques. D'énormes camions - *big trucks* - décorés comme dans les revues spécialisées... Des groupes de bikers à gogo, sillonnant peinards les longues routes de l'Ontario sur leurs splendides Harley Davidson ou autres grosses cylindrées rutilantes... Je me surprends à apprécier la nourriture ! Il est vrai que nous ne nous arrêtons que dans les valeurs sûres que sont les *steak houses*. Là, je découvrirai avec surprise les *ognons rings* dans leur version *american size*, c'est-à-dire proches du ballon de football bien gonflé. La serveuse me conseillera de renoncer au T Bone que j'avais commandé.

- *What ? Just bring it ! No problem, I'll get it to the bone !*

Ce devait être un mammouth... J'en viendrai difficilement à bout, délaissant la brouette de frites à peine potables l'accompagnant.

Au retour, nous marquerons un arrêt dans un Trading Post[30], le Beaver House de Powassan. Nous y laisserons un bon paquet de dollars et en sortirons avec une montagne de vêtements, dont une magnifique veste à franges, très western en cuir d'orignal, boutons et décorations en bois de cerf. Elle attirera beaucoup les regards et me vaudra de nombreux compliments :

- Vous avez un beau manteau...

Entré au Beaver House pour acheter des T-Shirts, nous en sortirons avec le projet d'acheter le magasin. De retour en Guyane, nous en négocierons l'achat sur la base de la comptabilité et renoncerons, au seul motif que Maria ne parle pas anglais.

Ah, comme c'est agréable, la vie de touriste SDF (Sans Difficultés Financières) !

Nous sommes un peu comme un public à l'écoute d'un discours politique, n'attendant que ce qu'il espère entendre. C'est l'euphorie. Grisés par ce nouveau monde, dopés par un certain confort bancaire, nous butinons son pollen de façon sélective, ne goutons qu'à son nectar. Serge est tout content de nous montrer à quel point on peut être heureux dans ce pays. Nous sommes aux antipodes de ce qu'est devenu la Guyane : zone de non droit, carrefour de la drogue, pays de cocagne. Où est donc la Guyane des années quatre-vingt, petit paradis tropical ? Beaucoup d'anciens, Créoles et autres, la regrettent comme moi.

Nous sommes en juillet aout et la météo est au beau fixe. Il y a des chevreuils[31] en abondance et la pêche est productive. Nous observerons même une

---

[30] Poste de traite. Lieu où les trappeurs vendaient leurs fourrures et achetaient du matériel avant de repartir trapper.
[31] Appellation locale du cerf de Virginie.

émouvante aurore boréale. A quelques kilomètres de chez nos hôtes une mise à l'eau naturelle donne accès à un lac sur lequel nous allons pêcher. Au cours d'une partie de pêche, nous entendons Serge hurler, seul à bord de son canoë et nous précipitons. Un beau brochet qu'il vient de capturer lui a planté la cuillère dans un mollet en se débattant. Chaque fois que le poisson s'agite, les hameçons bougent dans la plaie, déclenchant des cris de douleur chez le pêcheur devenu proie. Nous avons des pinces coupantes dans notre boite à pêche. Une fois le brochet décroché, nous devons couper le trident sous le regard grimaçant de Serge. Après quoi il faut extraire les deux hameçons solidement plantés dans la chair en les faisant ressortir dans le sens de leur travail à cause des barbillons. Une fois la chirurgie terminée, au constat des carences de la toponymie locale, nous baptiserons la mise à l'eau du nom évocateur de Dégrad[32] Mollet. Ne cherchez pas sur la carte ! Nous sommes les seuls à connaitre cette appellation.

Le pays nous plait chaque jour davantage, et Serge continue de plus belle à nous le vanter. Les *bibites*[33] y sont pourtant nombreuses, affamées, mais un peu de répulsif les maintient à distance et ça fait partie de la réputation du pays. Et puis, ici, ni dengue, ni paludisme ! De plus, la piqure des moustiques locaux démange moins que celle de leurs cousins guyanais. C'est donc tout bénéfice !

Pour le Limousin que je suis, tout comme pour Maria, trouver des cèpes en quantité illimitée, et sans concurrence bipède sera la cerise sur le gâteau. Les locaux ne connaissent pas les champignons et les qualifient de sauvages. La plupart d'entre eux en ont peur et ils préfèrent acheter des pseudos agarics[34] sous plastique ou des conserves "labélisées Tchernobyl". Le plastique, la conserve, ça les rassure... En attendant, nous profiterons sans réserve de l'absence de rivalité et de la générosité débordante de Dame Nature. Je laisserai sur place des giroles de plus de vingt centimètres de diamètre, subodorant un piège !

Chapitre 4

Le besoin de changer.

De retour en Guyane, le pays présente soudain moins d'intérêt. Les inconvénients prennent peu à peu le dessus sur les avantages. L'impression de tourner en rond s'installe. Saint-Laurent est isolé à environ 250 kilomètres de Cayenne et sa vie trépidante. Coincé entre fleuve et jungle, c'est une exception de niveau de vie, face au Surinam voisin. Près de la moitié de la population est en situation irrégulière.

J'ai trop appris sur les gibiers locaux et la chasse ne m'abreuve plus du nectar de la découverte. Ayant découvert une technique redoutable augmentant grandement les chances de rencontre avec les grands animaux, les plaisirs liés à la traque se sont largement émoussés. Les tristes notions de rendez-vous et de formalité ont supplanté celles de surprise et d'aventure. Depuis longtemps je me limite à un tapir par an et ne

---

[32] Terme de Guyane désignant un plan incliné et sans végétation, utilisé pour mettre les embarcations à l'eau.
[33] Appellation locale regroupant sans trop de distinction moustiques (maringouins), mouches, taons, moucherons, mouches noires. D'une façon globale, les insectes, surtout lorsqu'ils sont désagréables.
[34] Champignons dits de Paris.

tire plus les félins, de toute façon classés protégés. Je suis d'autant plus blasé que j'entrevois des perspectives nouvelles en Amérique du Nord. Alors, je me persuade de répondre à une question toute simple : pourquoi partir ?

Et de me persuader du bien-fondé des réponses trouvées...

La Guyane avec son insécurité grandissante est bien moins attractive qu'auparavant. De plus, nous sommes lassés de cet univers toujours vert, de cette température et humidité pratiquement constantes. Nous n'avons pas souhaité investir dans l'immobilier en Guyane et louons depuis 1994 moyennant 330 euros par mois, une sorte de couloir proche d'un marécage coassant. Même amélioré d'un carbet[35] construit par nos soins, c'est loin d'être le pied. Le bâtiment a beau être situé en périphérie de la ville, le coin est bruyant. Entre les pétards, la "musique" à fond la caisse, les chiens aboyant à la lune, les mobylettes sans pot d'échappement, les coqs de combat, les grenouilles et insectes, le fond sonore est permanent.

Souvent, un coup de fusil rappelle si besoin était que la zone est sous surveillance et qu'un voleur éventuel risque d'être victime de saturnisme foudroyant. De temps en temps, je me mêle de la conversation en lâchant quelques 7x65R ou 300 Magnum, histoire de rappeler la supériorité de ma puissance de feu aux mélomanes avertis locaux. Ca ferraille... Parfois, c'est le voleur lui-même qui - ruse suprême - couvre sa qualité d'un coup de feu. Ou le propriétaire et son fils se tirant mutuellement dessus au calibre 12, d'un côté du chemin à l'autre[36] ! Sirènes d'ambulance ou de pompiers, gyrophares, hurlements des femmes, cris de douleur des blessés...

Sans compter les régulières sorties de route des véhicules manquant le virage des Malgaches tout proche et terminant bruyamment leur trajectoire dans le dérisoire mur de tôle censé protéger une habitation cible. De nouveau, sirènes d'ambulance ou de pompiers, gyrophares, cris de douleur des blessés... La pire période est celle du carnaval, mais en Guyane, s'arrête-t-il vraiment ? J'ai trouvé une parade et dors avec un casque de tir[37].

Compte tenu des climats sous lesquels il pousse, le cocotier a beau être le "meilleur bois de chauffage", biologiquement parlant, il nous manque un hiver... Et puis, je suis fatigué du niveau culturel local, des relations basées sur de simples rapports de force, des junkies, de l'anarchie, des nouvelles récurrentes d'incivilités, agressions, vols, viols. La Guyane n'est plus du tout celle que nous avons tant aimée. Jouer au John Wayne ne marche qu'un temps. Tôt ou tard, on tombe sur plus rapide que soi. Ces rapports de force permanents m'obligent parfois à "remettre les pendules à l'heure". Notre magasin qui est un des plus beaux de Saint-Laurent, attire beaucoup de clients mais également nombre de convoitises. Tel que c'est parti, c'est sans espoir d'amélioration à brève ou moyenne échéance. La drogue circule plus ou moins librement et nous sommes à la merci d'un tocard plus *cracké* que les autres ou pouvons tomber sur le fier cancre halluciné et voulant s'offrir ma grande gueule en guise de trophée. Je crains aussi pour Maria qui pourrait être victime d'une vengeance et se faire planter un couteau en allant au marché. Oh, il y a bien

---

[35] Abri sommaire permettant de vivre "dehors", souvent une paillote. Le nôtre était couvert de tôles.
[36] Authentique ! Précision : le plomb utilisé était du 4/0.
[37] Authentique.

quelques sursauts de logique, mais ce sont souvent de simples effets d'annonce et tout se passe comme si ces instants étaient mis à profit pour prendre un nouvel élan en direction du pire. Nous sommes donc dans une courbe en dents de scie descendante. Je ressens le besoin d'une vie mieux encadrée par une réglementation appliquée avec plus de rigueur, chose que je ne trouverai certainement pas en Métropole. La France m'apparait de plus en plus défigurée, zone sclérosée où on continue à écoper le Titanic.

La solution est toute simple : Il faut partir.

La décision est d'autant plus simple à prendre que le turbo de l'auto-persuasion est activé.

Retour donc à la case départ des Pyrénées avec toujours la même question : où ? Interrogation moins lancinante toutefois, car nous louchons désormais sur le Québec. De plus, nous sommes enrichis d'une vingtaine d'années d'expérience guyanaise, pouvons disposer d'un confortable capital financier.

Chapitre 5

Pourquoi le Canada, le Québec ?

Il est des instants de vie qui nous font plonger dans la proche banlieue de la métaphysique et nous interroger sur les notions de destin et de libre arbitre. *"Il n'appartient pas à l'homme qui marche de diriger son pas"*, affirme Jérémie[38]. Je devais avoir dans les douze ou treize ans. Je ne sais plus à quelle occasion il m'avait été offert une toile vierge de tableau à peindre accompagné des tubes de peinture pour ce faire. Face au cadre vide, j'ignore la source de l'inspiration ayant guidé ma main maladroite et animé ce pinceau quelque peu titubant. Toujours est-il que je réussis à tartiner une œuvre que j'hésite encore à qualifier de prémonitoire ou simple reflet d'aspirations à la limite de la conscience. Le "tableau" représentait une petite montagne enneigée se reflétant dans un petit lac. Au bord de l'eau, une maison en bois avec sa cheminée fumante. Près de la maison, paissant sur l'herbe verte, un cerf à la belle ramure. Epée de Damoclès ou couvert protecteur, une grosse branche s'arrachant d'un arbre noueux surplombait la cabane. Je ne m'étendrai pas ici sur la qualité de la réalisation, ne me demanderai pas s'il s'agissait de surréalisme ou de cubisme. Techniquement parlant, c'était au-delà du naïf, très proche de la cagade colorée. Il ne saurait être question de talent. Ce malheureux cerf, même sa pauvre mère ne l'aurait pas reconnu. Non, l'essentiel réside dans ce que j'ai cherché à représenter, ma motivation, peut-être un idéal inconscient. Faut-il y voir une suite logique ? La conséquence d'un manque d'imagination, enfermé que j'étais dans ma ruralité naissante, conditionné par mes lectures romanesque d'alors ? Cette peinture, vulgaire dessin de gosse, sorte de bande annonce, s'inscrit-elle dans une sorte de prédisposition, une sorte de représentation de ce qui restera un rêve, un concept de vie ? Encore aujourd'hui je me demande ce qui a pu guider ma main.

---

[38] Bible. Jérémie 10 : 23.

Parce que lorsque chaque matin, j'ouvre les rideaux face au soleil levant, tous les éléments de ce tableau se tiennent là sous mes yeux : montagne, nos chalets, le lac, les arbres, et même les cervidés !

Parce que bien des années plus tard, même si mes gouts personnels ne me poussent pas vers la rédaction d'un texte à la gloire de la vie citadine ou vantant la convivialité régnant chez les gangs urbains, lorsque je commettrai une tentative de poème, cela donnera :

Le vieux François.

Le pas lourd, reins rompus, il referma la porte,
se cala, brisé prés d'une clarté éphémère.
Dans l'agreste logis, de douces lueurs exhortent,
à garder sa moisson, une complice pour l'hiver.

Bientôt, d'Arlequin la sylve inséparable,
S'écorchant peu à peu en orgie de couleurs,
du blafard des bouleaux aux furies des érables,
d'une sombre dormance prédirait les horreurs.

Des langues de gel, hurlées par un vent sauvage,
A l'assaut des rochers tenteraient l'avantage.
Le long leu insatiable, errant sous le verglas,
volerait sa pitance, l'arrachant aux frimas.

Savourant sa victoire, un chaud soleil d'avril,
des ultimes névés lécherait les ossements.
Et la truite vorace, fuyant un cours volubile,
percerait le miroir des eaux bleues de l'étang.

De cela, le vieux François avait l'expérience.
Il quitterait l'abri, retrouvant la présence
d'un ami solitaire lui donnant la réplique.
Un genre de vieux françois. Irisé d'Amérique.

Alors ?

Alors, pourquoi le Canada, pourquoi le Québec ? Écartons d'emblée l'hypothèse de la prédétermination au profit de celle du choix et donc de l'aspect volontaire de la démarche.

Lorsqu'on veut noyer son chien, on dit qu'il a la rage. Routine, lassitude seront les éléments déclencheurs d'une critique débouchant sur un besoin croissant d'horizons nouveaux. Cette critique ne sera pas forcément objective, car se focalisant trop souvent sur les aspects jugés à tort ou à raison négatifs. Parfois même, cet aspect négatif sera créé de toute pièce, quitte à être remis en cause plus tard par une nostalgie imprévue ! C'est un peu comme lorsqu'on est blessé sur une partie du corps et que s'installe la certitude que les coups s'acharnent à tomber exclusivement sur cette région précise.

Alors, dans cette période d'aveuglement de pré-départ, l'objectivité n'est plus de mise. Tout ce qui est guyanais sera prétexte à critique dévastatrice et tout ce qui est canadien sera systématiquement magnifié. C'est ainsi que les rigueurs hivernales seront passées sous silence ! Le but est de se trouver un maximum de bonnes raisons de s'extirper de l'enfer du moment.

Et quand j'ai un truc dans la tronche, le raisonnement s'efface devant le désir et le rêve... Je dois être une sorte d'Attila de la sédentarité, prompt à bruler ce que j'ai aimé, quitte à en adorer plus tard les cendres.

Comment ne pas être fatigué de devoir frapper des clients deux fois par mois pour cause de tentative de vol au magasin ?

Comment ne pas s'inquiéter du poids grandissant des ans et de l'inéluctable baisse de ma capacité physiques face à l'accroissement de ces incivilités ?

Il est clair que quitter la Guyane dans ce nouveau contexte offrant une qualité de vie se réduisant chaque jour est une bonne décision en soi. Mais une fois le rejet massif de celle-ci acté, une fois magnifié la prochaine destination, que reste-t-il de la notion d'objectivité ?

C'est aussi le moment des bonnes résolutions. J'ai passé beaucoup de temps à expliquer aux étrangers râleurs en mauvaises langues que s'ils ne sont pas contents de la France, ils peuvent la quitter. On ne retient personne. Je n'ai jamais eu de problème pour appliquer à moi-même ce principe que je juge sain. C'est à moi à m'adapter et je suis donc bien décidé à respecter scrupuleusement les réglementations en vigueur dans mon futur pays d'accueil.

Chapitre 6

Décision.

Internet accélère les démarches, accentue l'impatience. Nous demandons à Serge de se renseigner sur les propriétés à vendre dans sa région et nous recherchons sur Internet. C'est tout naturellement que nous trouvons la même.

Nous regardons la propriété sur le web. La maison nous plait et Serge qui ne nous en fait que des éloges nous a fait parvenir plusieurs petites vidéos par Internet. Il est vrai que comparé à son "gourbi" malpropre... La construction est saine et sise sur deux acres[39] de terrain. Un plan d'eau de quatorze hectares est situé juste en face, entouré de quelques chalets. Une piste en parfait état fait le tour du lac. Nous avons accès direct à l'eau via un petit terrain de plus de deux mille mètres carrés faisant partie de la propriété. Le village le plus proche, Campbell's Bay est à moins de sept kilomètres. La plupart des services s'y trouvent : banques, dentiste, épicerie, tribunal, pharmacie, Poste, garages... Un des meilleurs hôpitaux du Québec[40] est à Shawville, distant d'une vingtaine de kilomètres. Nous sommes à une heure environ de la

---

[39] Unité usuelle au Canada. Un acre = 0,42 hectare.
[40] Excellent hôpital.

capitale nationale, Ottawa. Dans la proche région, il n'y a pas d'autre offre de cette qualité bénéficiant d'un tel environnement et nous nous focalisons sur cette propriété, n'en recherchons pas d'autre, partons pour quelques jours en mars 2003 et la visitons sous la neige.

C'est équipés comme pour une expédition polaire que nous débarquons. Nous avons commandé auprès de nos fournisseurs du matériel haut de gamme et bénéficions du prix de gros. Serge avait raison : même avec des températures largement en-dessous de zéro, c'est confortable. Pendant que le thermomètre s'amuse avec les moins trente-cinq et que les loups s'égosillent dans la poudreuse, nous écoutons "radio couette international" en position horizontale, donc... Dans les Pyrénées, nous avions connu des moins vingt-cinq poussés par un *carcanet*[41] infernal et avions survécu, alors...

La maison appartient à un ancien militaire désormais à la retraite. Il a soigneusement préparé la visite et déneigé les abords, le patio. La petite souffleuse à neige a laissé une trace aux bords parfaitement verticaux. Tout est propre, carré, opérationnel. Militaire... C'est vrai qu'elle surpasse en qualité beaucoup de ce qui peut se rencontrer dans les environs. Un couple d'Ontariens s'est porté candidat avant nous. Prioritaires, ces gens visitent la maison en compagnie de l'agent immobilier. Angoisse... Cette belle "cabane" nous échappera-t-elle ? Hey ! Ho ! Nous venons d'un autre continent pour la visiter et elle nous plait ! Ces braves gens donnent une réponse négative. Nous respirons.

A cette saison, c'est le grand silence blanc. Pas de voisins présents. La "résidence" la plus proche, une paire de méchantes caravanes accolées, est à une cinquantaine de mètres, de l'autre côté de la piste. Ce qui fait tache dans ce décor nordique, c'est une autre caravane bleue, aussi moche que grande, et qui est stationnée près des deux autres. L'agent immobilier nous rassure en disant que le propriétaire dispose d'un délai d'un an pour l'enlever. Je regarde Maria et partage l'acquiescement lisible dans ses yeux.

- OK ?
- OK.

Nous n'avons plus qu'à signer la promesse d'achat. Sans que nous l'ayons demandé, Michel, l'agent immobilier nous informe que nous n'allons pas payer les 108 000 dollars demandés mais 103 000. Il remarque mon étonnement.

- C'est dans les coutumes locales.
- Excellentes coutumes...
- Rassurez-vous, il faut ajouter la taxe de Bienvenue...
- C'est quoi, ça ?
- Du nom de son inventeur... C'est une taxe qui frappe toutes les acquisitions d'immobilier. N'ayez pas peur, elle n'est pas très élevée.
- Bienvenue... Ce connard a un nom prédestiné...

Je suis encore dans ma logique comportementale guyanaise et le mot connard le fait légèrement sursauter. Mais je suis déjà pénétré de la notion de respect nordique et le connard, c'est moi : à aucun moment je n'ai osé négocier le prix...

Nous signons les documents, il nous serre la main.

---

[41] Vent du nord.

- Félicitations. Vous êtes les heureux propriétaires de cette maison. Nous vous souhaitons bienvenue au Canada.
- Sous réserve de l'acceptation du prêt par la banque...
- Ce ne sera pas un problème. Ici, les banques sont souples. Quand souhaitez-vous occuper les lieux ?
- Nous sommes en mars. Disons au printemps, vers le mois de mai... Le temps de faire les formalités... Ce sera bon ?

Le propriétaire acquiesce.

J'ai vendu ma maison de Dordogne et dispose d'un peu plus de quatre-vingt-dix mille dollars en cash immédiatement disponible. Nous ne souhaitons pas prélever dans la trésorerie du magasin, pas plus que dans la caisse noire. Maria et moi partons pour Fort Coulonge[42] et, sur les conseils de Serge, ouvrons un compte à la Caisse Populaire locale. Nous passons ensuite dans le bureau de la cheffe d'agence pour effectuer un virement de quatre-vingt-dix mille $ Can[43] sur notre compte et rédiger une demande de prêt complémentaire. Il ne nous manque qu'une quinzaine de milliers de dollars pour la maison, mais nous en demanderons soixante-dix mille, de façon à disposer de trésorerie. Nous déclarons vouloir régler ce prêt par anticipation dès notre retour.

---

[42] Village sur la route 148, à une quinzaine de kilomètres du lac Lawless.
[43] 1 € = généralement entre 1,35 et 1,50 $ Can. Chanceux, nous avons bénéficié d'un cours de l'euro particulièrement fort à 1,62 $!!!

Plusieurs documents nous sont demandés, notamment le compte de taxes faisant état de l'évaluation municipale. Nous fournissons un certificat de localisation, promettons d'obtenir une évaluation d'un homme de l'art et une analyse d'eau. Tout se passe pour le mieux lorsque se présente le petit grain de sable qui va faire dérailler la machine. Nous sommes de simples touristes et ne disposons donc pas d'un numéro de sécurité sociale canadien. Nous communiquons nos numéros français, ce qui provoque un refus de l'ordinateur. La banquière ne sait plus quoi faire. Va-t-on devoir tout laisser tomber à cause de cette saleté de bécane ?

C'est alors que j'ai un pur trait de génie et demande à la banquière de ne rentrer que des 9 en guise de numéro de sécurité sociale. Elle hésite, mais s'exécute, et Ô miracle de l'informatique, la bécane accepte[44]. La banquière me jette un regard transpirant d'inquiétude, d'autant plus que je reste imperturbable, nullement surpris par mon exploit. Elle n'a jamais vu ça. Son inquiétude sera au zénith lorsqu'elle nous demandera quelles garanties supplémentaires nous offrons. Ce sera Maria qui voudra la rassurer en lâchant un sincère :
- J'ai une société de vente d'armes en Amérique du sud...
De surcroit enrichi de son redoutable accent espagnol, dans une agence bancaire du Canada. Ambiance...
On aurait pu entendre péter une mouche dans la corbeille à papiers du bureau voisin. La banquière se racle la gorge et demande le chiffre d'affaire.
- Vous avez des documents comptables ?
- Oui... Nous disposons d'un DVD avec une foule d'images de documents scannés...
- Merci, mais ces rapports de comptabilité me suffisent.
Une lecture en diagonale la rassure et elle retrouve le sourire.
Il n'y a plus qu'à imprimer la demande, signer avec l'hypothèque et le tour est joué.
- Vous pourrez disposer des fonds d'ici un couple de jours.
- Wow !
L'affaire a été pliée en une vingtaine de minutes. Nous ressortons de la banque avec plusieurs chèques et certains de disposer rapidement de plus de cinquante mille dollars en cash. Ici l'électricité est en 110 volts et nous aurons pas mal d'achats d'électroménager à faire au moment de notre installation.

Mon père est décédé en septembre 1999. J'appelle ma mère en Dordogne pour la rassurer quant à l'utilisation de l'argent de notre maison. Pour nous, il n'est pas question de dilapider la somme en conneries. Par respect pour la mémoire de mon père, nous avons reconverti le produit de la vente dans l'immobilier. Simple question de principe.

Nous voici donc propriétaires d'une maison de 256 M² habitables, en excellent état avec deux garages, un atelier, plus d'un hectare de terrain. Tout ça pour moins de soixante-dix mille euros !
- Ça s'arrose ?
- Oui.

---

[44] Cette scène de la banque est absolument authentique !

Il faut connaitre le mode de fonctionnement des banques canadiennes en termes de prêts. Supposons que vous souhaitiez acheter une propriété un million de dollars. Il y a trois évaluations pour ce bien :

L'évaluation municipale qui sert de base pour calculer le montant des taxes municipales et scolaires. Car que vous ayez des enfants ou pas, vous paierez des taxes scolaires. Le montant de cette évaluation n'a aucun rapport avec la valeur de l'immeuble ou des terrains.

L'évaluation "réelle", faite par un agent d'immeuble agréé. Elle est supposée correspondre au prix que vous pourrez demander pour vendre votre propriété.

L'évaluation demandée par la banque. Faite par un agent agréé mandaté par ladite banque elle sera d'environ égale à la moitié de la valeur de l'estimation "réelle"…

En conclusion, votre propriété d'une valeur d'un million sera estimée cinq-cents mille par la banque qui pourra vous prêter jusqu'à quatre-vingts pour cent de ce montant, soit quatre-cents mille. De cette façon, en cas de problème, la banque est certaine de récupérer ses billes ! Charge à vous de trouver des prêts supplémentaires, mais généralement à taux plus élevé. C'est ainsi que pour nos chalets, nous avons fait appel à des prêts du C.L.D. et de la S.A.D.C. qui vu les taux pratiqués, se sont faits un plaisir de les accepter…

***

PARTIE 4

Chapitre 1

La poursuite du vent...

Ce dont je ne me doutais pas, c'était que les méthodes déployées par les cauteleux de l'O.N.F. avaient déclenché chez moi un choc psychologique imposant ma réussite personnelle face à leur médiocrité. C'en était donc terminé du rôle de taximan en pure perte. Curieusement, j'étais devenu ce que l'O.N.F. souhaitait faire de ses agents via ce que les hautes sphères forestières avaient nommé diversification: transformer un fonctionnaire en businessman. La seule différence entre les "petits hommes verts" au choux fleur[45] et moi, c'est que j'étais à mon compte. Sans m'en rendre compte, j'étais devenu un commerçant, efficace de surcroit. Oh, au cours de nos dernières années pyrénéennes, nous avions bien monté une crêperie au pied d'une piste de ski et gouté aux joies de la libre entreprise et du tiroir-caisse bien rempli. La première saison s'était déroulée dans une vieille Estafette rebaptisée Estafrite. J'en avais sommairement découpé le toit à la meuleuse, fixé une bande de plastique à l'aide de rivets pop, reposé le toit dessus. Un vieux tuyau de poêle crachait la vapeur d'eau dans l'air glacé, tel une antique micheline. Vu de loin, et avec son rafistolage bancale, l'Estafrite faisait un peu véhicule hanté. Nous avions renoncé depuis longtemps à la démarrer, et elle stagnait entre deux congères, hayon grand ouvert sur le parking, distribuant barquettes et crêpes, sédimentant les Corneille[46]. Cet hiver-là fut actif, quoique "olé olé" et je me souviens d'un réveillon de Noël passé à éplucher et précuire des sacs de patates. Le lendemain, j'avais les doigts d'une main tétanisés. Quelques jours plus tard, nous achetions des frites surgelées, ne pouvant assurer le débit de façon "artisanale". Certains jours, nous faisions en bénéfice net l'équivalent de mon salaire mensuel à l'O.N.F. ! Ça valait le coup de tremper ses doigts dans la farine, retourner des crêpes et se parfumer à la friture ! Ca payait, car la saison suivante, nous exercions dans un chalet neuf, construit de nos mains.

Nous avions la frite...

C'était une époque de liberté, où on pouvait encore travailler sans trop se soucier des "formalités administratives"...

Quant à la Guyane, c'est un pays de cocagne.

Sous notre impulsion, le magasin tournait comme une hélice et dégageait de Confortables bénéfices. De plus nous avions la chance d'être en Z.F.U.[47] et de ne pas être imposable sur les premiers 400 000 francs de bénéfice net. La caisse noire jouait parfaitement son rôle. A l'époque en Guyane, certains commerçants ayant pignon sur rue n'avaient même pas de comptabilité[48]. Notre expert-comptable nous raconta

---

[45] Surnom donné au logo de l'ONF.
[46] Billets de cent francs...
[47] Zone Franche Urbaine.
[48] Authentique !

avoir eu à traiter le cas d'une caisse négative[49]... Il n'a toujours pas compris comment cela était possible.

Nous voyagions et embauchions. Je dirigeais la boutique d'une main de fer. Au Vieux Broussard, on ne fumait pas, on ne buvait pas, on ne mangeait pas. Le nombre maximum de clients à l'intérieur était limitée à huit. Grâce à une porte à gâche électrique, les entrées étaient filtrées et les sorties autorisées. D'autres astuces étaient soigneusement réparties à portée et disponibles rapidement. Par exemple, j'avais installé sous mon bureau un *coach-gun* de calibre 12, chargé à chevrotines, à commande au pied[50]. L'ordre régnait. Tant et si bien que notre agent d'assurance nous consentait une remise spéciale[51].

Nous étions en Amérique du sud...

La main de fer ne fait pas tout et je savais aussi me montrer grand seigneur. Séquelles du fait d'avoir été délégué syndical... Un courrier nous apprend que le taux de cotisation salariale allait augmenter, peut-être d'un petit pour cent. Je rédige alors une note à l'attention du Personnel avec pour objet "Réunion de travail ce soir à 20 heures" dans un restaurant de la place. A l'heure dite, nous nous retrouvons tous au Dragon d'Or.

- Je suis au regret de vous annoncer qu'à partir du mois prochain votre salaire sera révisé à la baisse. En effet, le taux des cotisations salariales vient d'être relevé. Je suis aussi concerné par cette décision.

Triste mine de nos employés et commentaires irrités...

- Toutefois, parce que nous considérons cette mesure particulièrement injuste, Maria et moi avons pris la décision de la compenser par une augmentation de tous les salaires.

Une lueur d'espoir se mit à briller dans les yeux. Min se risquera timidement à un :

- Ca reviendra au même alors ?
- Pas tout à fait... Maria et moi avons décidé d'une augmentation supérieure au préjudice que vous subissez. Il est normal que vous bénéficiez de la bonne marche de l'entreprise, car son fonctionnement est aussi le résultat de votre travail...
- ...
- Nous avons donc décidé d'augmenter tous les salaires de vingt pour cent. Y a-t-il des observations ?

Regards incrédules suivis d'une vive satisfaction. Je surprends Min à compter sur ses doigts et rajoute :

- Je suis aussi concerné par cette mesure, et comme je gagne plus que vous en salaire de base, mon augmentation sera plus forte...

Pierre, notre technicien lancera un :

- C'est dégueulasse ! C'est pas juste ! Depuis le temps qu'on lutte... Camarades !

Qui déclenchera un rire général et la commande immédiate d'une première tournée d'apéritif[52].

---

[49] Authentique !
[50] Authentique.
[51] Tout ceci est rigoureusement authentique.
[52] Cette scène est authentique.

- Puisque tu dois reprendre la société, nous devons aussi t'informer de certaines choses. Tu sais que Maria et moi avons acheté une propriété au Canada. Nous allons y retourner au mois de mai prochain et y resterons six mois. Pendant ces six mois, tu auras la responsabilité totale du magasin. Nous réaliserons un inventaire complet avant notre départ. Ce sera vite fait, il est procédé à des contrôles réguliers et la bonne gestion informatique facilite beaucoup les choses. Tu sais exactement comment fonctionne la boutique et auras une large marge de décisions. Nous serons en contact Internet permanent en cas de problème. Un container de vingt pieds rempli de cinq cent mille cartouches arrive le mois prochain et tu devrais en avoir suffisamment pour tenir jusqu'à notre retour. Une nouvelle A.I.P.E.[53] est en cours d'obtention. L'important réside pour toi dans le fait que notre absence pendant six mois constitue un test, autant pour toi que pour nous, sur tes aptitudes à gérer cette entreprise. Tu devras quitter ton bleu de travail et enfiler une liquette de patron. C'est d'ailleurs ce que nous te demandons de faire dès à présent. Tu répondras au téléphone, aux fax, communiqueras avec clients et fournisseurs, prendras plus d'initiatives, passeras les commandes et les règleras. Ca nous reposera... A notre retour, nous ferons le bilan de ta gestion. Ce sera aussi le moment de préparer ta prise de possession de la société, car nous repartirons pour le Québec en mai 2004, et cette fois-ci, définitivement. Je te répète que cette vente est importante pour nous, sur le plan financier bien sûr, mais aussi en ce sens qu'elle nous permet de mettre le pied à l'étrier à un jeune. Et ça n'est pas rien[54]. Avant de te passer les commandes définitives, inventaire général et contradictoire, calcul du prix de vente et des mensualités sur dix ans.

Et ainsi fut fait. Mais trop confiant, je ne passerai pas devant un notaire. Seuls quelques documents seront signés via le comptable. J'aurai vendu cette société comme un paysan vend un poulet au marché…

Le 11 mai 2003, nous sommes de retour au lac Lawless, munis d'un titre de résident temporaire valable six mois. Ce document renouvelable s'obtient sur simple demande à l'aéroport. Il suffit de le demander et de justifier du motif. Dans notre cas, ce fut très facile :

- Nous avons acheté une maison dans le Pontiac, et monterons une société commerciale aussitôt après avoir obtenu nos certificats de résidents permanents.
- OK et bienvenue au Canada.

Nous signerons l'acte définitif d'achat le 28 mai et "camperons" chez Serge et Christine jusqu'au 30 mai. Le notaire manquera de s'étouffer en goutant après la signature le contenu d'une petite bouteille de rhum blanc cœur de chauffe sortie de ma poche. Cette pratique n'est pas courante ici, le rhum blanc encore moins. Je crois même que le rhum blanc agricole n'est pas importé au Canada (?). Il est dans la coutume locale de laisser du matériel dans le bien acheté. C'est ainsi que nous héritons d'un réfrigérateur en parfait état de marche, une gazinière électrique, une tondeuse à gazon et beaucoup de petit outillage. D'une façon générale les Québécois ne sont pas attachés comme l'Européen à leur patrimoine immobilier. Environ 10% d'entre eux déménagent chaque année.

---

[53] Autorisation ministérielle d'importation de produits explosifs.
[54] Authentique.

C'est le premier juin 2003 que nous pénétrons chez nous. Cette prise de possession sera compliquée par la perte des clefs ! Je serai obligé de fracturer la porte d'entrée, tel un vulgaire voleur. Rentrer chez soi par effraction... Un comble [55] !

Chapitre 2

Découverte grandeur nature.

Nous découvrons la propriété au printemps. Un minuscule trou d'eau commence à vibrer sous le chant des grenouilles. Je déduis rapidement au vu du tapis végétal que le sol est acide. Nous sommes en fait sur les restes d'une moraine et les nombreux lacs alentour sont les vestiges de l'érosion des glaciers recouvrant autrefois la région. Les lacs... Personne ne sait combien il y en a exactement au Canada. L'approximation la plus sérieuse fait état de plus de trente deux mille lacs d'une surface supérieure à trois kilomètres carrés.

"Que d'eau, que d'eau !" Se serait exclamé Mac Mahon...

Une fois propriétaire, notre regard sur la région change. Je note avec stupéfaction la fréquence de passage des camions grumiers lourdement chargés. Le Canada est un pays forestier, mais tout de même ! Leur contenu est également inquiétant. Je constate la présence de beaucoup d'arbres de petites sections. L'impression qu'on est en train de piller cette région se fait jour !

J'aurais dû me méfier...

Une Jeep Laredo Grand Cherokee d'occasion est achetée à Pembroke (Ontario). Nous courons les magasins et équipons rapidement la maison. Entre la caisse légale et la noire, nous avons prélevé plus de trente mille euros que nous cherchons à changer, ce qui s'avère impossible à Fort Coulonge. Nous nous rendons à Pembroke distant d'une cinquantaine de kilomètres et pénétrons dans une banque. Je dépose tout naturellement les liasses sur le comptoir. La caissière panique aussitôt et me demande de justifier de l'origine de la somme. Je dégaine une déclaration en douane. En français...

Examen attentif du document sans rien comprendre...

Appel à un supérieur qui nous demande nos passeports...

- C'est une grosse somme...

- Bof !

Derrière nous, la queue commence à s'allonger et ça girafe[56] sec, quoique discrètement.

Le supérieur appelle le chef d'établissement qui nous demande de patienter et appelle je ne sais qui par téléphone. Il nous demande nos passeports, en fait des photocopies, repart dans son bureau et en ressort avec une paire de gros livres. Une fois ouverts aux bonnes pages, ils montrent les caractéristiques des faux euros, belles photos à l'appui. Ils sont trois à examiner nos euros, billet par billet, les mirant face à une lampe vraisemblablement spéciale...

---

[55] Et pourtant tout ce qu'il y a de vrai.
[56] Girafer : Néologisme d'origine africaine désignant le fait pour un élève de tendre le cou pour observer la copie de son voisin.

Dans la queue qui s'est considérablement allongée, on commence à faire semblant d'être imperturbable.

Quant à moi, ils commencent à me gonfler prodigieusement avec leurs mines de papier mâché et leurs airs de ne pas y toucher. Je leur fais un de ces cacas nerveux dont j'ai le secret.

- On est où, là ? Vous êtes banquiers banque ou marchands de tapis ? Ce sont des euros, monnaie européenne, pas du Zimbabwe, cotée plus haut que vos dollars ! Si vous les voulez, vous les prenez, sinon, je vais voir ailleurs !

Chocking ! Les sujets de sa gracieuse Majesté tirent la gueule. Ils ne sont pas habitués à se faire apostropher de la sorte. Mais moi, j'ai toujours le réflexe Guyane. Ils accélèrent la manœuvre.

La queue s'impatiente de plus belle.

Les caissiers comptent une fois de plus. L'un d'eux s'éclipse dans un bureau, en ressort avec un petit papier qu'il soumet à mon examen. C'est une proposition de change plus favorable, compte tenu du volume concerné. Ça fait un joli petit paquet de dollars. J'accepte. Quelques instant plus tard, il nous est emmené de belles liasses que je prends un malin plaisir à compter. Et recompter.

Dans la queue, le soulagement marque une pause, comme suspendu aux élastiques maintenant les billets. Les *rosbifs* se croient sauvés. Que nenni ! Le Vieux Broussard a encore de l'humour ! Je saisis quelques billets au hasard et les mire un par un, les faisant tourner à la lumière.

Dans la queue la colère est rentrée. Chez les rejetons de la perfide Albion, on reste digne, on est raide comme des passe-lacets. Nous ramassons nos dollars et sortons. Ici, on respecte beaucoup l'argent et son porteur. Le dollar est déifié. Malgré une irritation palpable, personne de la queue ne bronchera. Ça doit être ça, le fameux flegme britannique...

Nous avons acheté à l'aveuglette et fait passer la charrue avant les bœufs, ou plutôt avant le troupeau de bœufs, tellement notre imprévision était grande. Oh, j'avais bien demandé à l'agent immobilier si la réglementation nous permettait de posséder des animaux de compagnie, ce à quoi il m'avait répondu par l'affirmative.

- Vous êtes en zone classée blanche[57], et pouvez faire ce que vous voulez.

Partie comme on glisse sur une peau de banane, ma question n'était motivée que par mes aspirations personnelles, une bouffée de ruralité trop longtemps réfrénée, dopée par les illusions naissant d'un projet de vie nouvelle. Je ne me souviens pas avoir cherché à creuser la réponse qui me fut donnée.

Zone blanche... Pour moi, cela voulait dire *quelques arpents de neige*[58] ! En fait, il s'agit d'une classification encore connue sous les termes de récréotouristique, ce qui pourrait correspondre en France au POS[59]. Emballés que nous étions, nous n'avons prêté aucune attention à ce genre de "détail". Ceci ne m'empêchera

---

[57] Classement en zone dite récréotouristique. A différencier notamment du zonage en terrain agricole.
[58] Pour reprendre une des citations de Voltaire par lesquelles celui-ci exprimait son évaluation dépréciative de la valeur économique du Canada et, par extension, de la Nouvelle-France, en tant que colonie au XVIIIe siècle. Parce qu'elle exprime de façon concise une vision caricaturale qui avait cours en certains milieux de la France métropolitaine de l'époque, cette expression s'est intégrée à la culture populaire canadienne
[59] Plan d'occupation des sols.

nullement d'affirmer haut et clair que notre choix parfaitement réfléchi s'était porté sur une zone classée récréotouristique afin de disposer de la base légale de faisabilité de notre projet.

Face aux institutions, il faut démontrer d'une cohérence née d'une étude approfondie et une planification sans faille...

Nous ignorions alors être dans l'impréparation totale. D'ailleurs, nous n'avions aucune idée de ce que nous allions pouvoir faire comme activité. Ce que je savais, c'est avoir immédiatement flashé sur le nom du lac. Notre enseigne, ce serait Lac Sans Loi, simple traduction du nom de ce plan d'eau. Maintenant, quant à savoir ce qui se cacherait sous cette raison sociale, la question était totalement prématurée. Allions-nous vendre des frites ou des fruits et légumes ? Aucune idée ! Signe absolu de l'improvisation, nous ne savions même pas quel statut d'immigration allait être le nôtre ! Entrepreneur ? Travailleur autonome ? Investisseur ? A force d'entendre des "bienvenus" par-ci, des "c'est sans problème" par-là, nous étions en pleine euphorie. La moindre question posée recevait tout de suite sa réponse, satisfaisante, sur mesure. Dans les bureaux de chaque service visité, les gens étaient avenants, souriants, disponibles et se coupaient en quatre pour nous satisfaire. Rien à voir avec ces Cerbère acariâtres de Guyane - et même de France métropolitaine -, planqués derrière leur guichet, campant sur leurs avantages acquis, passant le plus clair de leur temps à polir leur siège, agresser le client, attendre la retraite, quand ce n'était pas plonger dans la première magouille de bas étage venue. Là, nous découvrions ce que doit être le vrai service public. Tous les obstacles s'effaçaient devant nous. J'avais l'impression que ce pays était fait pour moi. J'enfilais un costard taillé sur mesure. Nous avions de l'argent, le dépensions sans trop regarder. Au Royaume du dollar déifié, ça confère un statut certain. Les gens étaient souriants. Nous n'avons pas remarqué cette épidémie de gourmandise dans les semaines suivant notre arrivée : des panneaux "A vendre" fleurissaient un peu partout autour du lac Lawless. Les "indigènes" rêvaient de capturer un gros chèque *made in France* dans leurs filets. Des rêves en couleur, fantasmés dans le fond de leur cabane... L'étranger est réputé riche et le prix qui lui sera demandé sera généralement plus fort qu'à un Canadien. Ceux-ci mettent très souvent leurs propriétés en vente sur des sites d'Europe, ciblant une clientèle exogène. Ne nous y trompons pas, il n'est pas question de sentiment ici et "l'amour" que les Canadiens semblent porter aux clients Européens confine plus à la gourmandise qu'à l'amitié sincère... L'automne arriva sans qu'un nouveau Français prodigue ne pointe le bout de son chéquier, et les panneaux aux couleurs de l'optimisme tombèrent en même temps que les premières feuilles.

Il faut vivre dangereusement... Tout bien mesuré, insouciants que nous étions, nous ne partions pas la fleur au fusil, mais un doigt au cul et l'autre à l'oreille. Ou encore plus proche de la vérité, une émulsion de ces deux notions.

L'impact de la culture héritée de Guyane.

On ne sort pas indemne de plus de vingt ans passés en Guyane, surtout à Saint-Laurent du Maroni, ville frontière, bout de piste du bout du monde, îlot citadin en pleine jungle végétale et humaine. En arrivant au Québec, j'avais décidé de décrocher le désormais inutile rétroviseur greffé en Guyane pour tenter d'assurer notre sécurité. Peu à peu, face à une quiétude et sécurité retrouvées, j'oubliais certains comportements, redevenais lentement "civilisé". Aidée par un niveau correct de confort financier, cette tranquillité nouvelle facilitait grandement une intégration, participait à l'adoption des règles et coutumes locales. Il n'y avait rien à dire : si certains points pouvaient soulever certaines observations, ils étaient clairement affichés et acceptés en totale connaissance de cause.

- Ici, c'est comme ça.

Souvent entendue, cette phrase sonnait agréablement à mes oreilles. Elle a le mérite d'être claire et de fixer les limites du dialogue. Pour ma part, j'ai toujours été partisan de borner les territoires de chacun, condition *sine qanun* de la tolérance et du respect mutuels. J'appliquais donc à moi-même au Québec et en y adhérant pleinement, des principes que j'aurais aimé voir appliquer ailleurs aux autres.

Comparé à la Guyane, le Canada est une autre planète. Permissivité sans limite d'un côté, tolérance zéro de l'autre. Passer du libertinage à la discipline ne peut être simple que lorsque le fruit d'une volonté d'acceptation préalable basée sur un souhait, une aspiration. J'ai toujours été persuadé du fait que l'homme n'est pas fait pour l'autodiscipline et qu'il n'y a pas de véritable liberté sans contraintes. D'emblée, pour mieux m'insérer, je fais le dos rond et observe. Je retrouve un niveau de courtoisie que la vie en Guyane avait sensiblement émoussé. Ça m'est d'autant plus facile qu'inconsciemment je m'étais auto persuadé du bien-fondé de ma démarche, magnifiant les avantages, balayant d'un revers de main tout ce qui pouvait apparaitre comme inconvénients. Pire, je commettais l'erreur classique de celui animé par un désir de changement : je n'écoutais que ce que je voulais bien entendre. Peu à peu mon comportement changeait, des réflexes débouchant sur une certaine agressivité s'atténuaient. Les causes quotidiennes de stress ayant disparu, je retrouvais le calme. Devenu une sorte de mouton, j'adoptais le positionnement me permettant d'obtenir la fameuse carte de résident, sombrais dans une sorte de mimétisme. A l'instar des liquides, j'adoptais la forme du récipient dans lequel on me coulait. Le loup était devenu mouton, le prédateur avait mué en proie.

Je me revois au volant de ma Jeep, respectant scrupuleusement les limitations de vitesse, tressaillant comme une pucelle au bip du GPS de bord. Par inattention, je me prendrai à Pembroke le premier PV payé de ma vie pour être passé à un bus scolaire tous signaux clignotant et dont les enfants descendaient. Cinq-cent-quinze dollars dans les dents, à casquer dans les plus brefs délais et en silence...

Il m'avait fallu trois mois de Canada pour réaliser brutalement que confronté à une agression sérieuse en Guyane, je n'aurais pas hésité à tuer, car psychologiquement prêt pour ce faire, ayant par avance éliminé quelques phases déterminant le niveau de riposte. Je me souviens du sentiment de soulagement teinté de honte que cette soudaine prise de conscience souleva en moi. Finalement, les exemples, les coups de bluff et le vernis vindicatif dont je m'étais fardé avaient sans doute satisfait à leur mission de dissuasion…

Chapitre 3

Déménagement et installation.

Qu'elle serait belle notre maison au Canada, décorée des trophées de puma, jaguars et autres animaux que j'ai capturés et dont j'avais naturalisé les crânes et tanné les peaux ! J'aurais bien aimé voir notre peau d'anaconda de six mètres trente plaquée au mur du salon. Hélas, (En fait, tant mieux) depuis la signature de la Convention de Washington, il est formellement interdit de sortir ces trophées de Guyane, et même de tirer ces animaux. Je m'étais d'ailleurs imposé et imposais aux personnes m'ayant demandé de les guider, des règles de chasse allant bien au-delà de la réglementation en vigueur, ce qui m'avait parfois valu de sévères critique de la part de quelques frustrés.

Bref, nous organisons notre déménagement, décidant des choses à vendre et celles à emporter. La législation canadienne permet à tout migrant d'importer une seule fois ses effets personnels, sans être taxé sur la valeur des dits effets. Une liste exhaustive doit être adressée aux services des douanes. A noter que l'expédition peut être constituée de plusieurs envois. C'est d'ailleurs ce qui s'est passé pour nous, un container de vingt pieds précédant une caisse maritime. Il suffit de le signaler à l'avance, de façon précise, et tout se passe correctement. Soucieux de me conformer au règlement en vigueur, j'adressai un courriel à la direction générale des douanes canadiennes. Ce message faisait état des questions que je me posais quant aux diverses formalités à accomplir. Une surprise de taille m'attendait, témoignant du niveau d'attachement à la notion de Service Public : les douaniers Canadiens téléphonèrent en Guyane pour m'informer point par point, et de façon précise. Toutes mes interrogations trouvèrent des réponses claires. Il ne restait qu'à plonger dans les cartons. Et faire la liste de leur contenu...

J'avais écrit un roman (LES AILES DE LA BLANCHE) dont l'intrigue évoquait un trafic de drogue en Guyane, autant dire une activité classique d'honnête commerçant. Quelques éléments - quoique largement travestis - s'inspiraient très librement de faits supposés réels, car m'ayant été rapportés par le receveur des douanes de Saint-Laurent du Maroni lui-même. Ca, plus quelques détails croustillants sur les agissements plus que discutables de quelques gabelous locaux, et mon roman faisait plus vrai que nature. Il faut dire qu'à cette époque, il était prévu de porter mes ouvrages à l'écran. Hélas, le décès accidentel du réalisateur mit un terme définitif au projet[60].

Notre container de déménagement connut trois contrôles de douane successifs[61], comme si entre chaque contrôle, une génération spontanée de produits interdits avait pu se produire dans cet emballage métallique. Un bocal de verre contenait une tête de serpent venimeux, en l'occurrence un grage grands carreaux[62], baignant dans l'alcool. Les "intellectuels" de service prélevèrent de ce liquide aux

---

[60] Authentique.
[61] Authentique.
[62] *Lachesis muta*. Crotalidé très dangereux, encore appelé bushmaster, maitre de la brousse.

fins d'analyse. J'appris plus tard que ces fins limiers recherchaient des espèces protégées et des armes. Bande de tocards ! Comme si le Vieux Broussard, chasseur connu et reconnu, ex-armurier de surcroît, était assez con pour inaugurer une procédure d'immigration dans un pays civilisé, par un tel trafic. "Je ne suis pas un imbécile", je suis douanier, plaisantait un célèbre chansonnier...

Le container mit plus de quatre mois pour faire Cayenne / Le Havre. Cinq jours furent suffisants pour le voyage de ce port jusqu'à Montréal... Faut-il voir dans cette différence de délais un indice de performance ? Je le crois. D'autant plus facilement que l'ouverture du container réserva quelques surprises. Plusieurs cartons s'étaient évaporés en route, de magnifiques cadres d'ailes de papillons amoureusement confectionnés par Maria avaient été vandalisés, leurs vitres écrasées. Les serrures du bahut de notre salle à manger de style Louis XII avaient été forcées alors que les clefs étaient sur les portes... Le plateau de la table monastère assortie présentait des traces de lacération. Ca puait la petite vengeance de minable, de trou du cul congénital. Dans ces conditions, qui accuser sans preuve formelle ? En plus de vingt ans de Guyane, on ne se sera rien fait voler. Nos amis nous respectaient, nos ennemis nous craignaient. Là, une poignée de claque-dents certains de ne courir aucun risque, s'amusent à ce petit jeu. Lâches ils sont, qu'ils le demeurent ! Pour nous, finalement, l'important quand la bosse roule, c'est ce qui en reste.

Prévenu par notre transitaire des contrôles à répétition effectués par les douanes Françaises, je n'écartais pas la possibilité de me retrouver avec quelque substance illicite déposée intentionnellement dans mon container. Comme on connaît ses saints, on les adore... Je ne suis pas du tout un adepte des paradis artificiels. Comme beaucoup, j'ai testé une seule fois un pétard, loin des regards des bien-pensants, en pleine jungle, histoire de ne pas mourir trop idiot. En compagnie de policiers, d'ailleurs[63] ! Il ne me déplaît pas non plus, de savourer à l'occasion un bon vin. Je reste néanmoins plus que largement maître de la situation et aux antipodes de toute addiction.

Afin de prévenir tout problème de ce genre, j'expliquais la situation aux douaniers Canadiens et leur demandais de procéder à un contrôle approfondi de notre container afin de lever toute hypothèque, et confondre le cas échéant, les auteurs de ce coup fourré. Ils sourirent à ma requête et y donnèrent une réponse négative. Leur système de scanner devait de toute façon leur avoir révélé l'absence de toute substance illicite (?) ou alors ils avaient été informés par leurs collègues Français de l'état des lieux (?). Le temps de signer le chèque au transitaire local, un document de sortie de l'enceinte du port, et le container prenait la direction du lac Lawless.

Quelques semaines plus tard, nous récupérions notre caisse maritime à Montréal. Nous l'avions réalisée à l'aide de planches de bois précieux que nous avions camouflées sous une bonne couche de peinture. Le but inavoué était de convertir la caisse en meuble... Le gars qui nous signa le bon de sortie du port n'avait pas besoin de scanner. Ses yeux malicieux lui suffisaient largement.

- C'est quoi comme bois sous la peinture ?
- Ca, là ?

---

[63] Authentique.

\- Oui...
\- Ben... Du bois...
\- Précieux ?
Je sais que les importations de bois sont ici sauvagement taxées.
\- Tout est relatif... Ça veut dire quoi, précieux ? Tu es dans le désert, crevant de soif... Une canette de flotte sera considérée plus précieuse que son poids en or...
\- C'est quoi comme bois ?
\- Du moutouchi...
\- Connais pas... Ça vaut cher ton bois ?
\- Oui, surtout ici. Enfin, j'imagine... C'est un bois de couleur... On a prévu de se faire un meuble avec les planches...
\- Oui... Aller, c'est bon.

Il se marre, tout content de nous avoir prouvé qu'il n'était pas dupe. Je lui ai dit la vérité et ai été absout. Un coup de tampon suivi d'un poser de notre caisse sur la remorque et roulez jeunesse !

Plus de vingt ans de Guyane, ça crée des liens et nous avions organisé un repas de départ regroupant l'essentiel de nos amis. Evocation de souvenirs communs, émotion, évocation du futur. Un drapeau Québécois était accroché au mur du restaurant que nous avions loué pour la soirée. Parmi les nombreux cadeaux souvenirs, nous fut offert un bâton de pluie et un énorme pénis sculpté dans du bois d'amourette[64]. Un bâton de pluie, c'est un tube d'environ un mètre de long, contenant des graines. Lorsqu'on le bascule, on peut entendre un bruit comparable à celui d'une forte averse. Quant au pénis d'amourette, affublé de ses testicules, il était de taille plus que respectable. On en trouve d'ailleurs facilement mesurant plus d'un mètre et demi de hauteur. Bref, nous oublions en Guyane ces deux cadeaux qui nous seront expédiés au Québec par la voie postale. Oui mais... Avec les récentes dispositions sécuritaires en vigueur, un colis qui fait du bruit dès qu'on le manipule, ça peut attirer l'attention. C'est ainsi que nous recevrons ce long paquet avec la mention "Ouvert pas la douane". J'imagine en riant l'effroi manifesté par l'agent contrôleur à la vue de cette exotique représentation, suivi par un cri du cœur :

\- C'était donc vrai !

Chapitre 4

Boussole biologique.

Plus de vingt ans de Guyane, dont beaucoup de temps passé en jungle, ça détraque la boussole biologique. Là-bas, la promenade en forêt ressemble beaucoup à de la navigation sous-marine et ne peut se pratiquer sans boussole ou GPS. En revenant sous des latitudes proches du 45° parallèle, le sentiment de voir se recaler sa boussole interne est nettement perceptible. Les coordonnées de notre maison au Québec sont 45° 46 04 Nord et 76° 32 15 Ouest, soit approximativement la latitude d'Angoulême. Le choc le plus marquant sera de retrouver le cycle des saisons. Qu'on

---

[64] Bois d'amourette - *(Piratinera guianensis)* Synonyme de *Brosimum aublettii* et de *pindépaya* en takitaki, langue des bushinengués. Bois très dur et très dense de la famille des Moracées. Seul, le cœur est utilisé pour réaliser des sculptures ou objets souvenir.

le veuille ou non, passer Noël en short est sympa au début, mais la sensation qu'il manque un hiver à l'organisme s'installe rapidement et de façon de plus en plus perceptible. Nous nous apercevrons vite que le recalage de notre boussole interne ne nous transforme pas pour autant en GPS à deux pattes. Lors d'une sortie en forêt, nous rejoindrons la piste très loin du point prévu...

Chapitre 5

En attendant nos cartes de résidents.

    Nous sommes retournés en Guyane passer l'hiver et vendons la Société. De retour en mai, nous trouvons tout tel que nous l'avons laissé, même si la porte d'entrée ne ferme pas à clef. La Jeep qui s'impatientait de nous voir démarre au quart de tour. Nous avons fini par assimiler cette notion de zonage et savons désormais être situés en zone récréotouristique. Cette classification nous permet de réaliser un projet dans le secteur du tourisme. Alors nous commençons à nous renseigner sur l'activité que nous pourrions développer au Pontiac. C'est ainsi que nous contactons plusieurs organismes chargés de la mise en œuvre du développement régional et du conseil aux entrepreneurs. Dans le même temps, nous parlons aux quelques personnes que nous rencontrons et prenons discrètement la "température commerciale" des lieux.

    C'est l'été. Il fait beau, et tout va bien.
    Très bien.
    Trop bien...
    J'aurais dû me méfier...

    Comme expliqué avant, les évènements survenus à l'O.N.F. Guyane avaient provoqué chez moi un choc psychologique impliquant une obligation de réussite. Ce devait être ma réponse à la médiocrité constatée, aux petites combines fielleuses. J'y étais parfaitement arrivé avec le Vieux Broussard et me devais de confirmer avec le Québec. Fidèle en amitié et donc rancunier, je carburais au mélange de travail et de haine vengeresse. Avec le recul, cette volonté de démontrer de mes capacités à ceux que je considère comme des glands parfaits apparait dans toute son inutilité. Le gland restera gland, ne rêvera pas de devenir un robuste chêne au rhytidome[65] marqué par les ans, rassuré qu'il est par sa popote mensuellement servie. Il n'en demande pas plus, est prêt à tout pour l'assurer. Enfin, cet état d'esprit agressif qui nous anime aura au moins le mérite de doper une énergie ne demandant qu'à s'exercer. C'est ainsi que nous métamorphoserons la propriété.

    Ces deux acres de terrain entourant la maison ne nous satisfont pas. De plus, n'importe qui pourrait venir s'installer à proximité, au risque de briser notre tranquillité. Nous nous renseignons sur les propriétaires des terres voisines et les contactons.

    C'est ainsi que nous faisons l'acquisition d'une première parcelle d'une surface de deux acres (0,84 ha) au nord de notre terrain. De forme rectangulaire, elle touche la piste et une toute petite mare y a été comblée. De nombreux bouleaux et

---

[65] Ecorce.

pins blancs[66] y poussent. Un manque flagrant d'entretien impliquera un travail de remise en état conséquent. Monsieur le propriétaire parle français, Madame est exclusivement anglophone. Ils montrent leurs fleurs ornant les alentours du chalet, et demandent quinze mille dollars de leur terrain. Je leur explique qu'il est en friches, que c'est un champ de caillasses. Rien n'y fait. Madame tire la gueule face à ce maudit Français qui ose discuter les prix, et me dégaine un acte d'achat datant de plusieurs années faisant état d'un paiement de treize mille dollars. Je m'incline. Quelques jours plus tard, Maria et moi leur portons un chèque de ce montant. Le couple est en train de boire un café. Ils sortent, se saisissent du chèque et rentrent vite dans leur chalet. Pas un merci, pas d'invitation à entrer et boire ne serait-ce qu'un jus...

Rien...

Le Limousin que je suis, fortement attaché aux vraies valeurs de l'hospitalité vient de recevoir une gifle. Ce comportement résonne encore en moi comme une injure, un manque complet de savoir vivre. Maria sera également très marquée par cette attitude. Ils avaient peur de quoi, ces deux blaireaux pathétiques ? Que nous fassions l'inventaire de leur Sam Suffit ? De gaspiller trois malheureux grains de café ? Enfin, nous avons leur terrain, ils ont leur fric, et l'affaire est close. La signature devant le notaire aura lieu dans la même ambiance de franche camaraderie. J'imagine ces deux sinistres pendant les longues soirées d'hiver. Ce doit être assez tristounet, quoique l'effet de surprise en matière d'allégresse n'est pas à écarter chez certains "peine-à-jouir" et autres crispés du grand zygomatique[67]... Il leur arrive, paraît-il, de s'enfermer dans leur cave, et de s'enfiler une canette de bière en douce. Si si... Faut-il vraiment leur en vouloir ? Je ne le pense pas, car nous nous apercevrons du caractère répandu de ce qui peut apparaitre comme de la froideur.

Ici, c'est comme ça.

Ici, c'est majoritairement anglophone, et beaucoup de francophones pensent comme des Anglais. La convivialité n'est pas toujours au rendez-vous. La tristesse, la sinistrose c'est contagieux, même après traduction dans la langue de Molière. A croire qu'on peut naitre constipé et le rester.

Loin de moi l'idée de généraliser ! La règle n'est pas universelle, et connait comme bien d'autres, des exceptions la confirmant. Nous achèterons une autre parcelle de terrain à un couple de voisins

---

[66] Pin Weymouh ou *Pinus Strobus*. Le seul pin à posséder des aiguilles groupées par cinq.
[67] Muscles zygomatiques, les deux muscles qui amènent les coins de la bouche vers les oreilles, et qui agissent principalement dans l'action du rire.

anglophones forts sympathiques, et avec lesquels nous entretenons toujours d'excellentes relations. Pour quarante-cinq mille dollars, nous faisons l'acquisition d'une plantation de plus de trois hectares.

Notre propriété se compose donc désormais du terrain du lac et de trois parcelles composant un lot d'un seul tenant. La surface totale est supérieure à cinq hectares. Il y a là largement de quoi s'occuper si nous voulons en faire quelque chose de correct. Et le moins que l'on puisse dire, c'est que ça nous occupera !

Nous en négligerons même notre dossier d'immigration, accaparés que nous serons par les travaux d'aménagement. Trop focalisés sur l'aménagement du terrain, le projet, les constructions, nous ignorerons l'environnement humain, ne comprendrons pas sa vraie nature. Pour les gens, je suis un écrivain qui garde ses distances, ne faisant pas partie de leur monde. A nous observer travailler si fort, sans doute nous jugent-ils un peu fous. Il est vrai que notre concept est inhabituel dans la région. Aucun local n'élaguerait une plantation avec le même soin que nous, et ne dépenserait plusieurs milliers de dollars pour faire broyer des branches, juste pour rendre les lieux plus agréables, plus esthétiques, moins sensibles à l'incendie...

Nous sommes des *étranges*[68].

Quant à moi, je ne peux pas parler d'hostilité à leur égard. Je leur fous une paix royale, ne me mêle pas de leurs affaires. De toute façon, ce sont des glaçons ambulants qui ne se fréquentent pas trop entre eux, se limitent souvent aux seules relations familiales. Nous ne voyons pas de communication réelle. L'impression de messe basse permanente se dessine. Pourtant, le terme communauté est repris régulièrement par la radio locale, les journaux. Plus j'entends parler de communauté, et plus je constate l'absence de cohésion au dépend d'un matérialisme et d'un individualisme forcenés.

J'aurais dû me méfier...

Le téléphone sonne souvent, parfois très tard le soir. Il nous est demandé des dons pour une fondation, une association, une cause quelconque. Nous commettrons l'erreur de donner, et aussitôt le nombre d'appel augmentera sensiblement. Vers vingt-deux heures trente il m'est demandé si une fois mort je serais d'accord pour donner mes organes... Plus tard, lorsque le niveau de notre compte bancaire sera au plus bas, et que le nombre des appels diminuera, je me poserai la question de savoir s'il n'existe pas une relation directe entre eux. Dans ce cas, et si cette hypothèse était vérifiée, il y aurait quelques questions à se poser sur la notion locale du secret bancaire.

J'aurais dû me méfier...

Nous sommes pourtant pleins de bonnes intentions, essayons aussi de nouer des relations. Maria et moi faisons souvent le tour du lac à pied, ce qui constitue une courte promenade de deux kilomètres et demi. A plusieurs reprises nous croiserons des personnes faisant de même et les saluerons. Si dans la majorité des cas, ils répondront à notre salut, il n'en ira pas de même pour plusieurs jeunes enfermés dans leur bunker virtuel. Walkman plaqué sur les oreilles, solidement maintenu par une casquette en diagonale, ils avancent, le regard fixe et dégoulinant de désœuvrement. Nous saluerons une paire de fois ces automates blafards, à la braguette du jean

---

[68] Etrange : appellation locale désignant les étrangers. C'est étrange, non ?

tutoyant les genoux, sans obtenir de réponse. Lors de nos prochaines rencontres nous nous efforcerons de laisser transparaître le même regard pétillant d'intelligence, et garderont bras ballants ou mains dans les poches, ce qui satisfera les deux partis.

J'aurais dû me méfier...

Alors, nous essaierons de nous intégrer différemment. C'est ainsi que nous ferons travailler préférentiellement les entreprises locales. Nous donnerons aussi à des inconnus : un gars dont la maison a brulé, des parents d'une adolescente assassinée. C'est ainsi que quelques chèques seront émis pour des causes jugées bonnes, et sans espoir de retour sur investissement. La nature humaine reste pourtant ce qu'elle est, façonnée par le local, la politique, ce que nous appelons les antécédents culturels. Nous en sommes tous les fruits, quel que puisse être notre niveau d'esprit critique. Dans un pays où l'argent est déifié, où sa conquête est le sport national, comment s'étonner de voir les comportements humains s'adapter à cette incontournable réalité ? Ici, on ne partage pas. On court, on concurrence, on rivalise. Chaque Québécois est en moyenne endetté à un niveau de trente mille dollars. Les cartes de crédit sont incontournables, et il nous en est proposé régulièrement. Les boites à lettre débordent de publicités déversées dans des sacs de plastique.

On consomme. Nous découvrons alors des débuts de sourires...

Chapitre 6

Résolutions.

Que les choses soient très claires : il n'est pas question pour moi de me comporter comme en Guyane. Ce serait de toute façon impossible, car la lecture du règlement au Canada y est totalement différente, mais aussi et surtout parce qu'inutile. Si nous entreprenons les démarches visant à nous établir au Québec, c'est justement pour ne plus connaître l'insécurité, et retrouver un mode de vie plus en phase avec nos conceptions de la norme. Désormais nettement moins exposé à tout risque d'agression physique, j'abandonnerai donc totalement les comportements censés les parer. Je me souviens de cette affiche que j'avais placardée, bien en vue dans le magasin (juste en face de la caserne de gendarmerie). Je proposais 10000 francs contre la main d'un voleur en cas d'agression "douce" et 50000 contre la tête en cas de violences. Les gendarmes disaient ne pas comprendre l'anglais. Une connaissance m'avait proposé un marché en ces termes :

- Joël, je sais que tu cherches des mains et des têtes. Je travaille à l'hôpital et peux t'en procurer facilement[69]...

---

[69] Rigoureusement authentique !

Ben voyons ! Quoi de plus naturel ?

- Tu es complètement dingue ! Je vais mettre ça en rayon, dans un bocal de formol bien en évidence avec un petit panneau indiquant qu'il s'agit du dernier voleur que nous avons coincé... Là, juste en face de la gendarmerie !

Heureusement que j'étais assis... Bien des années plus tard, je suis encore sous le coup de cette offre ! Ah, l'Amérique du Sud, sa lecture de la morale et des droits de l'homme...

Cette histoire, j'évite de la raconter au Québec, craignant de passer pour un menteur. Sans compter qu'avec leur notion de l'humour, les "indigènes" pourraient croire et raconter que je collectionnais les pièces détachées de corps humains. En moins de temps qu'il n'en faut à un avocat pour mentir, je serais devenu le "Jivaro[70]" du lac Lawless... Me consacrant exclusivement au travail, au strict respect des engagements qui sont les nôtres vis-à-vis de notre pays d'accueil, je collerai de près au respect des lois. Maria notera ce changement avec grande satisfaction. La vie au Québec se rapprochera donc de celle connue au cours de nos premières années de Guyane, travail en plus.

J'ai trop chassé et ai pris la décision d'arrêter cette activité. Il y a énormément de gibier dans la région, et je me connais. Dès que je dispose d'une puissance de feu... Afin de lever tout risque de "dérapage", j'ai décidé de ne pas posséder d'arme. Je dois avouer que ça ne me manque pas beaucoup, ne trouvant aucun intérêt à tirer sur des animaux abondants et peu farouches. Et puis, l'obligation de porter des gilets de couleur orange pour chasser n'est pas vraiment de mon gout. Devoir se déguiser en langouste pour exterminer à cinquante une biche de Virginie venue se régaler des sacs de pommes placés comme appât ne sera jamais ma tasse de thé. Quand on a chassé le félin, le tapir en pleine jungle, se rabattre sur du cerf de Virginie, quelle décadence !

Le changement est radical. Non pas que je fus un hors-la-loi, - mon casier judiciaire est strictement vierge - mais parce que je renouais au Québec avec nombre des valeurs de ma rurale jeunesse. Une sorte d'électrochoc psychologique sera la brutale prise de conscience qu'en Guyane, et confronté à une situation de légitime défense, j'aurais pu commettre l'irréparable. Non pas qu'il s'agisse là d'une infraction, mais parce que je m'y étais préparé. Cette prise de conscience d'avoir été disposé à un moment de sa vie, capable de faire feu sur un agresseur m'a fait froid dans le dos. Il y a des personnes dont c'est le travail, la mission et qui sont formés dans ce but. Ce droit n'appartient pas au civil que je suis. Or, en Guyane, ce civil s'était placé dans les mêmes dispositions d'esprit qu'un policier. Pire, il y a été encouragé à plusieurs reprises par les forces de l'ordre locales. Ceci n'est pas normal, et je réalise avoir échappé à quelque chose de grave qui aurait pu peser sur ma conscience toute ma vie.

Au Québec, et parce que commence une nouvelle vie, je me placerai en position d'observateur du comment vivre ici. Je ferai le dos rond, m'efforcerai de m'intégrer au paysage comme le chasseur à l'approche que je fus. Quelques années plus tard, d'intenses souvenirs viennent parfois réveiller un besoin d'action laminé par le respect de mes engagements. L'âge aidant, les capacités physiques

---

[70] Tribu Amérindiennes réputée pratiquer la réduction des têtes.

s'amenuisant participent également à cette sorte de mise au placard. Serait-ce la sagesse qui s'installe ? Pourtant, s'il reste possible de caresser un loup, celui-ci regardera toujours vers la forêt... En Guyane, j'étais une figure. Ici, je suis un anonyme. En Guyane, j'étais un chasseur. Ici, et même si je ne le sais pas encore, je suis une proie.

J'aurais dû me méfier...

Chapitre 7

Premiers invités.

Après avoir passé onze ans à camper en lisière de marécage, nous ne sommes pas peu fiers de recevoir nos premiers invités.
Chez nous.
Pêchant les truites de notre étang.

Des amis de Guyane dont notre médecin traitant et son épouse se succéderont à Lawless. Nos deux enfants, ma cousine de Perpignan, et d'autres découvriront la région et se montreront enthousiasmés. Tant et si bien que nous recevrons plus de monde en un an de Québec qu'en vingt de Guyane. Simple question de réputation, d'image qui constituera un argument supplémentaire et de poids étayant notre projet. Entre le bagne, les maladies tropicales et Maria Chapdelaine, il n'y a pas photo...

La première source d'émerveillement sera bien sûr, l'environnement naturel. Viendra ensuite le faible cout de l'immobilier. La gentillesse (apparente) des gens constituera également un attrait supplémentaire. Vu le niveau de nos cartes de paiement, et la virtuosité avec laquelle nous les utilisions, personne d'entre nous ne risquait de se faire mordre par les commerçants. Ceux-ci étaient avenants.

Mais les réflexes acquis en Guyane ne s'oublient pas facilement. Il m'arrive encore de sauter à la vue d'une brindille s'agitant à mes pieds, croyant à la présence d'un serpent venimeux. Séquelles d'une vie de broussard... Je me souviens de Bernard, un ami de Saint-Laurent venu passer quelques jours en compagnie de sa femme et de sa fille. A la caisse d'une épicerie de Fort-Coulonge, un employé ensache les marchandises achetées. Croyant qu'il est en train de se les faire voler, Bernard saisit fermement un sac de sa main gauche et s'apprête à décocher un bon coup de poing au brave gars qui ne comprendra sans doute jamais les raisons de cette agressivité. Bernard et sa femme seront charmés par le Québec, voudront s'y installer, constitueront leur dossier d'immigration et, bouillants d'impatience et d'espoirs renonceront au dernier moment. En fait, leur fille, d'une quinzaine d'années commencera à déprimer à l'idée de perdre ses copines.

Ils avaient déjà trouvé un emploi à Campbell's Bay.

Eux non plus ne se sont pas méfiés...

Chapitre 8

Premiers amis.

Nous avons entendu parler d'un élevage de cerfs du côté de Ladysmith et nous y rendons. C'est le début du printemps et les premières gammes de vert s'installent sur le Québec. Notre Jeep s'arrête dans la cour d'un résumé du Canada : plusieurs bâtiments de bois dominent un océan de collines boisées. Au centre de ces constructions, une maison d'habitation comme l'enfant que j'étais aurait aimé la dessiner tant elle est la réplique exacte de mon rêve de jeune peintre.

Une cheminée fumante...

Une construction traditionnelle, tout en bois...

Des murs de solides équarris...

Une grande femme mince d'une cinquantaine d'années s'approche, souriante. C'est Nathalie, suivie de Jacques, son mari. Je descends de la Jeep.

- Bonjour Madame, vous parlez français ?

Elle semble à la fois surprise et soulagée.

- Oui...

- Ouf ! Ce sera plus facile qu'en anglais... Nous sommes des Français installés au lac Lawless. On nous a dit que vous élevez des cerfs rouges[71]... Ce serait possible de regarder ?

- Oui, bien sûr...

Ils sont tous les deux Québécois, mais pas originaires de la région. Nathalie a occupé un poste important au ministère de l'Environnement. Jacques travaillait à Poste Canada. Retraités, ils ont eu un coup de cœur pour cette ferme et se sont lancés dans l'élevage du cerf. Nous visitons les lieux et prenons de nombreuses photos. Une centaine d'animaux nous regardent, dont Buck, un magnifique mâle aux

---

[71] Cerf élaphe *(Cervus Elaphus)*.

bois en velours. Un grand terrain pentu et couvert d'une pelouse s'étend entre la maison et les parcs.
 - Vous aimez les champignons ?
 - Oui, mais on ne les connait pas...
 - Regardez ceux-là...
Le sol est couvert de cariollettes[72].
 - C'est bon ?
 - Laborieux à ramasser parce que tout petit, mais très parfumé, onctueux et délicieux en sauce...

Je lis dans son regard que Nathalie n'est pas vraiment rassurée. Jacques non plus. D'ailleurs, qui pourrait l'être à la vue de deux étrangers débarquant sans crier gare, et affirmant que ces champignons que nous avons l'habitude de traiter à la tondeuse à gazon ou que nous piétinons sans égards, sont des sommets de la gastronomie ? La moindre des choses est de marquer une pause, de ne pas s'emporter...

Je prends un champignon et le mange tout cru. Nous sommes alors invités à en ramasser autant que nous le souhaitons, ce qu'il n'y a pas lieu de répéter. Nous marchons sur une véritable mine !

Ce premier contact, simple, mais déjà cordial évoluera en amitié vraie. Hélas pour les cariollettes dont les pousses seront désormais surveillées de près... Tout comme les cèpes de Bordeaux poussant en quantité un peu partout, et dont un éventuel coup de pied en passant constituait jusqu'alors la seule marque d'attention qui leur était témoignée. Nous connaitrons dans cette maison des instants rares, et j'y

---

[72] Cariollettes, appellation du Marasme des Oleades en Catalogne française. *Marasmus Oleades.*

retrouverai dans la chaleur de ces murs de vieux bois, une ambiance me rappelant mes années en Limousin. Je me souviendrai toute ma vie d'une soirée de Noël au cours de laquelle Nathalie ira chercher plusieurs épais livres de chansons anciennes. Les textes y sont parfois annotés à la main.

L'émotion sera au rendez-vous, et la larme à l'œil menacera lorsque je retrouverai des airs du vieux folklore français. Nous passerons les livres en revue, les chanterons en chœur, sans fioritures. Je mesurerai l'impact d'une traversée de l'océan au constat de quelques variantes dans les textes. Les deux fils de Nathalie et Jacques sont là. Ils ont le même âge que nos enfants. Et l'ambiance... Un grand sapin lourdement chargé de décorations, un poêle à bois délivrant silencieusement son confort, le temps qui passe trop vite. Nathalie n'a rien à voir avec ces amateurs de *fast food* constituant le gros de la population ! Elle se révèle une cuisinière hors-pair, une maîtresse de maison attentionnée, amoureuse de bons plats qu'elle prépare avec amour. Ce sera chez eux que je retrouverai la France que j'ai aimée. Devoir traverser l'Atlantique pour ce faire, quelle tragédie ! Nous ferons en leur compagnie un voyage de cinq semaines en Europe, passant d'un lieu à l'autre, de famille en amis, de l'Andalousie au Limousin.

C'est ça aussi le Québec !

Je n'avais alors aucune raison de me méfier. Nathalie et Jacques resteront nos très solides amis.

Chapitre 9

Les travaux.

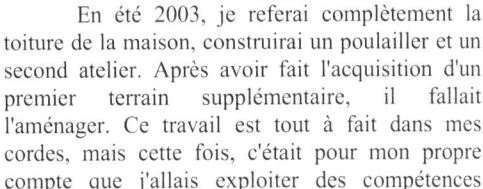

Il n'y a rien de plus dangereux qu'un fainéant qui travaille (Je ne parle évidemment pas de Maria sur l'image ci-contre)...

En été 2003, je referai complètement la toiture de la maison, construirai un poulailler et un second atelier. Après avoir fait l'acquisition d'un premier terrain supplémentaire, il fallait l'aménager. Ce travail est tout à fait dans mes cordes, mais cette fois, c'était pour mon propre compte que j'allais exploiter des compétences professionnelles acquises en vingt-deux ans d'Office National des Forêts, dont quatorze passées en zone hyper-touristique ! Le paysagisme, c'est un peu mon truc, et j'étais déterminé à montrer aux locaux ce qu'un "maudit Français[73]" sait faire...

Maria travaillera très fort, comme d'habitude. Tondeuse et tronçonneuse seront "les deux mamelles de notre action". Nous transformerons rapidement cette friche en pâture arborée. De gros graviers gênent l'action de la tondeuse ? Nous les arracherons, les ramasserons et en remplirons plusieurs remorques. Travail de

---

[73] Expression utilisée suite à l'abandon du Canada par la France. Ces "quelques arpents de neige" comme disait Voltaire...

Sisyphe, car le gel en fait remonter chaque hiver. Qu'à cela ne tienne ! Ils subiront le même traitement. Monsieur de Lapalisse aurait dit que les pierres retirées ne seront plus là...

Nous ferons agrandir la petite mare. Le *Backhoe*[74] de rencontre que nous utiliserons alors se révélera de puissance insuffisante pour ce faire, et nous abandonnerons temporairement ce projet.

Je n'ai jamais été doué pour la décoration, et cette carence se confirmera lorsque nous repeindrons la terrasse arrière. Originalement blanche, je souhaitais lui donner de la couleur, de la vie. C'est ainsi que je décidais de la repeindre en jaune et vert.

J'ai horreur des travaux de peinture.

Le résultat dépassa tout ce que l'on peut imaginer en termes de mauvais gout. Pour accrocher le regard, ça l'accrochait ! Heureusement que c'était l'arrière du bâtiment, et que personne ne pouvait voir cette malfaçon ! Ces couleurs empruntées au drapeau Brésilien, dénotaient totalement avec la maison. La décision de corriger était incontournable, et nous fîmes comme la majorité locale en revenant au blanc, nettement plus simple et plus harmonieux.

Ces premiers travaux ne constituaient que l'apéritif, un léger échauffement. Du bricolage... Le plat de résistance se présenta en 2004 avec le nouveau terrain d'une surface de 3,66 hectares. Il s'agit d'une plantation de pins gris *(Pinus Banksiana)*. Au sud, il touche la route 301. Une partie est boisée avec des érables, cerisiers tardifs, épinettes, sapins baumiers, bouleaux et cerisiers de Pennsylvanie (Merisiers). Avec ses branches basses, la plantation est quasiment impénétrable. Je passerai tout l'été 2004 à élaguer, nettoyer, sélectionner, éclaircir... Certains jours, je ferai onze pleins de l'élagueuse. Inutile de dire que le soir venu, je n'aurai pas besoin de berceuse... Nous recevons beaucoup de messages de nos amis faisant état de la chance que nous avons d'être en vacances au Canada. Si seulement ils connaissaient le caractère studieux de ces prétendus congés... Nous rectifions l'image qu'ils en font par l'envoi de quelques photos. Je calcule qu'il faut en moyenne, couper une quarantaine de branches à chaque arbre. Il y a environ trois mille arbres, ce qui fait un total de cent-vingt mille branches. Mon été sera donc bien occupé.

Il faut broyer les branches disposées en gros andains. Pour cela nous faisons appel à une association locale chargée de réinsérer des jeunes en difficulté. "Sortir du bois" est son nom. Là encore, quelques esprits éclairés me mettront en garde :

- Tu as beaucoup de matériel chez toi. Ils vont le voir... Ces gars sont des gens à problèmes... Ils peuvent revenir et te voler. Ce travail, nous pourrions te le faire...

Esprits très éclairés et totalement désintéressés...

J'opterai pour la solution "Sortir du bois". La première raison est que je souhaite m'intégrer à la vie locale et dois de ce fait montrer que je fais travailler les entreprises du coin. Ensuite, si on boycotte ces gens en difficulté, ils resteront dans cette situation ! Il existe donc un aspect social et humain que je ne dois pas négliger. En termes de productivité ces jeunes sont loin d'être des foudres de guerre, mais restent largement au-dessus de mes ex ouvriers forestiers. Leur contremaître estime

---

[74] Tractopelle.

que cinq d'entre eux réalisent le travail de trois ouvriers "normaux". Le salaire versé est en conséquence et de toute façon, j'ai pris soin d'imposer un travail au forfait. Après beaucoup d'efforts, on commence à voir où je veux en venir ! "Sortir du bois" nous donnera complète satisfaction. Nous ne connaitrons aucun cambriolage. Actuellement, les arbres ont grandi et c'est un royal plaisir que de marcher sur la mousse sans se frotter aux branches, de ramasser NOS champignons à la brouette[75].

L'extension de la maison. Millésime 2005.

Nous avons passé notre premier hiver au Canada, et avons brillamment survécu... Nous le trouvons beau, ce redoutable hiver canadien et multiplions les balades en raquettes, réalisons des tonnes de photos. Pour un peu nous plaindrions presque nos amis laissés sous les tropiques, transpirant dans l'air moite ou réfugiés dans leur air conditionné. Auto persuasion oblige, nous faisons mine de nous questionner sur notre saison préférée. C'est dire le degré atteint par notre enthousiasme… Enfin, le printemps arrive et nous avons eu largement le temps de réfléchir à l'extension que nous projetons. Depuis janvier, je perçois ma retraite de l'O.N.F., cinquante-cinq ans obligent...

Début 2005, nous passerons cinq semaines en Europe en compagnie de Nathalie et Jacques qui découvraient. De l'Andalousie au Limousin, les visites se succédèrent à un train d'enfer, tant et si bien que nous étions presque lassés du marbre des palais. La trop bonne gastronomie commençait à tirer fortement sur nos ceintures. Logique à force de fréquenter les meilleures tables d'Espagne et d'être

---

75 Authentique !

reçus par famille et amis. Nous avions loué une "*Gamma GT*[76]"... Le dix mai, nous serons de retour au Québec.

Un jour que nous étions à Gatineau en compagnie de Jacques, celui-ci me demande si j'accepterais de faire une partie de *snooker* contre lui. C'est ainsi que je me retrouve autour d'une immense table de douze pieds par six, et lui mets accidentellement une raclée dont il saura se venger à plusieurs reprises. J'avais bien fait par simple curiosité quelques parties à *Puycerda*[77], sur des tables de plus petite taille, et n'ai jamais été un joueur passionné. Je suis d'ailleurs resté plus de vingt ans sans pratiquer. Jouer sur une table de cette dimension, c'est un immense plaisir et l'envie d'en posséder une me gagne immédiatement. Les dimensions de la salle à manger seront donc calculées en fonction de l'impératif *snooker*. Je trouve rapidement une excellente table d'occasion au prix de quatre-mille-cinq-cents dollars. Le lendemain, Jacques me propose la sienne pour exactement trois fois moins cher ! J'ignorais qu'il en possédait une, mais m'étant engagé avec quelqu'un d'autre, je ne peux renier la parole donnée. Les mille-deux-cents kilos de table seront livrés dès la salle à manger construite.

Une surprise de taille m'attend, et concerne l'obtention du permis de construire. Ici, pas besoin d'architecte ! Un simple plan plus ou moins bien tracé sur une feuille volante suffit. Je m'efforce néanmoins de produire un plan à peu près correct, enrichi de descriptions techniques, modes opératoires, etc. C'est ainsi que je dépose ma demande à la municipalité de Litchfield un lundi. Quel n'est pas mon étonnement de voir seulement trois jours plus tard, se présenter à la maison, l'inspecteur municipal porteur d'une enveloppe !

- J'ai pris la liberté de vous apporter votre permis de construire...

Il s'excuserait presque !

Je suis littéralement stupéfait. Je l'entends encore nous dire, presque hésitant:
- Ca vous coutera vingt dollars.

Là, je suis vraiment impressionné. Même les années défilant n'ont pas réussi à gommer mon étonnement, me faire accepter cette facilité des formalités comme normale. Quand on pense au cirque que reste en France l'obtention d'un permis de construire ! Et en Guyane l'acquisition d'un lopin de terre constructible... Inutile de dire que ce genre de nouvelle n'est pas de nature à nous faire douter du caractère idyllique de notre nouvelle vie. L'avenir est on ne peut plus radieux.

Pourtant, là encore, j'aurais dû me méfier... Non pas de l'inspecteur municipal, homme rigoureux et d'une grande honnêteté, mais de l'apparente facilité administrative.

Un grand chantier ! Une salle à manger de cent-dix M² environ (42 x 28 pieds) exposée plein sud, et une seconde salle de bain de quarante-cinq M² environ (22 x 22 pieds) à l'ouest. Nous disposons de plus de cinquante mètres linéaires de

---

[76] Les Gamma GT sont des enzymes provenant de plusieurs organes (foie, pancréas, rein) et participant au transfert entre les cellules des acides aminés. Les gamma GT ne sont que le reflet d'un processus enzymatique (mécanisme utilisant des enzymes) de l'organisme. Elles n'ont pas elles-mêmes de conséquence sur celui-ci (douleurs ou autres symptômes). Les gamma GT s'élèvent à l'occasion de nombreuses maladies du foie et aussi lors d'excès alimentaires. Je me suis permis d'utiliser ce terme médical pouvant faire penser au nom d'une voiture de compétition.

[77] Ville frontière de Cerdagne Espagnole, vis-à-vis de Bourg-Madame.

balcon. Cette extension porte la surface totale habitable à environ cinq-cents M². Les fondations seront constituées d'un mur de béton armé de vingt cm entouré d'une isolation de mousse, rempli de graviers et de sable compactés. Dalle de béton de dix cm sur mousse et renforts verticaux. On pourra danser...

Des amis viennent nous aider[78], et nous initient aux joies du bâtiment, version Canada. Malgré de fortes réticences, je me mets à parler en pieds et en pouces. Le système métrique est pourtant officiel au Canada, mais se heurte aux habitudes et aux normes techniques. Les États-Unis voisins sont restés au système impérial et sont les premiers importateurs de bois canadien, donc...

Le vocabulaire est au français ce que le hamburger est à la gastronomie. Pour communiquer, il faudrait presqu'un décodeur. Lorsque le fils demande à son père où il a bien pu déposer la corde à tracer, ça donne un :

- Dad, où est la chalkline ?

Ce à quoi papa répond tout naturellement :

- Sur le top du beam !

Il faut s'accrocher... Trois ans auparavant, nous avions acheté une remorque en vente au bord de la route vers le lac Cayamant. Nous parlions avec le vendeur, lorsque son fils alors âgé d'une douzaine d'années lui demanda :

- Papa, c'est quoi, une remorque en français ?

Et papa de répondre très tranquillement :

- Mon fils, une remorque en français, ça s'appelle un trailor.

Fin du cours, vous pouvez sortir...

Maria et moi passerons tout l'été 2005 sur ce chantier. Nous avons veillé à assurer une isolation très efficace. Pour ce faire, en sus de la laine de verre R60 traditionnellement utilisée, nous avons tapissé murs et plafond de couvertures de survie et conservé une couche d'air prisonnier entre celles-ci et les lambris ou plâtre (plafond). Elles réfléchissent 85% du rayonnement infrarouge et le renvoient à l'intérieur de la maison. Pour le plafond, laine de verre R60, nous avons ajouté une quarantaine de centimètres de cellulose ! Portes et baies vitrées triple vitrage argon. Le top ! Le résultat permet de juger de l'efficacité du système : Pour chauffer l'ensemble, nous utilisons en moyenne seulement 1 sac de 18 kilos de granules de bois par jour !

Cette fois, après beaucoup de sueur, on tient le bon bout ! Nous avons lambrissé un grand mur à l'aide de bois de Guyane. Je revois encore les mouvements de recul des visiteurs à la vue de ce long mur bariolé de planches de couleur où alternent les bruns, jaunes, verts, et même le superbe violet du bois d'amarante. Par contre, une fois construit le bar en bois-pagaie, et nos souvenirs de Guyane accrochés au lambris d'Arlequin, ça fait de suite plus classe, en tout cas exotique. Quelle joie de tester ce salon en cuir avec ses fauteuils inclinables ! Quel plaisir de jouer sur l'immense table de *snooker* de douze pieds par six[79] ! Sans oublier dans la nouvelle salle de bains, le luxe du spa lorsque dehors le thermomètre tutoie les moins quarante...

---

[78] Aider... Terme officiellement employé pour désigner des travailleurs au noir.
[79] Environ 3,6 x 1,8 mètres. A ma connaissance, il n'y a pas plus grand.

Et nos visiteurs de s'exclamer :
- Vous avez une très grande maison...
Ce à quoi je réplique, pince sans rire, et sur le ton de l'évidence :
- Nous sommes tout de même deux !
Réponse de parfait faux-cul, mais laissant toujours les gens médusés.

Nous ne nous en rendons pas compte, mais autour du lac, ça cause. Enfin, ayant d'autres chats à fouetter, largement accaparés par travaux et projets, nous ne nous occupons pas d'eux, et tant qu'ils nous foutent une paix royale...

J'aurais dû me méfier...

Voici donc environ cent-cinquante mille dollars plus tard, les saines occupations qui furent les nôtres au cours de cette année 2005.

Au suivant ! L'année 2006 sera plus tranquille. Nous achèterons deux-cent-cinquante poteaux de cèdre[80] de treize pieds de longueur et d'une vingtaine de centimètres de diamètre, que nous planterons sur le périmètre de la propriété. Serge sera égal à lui-même en me conseillant de faire les trous à la main... Il calculera sans rire que seulement cinq minutes suffisent pour creuser un trou ! Suite à ces estimations irréalistes confirmant à la fois son allergie au travail et sa méconnaissance des réalités de celui-ci, s'en suivront quelques commentaires aigres-doux marquant le début d'une irréversible incompatibilité d'humeur. En fait, il est tout simplement jaloux.

Il faut planter les poteaux à un mètre vingt de profondeur (quatre pieds) afin d'assurer une bonne solidité de l'ensemble et éviter qu'ils ne remontent sous l'effet du gel. Il s'agit d'un sol de gros graviers dans lequel chaque coup de pioche se révèle d'une efficacité proche de la nullité. Il me sera conseillé de faire appel à un tracteur agricole équipé d'une tarière, mais j'opterai pour la solution du Backhoe[81]. En effet, une tarière est fragile, peut se déporter suite à la rencontre d'un gros gravier, voire casser. De plus, le trou obtenu est d'un diamètre approchant celui de la base du poteau. Il me faudrait lever celui-ci verticalement au-dessus du trou, et donc en supporter la totalité du poids avec mes petits bras musclés...

Un Backhoe fera avec son godet un trou plus gros permettant d'aligner parfaitement les poteaux, ne sera pas sensible aux gros graviers, et ira plus vite. De plus, au lieu d'avoir à lever verticalement la totalité du poids du poteau, il me suffira de tirer celui-ci au-dessus du trou, de le lever par l'autre extrémité. Ce faisant, la masse à bouger sera égale au poids total du poteau diminué de deux fois le poids de

---

[80] Appellation locale du thuya(Thuya Plicata). Arbre au bois difficilement putrescible.
81 Tractopelle.

la partie située au-dessus du trou. Ca change tout ! Un grand merci à mes anciens professeurs de mathématique ! Ceux-ci me disaient toujours qu'un matheux est un grand feignant, car recherchant en permanence la solution la plus simple. CQFD !

La pose des deux-cent-cinquante poteaux confirmera que le choix du Backhoe était le bon. Pourtant, au soir du deuxième jour j'étais littéralement épuisé. Je déclarais forfait pour le jour suivant et demandais au chauffeur du tracteur de trouver de la viande fraiche, jeune et dynamique pour me remplacer. Le lendemain, il se pointa seul, et m'indiqua avoir proposé le job à plusieurs jeunes qui étaient partis en courant dès qu'ils avaient appris la nature du travail. Je dus donc assumer la fin du chantier. Bizarrement, ce troisième et dernier jour se passa bien. L'entrainement faisait son effet. Je pourrai donc pleinement revendiquer la pose de ces satanés poteaux. Avant de poser le grillage, nous laisserons passer un hiver afin qu'ils puissent se caler correctement en terre.

L'année 2007 arrive rapidement. Les services de l'immigration ont fini par nous délivrer nos cartes de résidents permanents. Il est vrai que les presque quatre années de délais d'obtention constatés sont de notre faute. L'aspect administratif a été négligé au profit de la préparation matérielle du projet sur le terrain. Mon argument est que l'arbre qui attendra la délivrance des cartes pour être planté, perdra des années de croissance...

Enfin, nous les avons ces fameuses cartes... Nous sommes obligés de sortir du Canada pour les faire valider à notre retour. Nous allons passer une semaine éclair en Europe, et le 22 janvier, jour de mon anniversaire, sommes de retour au Québec. A Ottawa, l'agent de l'immigration tamponne nos visas, nous souhaite chaleureusement un excellent et sincère :

- Bienvenue parmi nous, au Canada.

Qui nous fait vraiment plaisir.

Tout arrive dans les jours qui suivent ! Permis de conduire, carte de sécurité sociale, carte d'assurance maladie... En-dehors du droit de vote nous avons pratiquement les mêmes droits qu'un Canadien. Le fait d'avoir obtenu nos cartes de résidents permanents lève une hypothèque. Ces précieux documents une fois acquis nous permettent d'envisager l'avenir avec bien plus de sérénité. Nous savons avoir encore beaucoup de travail à réaliser, notamment l'aménagement de notre parc d'agrément et en guise de plat de résistance, la construction de nos chalets. Ce qui résonne comme un défi à chez nous encore en effet dynamisant et c'est bien décidé à le relever que nous retrouvons la neige de janvier.

Le printemps arrive rapidement. Nous contactons plusieurs entrepreneurs susceptibles de construire nos chalets. Dans le même temps nous réfléchissons au type de construction le mieux adapté à notre projet, et les techniques à utiliser. Nous faisons la connaissance d'André Vincent, un entrepreneur général de Fort-Coulonge. C'est un homme fort sympathique, spécialiste de la construction de chalets pièces sur pièces et ayant déjà exercé aux États-Unis. J'observe ce petit homme trapu sur un de ses chantiers, et remarque vite qu'il n'y a pas de temps mort. André n'est pas originaire de la région. Nous lui faisons part de notre projet de construire des chalets haut de gamme, en bois rond, ce qu'il nous déconseille.

- C'est très joli, mais il faut compter un prix de revient plus élevé de 20 à 30 % par rapport à la même construction en bois équarris. En plus, le bois rond ramasse la poussière. Il absorbe aussi la lumière, et pour un niveau d'éclairage identique, il te faudra compter sur une consommation nettement supérieure à ce qu'elle serait avec des équarris. Ce serait pour vous, pour y habiter, je ne dis pas, mais pour louer, c'est bien trop dispendieux, et je ne pense pas qu'il y ait de la clientèle dans la région prête à payer pour ce niveau de qualité. Moi, j'achèterais deux chalets en kit.

    Les arguments avancés sont convaincants, et nous décidons de suivre ses conseils. Nous recherchons sur Internet des marchands de chalets et comparons les prix. Dans le même temps, nous en visitons plusieurs de la région afin de trouver un modèle adapté à notre projet. Dans un souci d'esthétique, nous les souhaitons différents l'un de l'autre. Et nous voici partis dans des dessins plus ou moins farfelus. A force d'ajouter ceci ou cela, nous nous rapprochons de Versailles en équarris... Nous n'allons pas tergiverser, réinventer la roue et tranchons ! Les modèles existants ont été étudiés dans la région, leur gamme est large. Notre choix se portera sur un modèle de deux chambres avec mezzanine, et un autre de plain-pied comprenant trois chambres à coucher. André est entrepreneur général, dispose de plus de vingt-cinq cartes. Chacune de ces cartes est en quelque sorte l'équivalent d'un CAP l'autorisant à intervenir dans tous les secteurs de la construction. Il a aussi la possibilité de sous-traiter en embauchant des spécialistes de chaque secteur. Parce qu'il s'agit de bâtiments à but commercial, nous sommes obligés de passer par un entrepreneur général. Nous trouvons un bon accord avec André, et lui confions la réalisation du chantier.

    Le moment est venu de penser à demander nos permis de construire. Nous nous rendons à la municipalité, et évoquons verbalement notre projet avec l'inspecteur municipal. Le lendemain, le téléphone sonne et la secrétaire de mairie nous informe que notre permis de construire est prêt. Nous n'avons même pas eu le temps de rédiger une demande écrite ! Elle n'est pas belle, la vie au Canada ?

    J'aurais dû me méfier...

    L'entreprise auprès de laquelle nous achèterons les kits de chalets est à une heure de route de chez nous. Le glaçon y officiant en qualité de gérant s'efforce sans succès d'avoir l'air sympathique. Il n'est pas évident de lui arracher un sourire. J'ai tenu à me renseigner sur la qualité de ses constructions et nous avons visité deux chalets identiques à ceux dont nous projetons l'achat. Les constructions nous semblent de très bonne qualité. Nous avons mis ces visites à profit pour déterminer les points forts, mais surtout les points faibles de la boutique. Les propriétaires sont unanimes :

    - Ils ne rechignent pas à donner un peu de bois en plus s'il en manque, mais ils sont radins. De plus, le bois n'est pas aussi sec qu'ils veulent bien le dire.

    C'est donc en connaissant quelques points d'achoppement possibles que nous débarquons chez le fabricant.

    - On t'achète deux chalets. On va causer remise...

    - Remise ?

    - Ben oui... Tu en as beaucoup de clients qui t'achètent deux maisons à la fois ?

    - ... Quelquefois, ça arrive...

    Visiblement, je l'emmerde.

- Bon, si tu ne veux pas nous faire une réduction, tu vas au moins nous refiler du bois pour faire un auvent au-dessus de chaque porte. Ce sera plus joli et ça limitera le déneigement...
- Ce n'est pas dans la politique de la maison. De toute façon, du bois, vous en aurez largement assez pour construire vos auvents...
- Ce que je comprends, c'est qui je te mets un coup de pied au cul, tu repars avec la godasse...

Il sursaute. L'humour de bûcheron, ça n'est pas son truc.
 - Pardon...
- Tu ne serais pas du genre radin ?
- Nos prix sont calculés au plus juste...

J'insiste sans succès. Je ne tirerai rien de cet Harpagon boréal, sauf qu'à ces yeux, je vais passer pour un marchand de tapis. Il ne nous reste qu'à signer le contrat et remettre à "Monsieur Velcros sur les doigts", un premier chèque de cinquante mille dollars aussitôt remis au patron qui le lira au moins quatre fois. Mais avant, je lui aurai demandé si le bois utilisé pour les équarris de six pouces est bien sec. Sourire d'évidence et main sur le cœur...
- Les équarris qui serviront à la construction de vos chalets sont secs depuis très longtemps et entreposés à l'abri dans un hangar.
- Ca n'est pas ce qu'on nous a dit...

Il feint la surprise.
- Ah bon ? C'est bizarre. Nous n'avons jamais eu de problème. Comme je vous l'ai déjà indiqué, il y a toujours un peu de retrait, quel que soit le taux d'humidité du bois. C'est surtout dû au poids. Vos chalets vont se tasser de deux ou trois pouces. Ne vous inquiétez pas, les fenêtres et les portes sont montées sur glissière. Les piliers centraux sont montés sur vis et il suffira de les descendre au fur et à mesure pour compenser les retraits du bois. Tout est prévu. Il pourra arriver qu'une porte coince. Vous devrez alors la raboter un peu.
- Je suis forestier de profession. L'hygroscopicité du bois, le retrait tangentiel, je connais...
- Très bien. Vous voyez que je ne vous mens pas. L'entrepreneur chargé de la construction pourra vous le confirmer. C'est du bois, un matériau vivant...

Blabla, blabla...
J'aurais dû me méfier...

Le parc est clôturé et l'étang creusé. Nos lamas apprécient aussi la diversité de l'ensemble forêt, pelouse, plan d'eau !

Quant au terrain dominant le lac, c'est là que sont construits les chalets. Il est d'une surface de 2442 M² et borde le lac Lawless, juste en face de notre maison. Les dernières normes en termes de fosses septiques imposent de relever le niveau du terrain avant construction. Il nous en coutera plus de 35 000 $ mais nous bénéficions d'une meilleure vue sur le lac. Entre les chalets, un courant d'air s'est établi, agréable en été et chassant les rares moustiques égarés "en altitude". Dans un premier temps, nous devrons couper quelques arbres. Et c'est parti pour une retraite **TRÈS** active...

Nous y transporterons quatre-cent-cinquante camions de terre et graviers sortis du creusage de notre étang en 2007 en faisant se rejoindre deux mares préexistantes !

Construction d'annexes.
Ateliers.
Nous avons construit un second atelier. Le premier est consacré au stockage du bois de feu, du tracteur de jardin, de quelques outils. Il est judicieusement équipé d'un poêle à bois sur lequel nous cuisinons, faisons nos conserves, etc. Le second est consacré au bricolage, à l'entreposage des outils. Je sais, je dois y faire un peu de rangement...

En 2004, nous avons construit un poulailler comprenant deux pièces dont une destinée au stockage du foin et des aliments. Tout est sur dalle de béton et étanche aux prédateurs. En 2007, nous y accolerons une étable, également sur béton. L'ensemble est en bois de thuya imputrescible, panneaux de particules. La toiture est réalisée en tôles et bardeaux d'asphalte

Clôture du terrain et aménagement du parc.
Nous avons posé un kilomètre de grillage de 2,5 de haut sur 250 poteaux de cèdre (Thuya) plantés à 1,2 m de profondeur. Ce grillage répond à la réglementation et nous permet de détenir daims, cerfs, wapitis si nous le désirons.

Chalets   !

C'est le but de notre installation au Québec que nous atteignons enfin et qui générera des revenus ! J'ai abattu les quelques trembles restant sur le terrain. Des fondations de béton armé, de vingt centimètres d'épaisseur et hautes d'un mètre vingt sont construites. Elles seront entourées par la terre issue du creusage de l'étang. Une grosse pelle mécanique, deux camions et deux bulldozers vont et viennent sur la propriété. Ça crée des inquiétudes et des jalousies.

Tous ces engins dérangent une pintade d'Ottawa dont les parents possèdent un chalet de l'autre côté du lac et qui recrute vaillamment contre nous par téléphone. Sans que nous en soyons informés, un complot se trame. Il atteindra son point culminant le jour où nous recevrons les camions transportant les équarris et installerons notre panneau "LAC SANS LOI Inc.".

Je dois faire état de la facilité d'obtenir un prêt. Tout est dans le prévisionnel. L'employée du C.L.D. est comme les aveugles, pas regardante. Elle pianote sus Excel et se rend compte qu'à soixante pour cent de taux d'occupation, ça ne passe pas. Elle en conclut qu'il faudra monter à quatre-vingt pour cent, pour rentabiliser. J'accepte, car ce chiffre correspond à celui évoqué par l'ancien entrepreneur vu lors des formalités de sélection par l'industrie de l'immigration. Nous aurons des taux d'occupation d'environ dix pour cent... Malgré les forts besoins évoqués et autres mensonges. Comment cette garce soi-disant professionnelle pouvait-elle ignorer les réalités du domaine touristique local ? Cette attitude allant consciemment contre nos intérêts est indiscutablement coupable. Le pire est que les affirmations mensongères à destination des investisseurs potentiels continuent de la part de ce genre de boutique. Que l'entreprise réussisse ou pas, ces gens n'en n'ont rien à faire. Ils conservent leur petit emploi et tout baigne pour eux.

C'est ça, le système canadien.

Nos chalets ? Du solide, Confortable et totalement équipé ! Notre choix s'est porté sur des bâtiments en équarris de pins blancs[82] six pouces d'épaisseur.

Le vendeur des kits s'est proposé pour construire les carcasses. En fait, il n'est pas constructeur, ne possède pas sa carte et facture les travaux en les travestissant en formation. Cette astuce contournant l'illégalité ne me gêne pas du tout, bien au contraire. Après ce que nous avons connu en Guyane, c'est de la petite bière, et puis participer aux petites combines locales n'est pas du tout déplaisant. Là où ça coince, c'est lorsque le gars déclare ne pas vouloir d'électriciens dans les pattes. Nous ne voulons pas de fils apparents. Comment fera-t-il pour le câblage une fois les équarris posés ? Je dois intervenir.

- Papa, c'est moi qui paye pour un boulot au top, alors on se calme. Tu devras faire avec ça. Les passages de câbles se feront au fur et à mesure que tu poseras les équarris. C'est à prendre ou à laisser.

Super constructeur grimace, mais n'a pas le choix.

Nous chargeons un des gars de tracer les passages de fils sur les "logs[83]" et de les creuser à l'aide d'une tronçonneuse. Les équarris sont pré-mortaisés sur toute leur longueur et une bande de mousse empêchera tout passage d'air futur. Chaque mètre, une longue vis les maintient solidaires. Ils dépassent d'une vingtaine de centimètres des coins des murs où ils sont assemblés via des coupes à l'équerre. Les travaux avancent vite et en seulement trois jours, les carcasses sont montées. Je me dis que le chantier sera rapidement plié. Il n'en sera rien ! Je ne connais absolument rien au bâtiment, pas plus qu'en électricité ou plomberie. Les règlements relatifs aux bâtiments à destination commerciale sont très stricts et doivent être réalisés par des professionnels. Malgré l'interdiction faite aux propriétaires de planter ne serait-ce qu'une pointe ou d'être présents sur le chantier[84], Maria et moi nous chargerons des finitions. Une fois les toitures posées, nous pouvons travailler à l'abri du soleil, de la pluie et des regards... Cadres de portes et de fenêtres sont installés sur des structures coulissantes de façon à compenser le tassement naturel des équarris du au séchage du bois. Pourtant, ceux-ci nous avaient été vendus comme secs... En fait, ils pisseront comme des éponges. Pour le dieu dollar aussi, surtout pour le dieu dollar *time is money*... La norme affirme qu'ils faisaient six pouces d'épaisseur. En fait, ils n'en font que cinq et demi, car c'est six pouces "avant rabotage"... Tant qu'on y est, pourquoi pas avant l'abattage de l'arbre ? Il en va ainsi de tous les bois de construction, qu'il s'agisse du deux par quatre[85], deux par six ou autre standard. Seule les longueurs sont exactes. Ce genre de détail est révélateur de l'hypocrisie régnant à tous les étages. Et quand en plus le bois n'est pas sec, le retrait tangentiel aggrave encore "l'arnaque".

---

[82] Pinus Strobus, pin Weymouth. Le seul pin à posséder des aiguilles groupées par 5.
[83] Equarris.
[84] L'entrepreneur chargé de la construction n'est pas obligé de tolérer notre présence sur le chantier.
[85] Exemples de pièces de bois de deux pouces par quatre de sections et de longueurs standards de huit, douze, seize pieds. Ce sont là les pièces les plus couramment utilisées.

La caractéristique principale des finitions, c'est que ça ne finit jamais... Les jours passent sans que nous ne voyions le travail avancer de façon sérieuse. Un de nos fils de passage dans la région nous donnera un coup de main à poser du lambris. Sous les plafonds cathédrale, du haut des échafaudages branlants, le travail est parfois acrobatique. Maria et moi passerons tout l'hiver sur ce chantier. L'électricité n'est pas branchée et nous ne disposons que d'un compteur de chantier duquel nous avons tiré deux longues rallonges. Seul, un petit radiateur de céramique maintient la température intérieure légèrement au-dessus de moins dix. Je me souviens de ces longues journées passées dans la poussière glaciale, en gants, anorak et tuque[86] de fourrure. Nous passions la journée "en stéréo", occupés à poncer les murs à l'aide de ponceuses vibrantes ankylosant les doigts. Chacun voyait son mur attribué sur lequel il pouvait contempler le disque abrasif dévorer trop lentement taches et couleur du bois déjà oxydé et s'éclaircissant à son passage. Une fois les équarris poncés, il fallut s'attaquer au V présent à leur jonction, et là, les ponceuses ne pouvaient réaliser ce travail. Je trouvais l'astuce salvatrice en utilisant une brosse en Nylon dur installée sur une chignole. Passer deux couches de vernis à l'eau, fabriquer de petites baguettes de décoration et les fixer... Poser les meubles de cuisine... Nous avons opté pour des sols en céramique dans les salons, salles à manger et salles de bains. Pour les chambres, ce sera du plancher flottant. L'électricité est enfin là et nous travaillons sous une canicule d'une douzaine de degrés. Avant de poser les planchers, il faut visser deux feuilles de contreplaqué en les croisant, un vis chaque dix centimètres. Je réaliserai cette tâche à l'aide d'une chignole "à rallonge", engloutissant de longs chargeurs de vis comme un Rambo à la mitrailleuse et en serai récompensé par un inoubliable torticolis. Balayage général suivi d'un grand coup d'aspirateur et pose de la céramique, puis des planchers flottants... Quand un chalet est enfin terminé, il ne reste que l'autre... Nous ne verrons pas passer l'hiver et lorsque le printemps arrive, nous commençons à savoir ce qu'est le travail du bâtiment. Je me suis juré de ne plus jamais me lancer dans la construction de deux maisons en même temps.

Au final nous tenons notre récompense : Les seuls chalets à louer de ce niveau de confort dans la région sont terminés vers la fin du premier semestre deux mille huit ! Ils sont inspectés par le CITQ[87] qui nous les classe en trois étoiles. L'année suivante, une nouvelle échelle ayant été attribuée, sous serons classés résidences de prestige et gagnerons notre quatrième étoile. Pendant que nous travaillions dur, la crise financière s'est installée et nos futurs clients Européens restent en Europe. Il nous sera difficile de lancer une activité nouvelle en pleine crise. Mais ça, nous ne pouvions le prévoir.

Quelques semaines après la fin de leur construction, nous ferons une petite fête à laquelle seront conviés quelques voisins amis. Une paire de mois plus tard, nous aurons l'honneur de recevoir la visite de Monsieur Gerry Philippe[88], ex-adjoint du ministre des affaires étrangères du Canada et les lui ferons visiter. Il s'agit là d'un homme duquel se dégage de façon évidente le charisme naturel de la simplicité alliée du professionnalisme. Cette personne restée abordable sait écouter et retenir.

---

[86] Toque, chapka...
[87] CITQ - Corporation de l'industrie touristique du Québec. Organisme chargé du contrôle de qualité des infrastructures touristiques et de leur classement.
[88] Patronyme exact, tout comme la visite de son porteur.

Sensibles à l'intérêt qu'il aura marqué pour notre petite entreprise, nous passerons un moment agréable en sa compagnie. Cette simple visite est loin d'être négligeable, car elle témoigne d'un souci de reconnaissance par le politique des efforts que nous avons entrepris. Loin de nos familles, en *terra* quasi *incognita*, cette forme d'encouragement n'est pas rien.

Les travaux, relations avec les entrepreneurs et partenaires financiers nous occupent déjà à plein temps. Parallèlement et comme si tout cela ne suffisait pas, nous aurons à faire face à une campagne de dénigrement orchestrée par certains de nos voisins parmi les plus jaloux.

Les relations de voisinage.

Tout d'abord, quelques principes simples :
Nous n'arrivons pas au Québec en pays conquis.
De mon père je tiens la saine habitude de ne jamais m'attarder chez un ami absent et dont l'épouse est seule.

De la même façon, je n'ai jamais trop parlé avec mes voisins. Simple principe de précaution, car c'est à force de se fréquenter trop assidument, que commencent les histoires.

Étant donné qu'à la suite de notre premier séjour, nous serions absents pendant six mois, mais néanmoins responsables de tout incident pouvant survenir sur notre terrain, j'ai jugé utile de coller à la vitre de la porte d'entrée une affiche sur laquelle j'ai écrit en gros caractères : NO KIDS (Pas d'enfants). En effet, le terrain est en chantier, avec de gros rochers présents sur la pelouse, une mare ouverte, aux pentes abruptes. Qu'un gamin vienne à glisser, se noyer ou se casser un os, c'est nous qui devrons assumer, même s'il n'avait rien à faire ici.

De toute façon, je n'aime pas les gamins, ou plutôt je supporte mal l'enfance.

Comme de surcroit, les parents actuels ont pour beaucoup d'entre eux, démissionné depuis longtemps, et laissent leur enfant-roi faire ce qu'il veut... Qu'ils se débrouillent avec leur progéniture ! Rien n'est plus pénible que ces soirées au cours desquelles les morveux "grimpent aux rideaux" sous les regards de leurs géniteurs indifférents. Rien n'est plus gonflant que ces parents moralisateurs passant leur temps à donner des ordres à leur "chéri" qui n'en a rien à foutre et continue à faire chier l'assistance. Rien n'est plus ballonnant que ces soirées où, avec les braillements des gamins en fond sonore, on a droit aux leçons d'éducation, suivies par les récits des accouchements successifs de la maman.

Vive le préservatif !

Alors, pour éviter d'être stressé, et me prendre la tête avec les parents, amis ou non, j'ai décidé que des gamins, je n'en voulais pas chez moi. Point à la ligne. *No kids...* Ce simple panneau me vaudra une mauvaise réputation chez le voisinage, ce dont je n'ai que faire. Pourtant, je ne suis pas un sauvage (?), et de nombreux enfants viendront voir nos animaux de compagnie, se faisant photographier avec. Oui, mais... Les parents auront été préalablement avertis des règles en vigueur :

Ce sont des animaux, et leur réaction est par nature imprévisible, donc :
Pas de mouvements brusques.
Pas de cris.

On ne fume pas.
Les enfants marchent dans les clous.
Tout se passe bien, car la plupart d'entre eux sont des citadins ayant perdu tout contact avec le vivant. Ils découvrent un univers qui leur est totalement inconnu. Pour eux, un poisson, c'est un truc carré sous blister, avec un œil dans un coin. Un œuf, c'est fabriqué par une machine. La récompense de l'ogre que je m'efforce d'être sera ce regard émerveillé de l'enfant tenant un poussin dans ses mains. Et comment oublier le regard de cette gamine, avec son petit panier blanc, venant de collecter les œufs frais pondus... La même, donnant le biberon à un agneau... C'est tout de même d'un tout autre niveau que de leur enseigner la recette du hot-dog, non ?

LE PROJET.

Nous avons décrit notre projet comme suit et le présentons aux organismes de développement (C.L.D. au provincial et S.A.D.C. au fédéral) et banque, en brossant ces braves gens dans le sens du poil.
Que ce soit au C.L.D. ou à la S.A.D.C. nous avons toujours été vivement encouragés relativement à notre projet. D'ailleurs nous sommes persuadés que si nous leur avions présenté une idée d'usine à glaçons pour vendre aux Esquimaux, l'accueil aurait été aussi chaleureux et les encouragements aussi vifs. Tous ces gens sont des escrocs au service du maintien coute que coute de leurs postes et d'un système basé sur le mensonge.

AVANT-PROJET DE CRÉATION D'UNE ENTREPRISE D'EXPLOITATION DE LA CHASSE PHOTOGRAPHIQUE AU PONTIAC. CENTRE DE DIGISCOPIE

HEBERGEMENT – LOCATION DE CHALETS

PARTENARIAT ECONOMIQUE

Mise en place d'un service nouveau, high-tech : La digiscopie.

Historique.

Professionnels de la forêt, du tourisme, commerçants, écrivain, amateurs de grands espaces, le Canada a toujours été pour nous une destination envisagée. Après quatorze ans de Pyrénées, la vie a voulu que la Guyane française précède l'Amérique du Nord. (Voir CV joints). Guyane Française... C'est sur le terrain de cette portion de jungle Amazonienne réputée hostile que je connaîtrai grâce à des relations privilégiées et soutenues avec les populations tribales bushinenguées (Littéralement "Noirs des bois", descendants des anciens esclaves, encore appelés

"Noirs marrons"*. Marronnage = fuite) ou Amérindiennes des contacts humains des plus enrichissants. Rapports privilégiés persistants et des plus bénéfiques avec toutes les composantes de la mosaïque ethnique Guyanaise dans le cadre de notre activité commerciale actuelle. C'est là qu'en sus du Français (langue maternelle), de l'Anglais et de l'Espagnol, j'apprendrai le taki-taki (Langue véhiculaire parlée au Surinam et dans la région du fleuve Maroni).

C'est en juin 2002 que nous retrouvons - grâce à Internet - un ami de Guyane installé dans l'Outaouais depuis plusieurs années. Nous communiquons sur le pays, les possibilités de s'y installer. Deux mois plus tard, nous effectuons au Québec un voyage de prospection d'une durée d'un mois et entamons une réflexion sur l'activité commerciale que nous pourrions y développer compte tenu de nos goûts, compétences et des moyens financiers mobilisables.

Demander à vivre et entreprendre au Canada est un choix reposant sur plusieurs critères:

Stabilité politique et sociale.
Vastes espaces.
Liberté d'entreprise.
Courtoisie, notion élevée du respect de l'individu.
Culture du travail et rigueur.
Pays neuf offrant de nombreuses possibilités à toute personne dynamique.

La décision de s'installer au Canada est synonyme de rupture avec nos activités et mode de vie actuels. Elle ne saurait être prise à la légère et doit être une réussite. Il convient de faire preuve de réalisme et de s'assurer que nous réussirons à nous intégrer à la société Canadienne. Plusieurs voyages sont effectués et nous confortent sur ce point. Au plan financier et organisationnel, cette orientation nouvelle appelle la vente de notre société. Commerçants habitués à raisonner par objectifs, l'étape de réflexion et de planification est des plus importantes. Cette pensée ne doit pas se focaliser sur le seul choix de l'activité mais également porter sur le calendrier des actions à entreprendre et les modalités de réalisation. Il convient de fixer les objectifs, tout en faisant le point sur les moyens financiers nécessaires à leur mise en œuvre et le niveau de retour sur investissement. C'est à la **suite d'une sérieuse réflexion** que la décision de demander à s'installer au Canada dans le secteur touristique est prise.

Voyages déjà effectués au Canada :

Premier voyage Août / septembre 2002 : Prospection, première approche.

Reconnaissance et découverte sommaire du pays. C'est dans le cadre de la prospection effectuée en compagnie d'autres amis de Guyane, que nous rencontrons M. AAA de la chambre de commerce auquel nous exposons une ébauche de **projet d'activité touristique** et qui nous conseille dans un premier temps d'investir dans l'immobilier.

Etude faisabilité installation.

Notre première idée concerne l'achat du yyy à POWASSAN en ONTARIO. Ce projet est abandonné suite à l'étude des pièces comptables (Affaire rentable mais nécessitant une trop longue durée d'amortissement mais aussi et surtout absence de la captivante phase de création synonyme de réalisation et d'accomplissement personnels.

Une seconde opportunité se présente avec la proposition d'un de nos fournisseurs européens de représenter ses produits (Conteneurs étanches en plastique norme ISO 2002) pour tout le Canada. Bien que pouvant s'avérer fort rémunératrice notre choix ne se porte sur cette activité car celle-ci implique un mode de vie ne correspondant pas à nos aspirations. Pour satisfaire le fournisseur en question, nous proposons l'affaire à un ami Canadien de Pembroke, agent commercial de son état.

Second voyage : Mars 2003 :

Suite à nos recherches sur Internet en terme d'immobilier, nous décidons l'achat d'une maison en **zone récréotouristique** et revenons au Québec pour y visiter plusieurs habitations à vendre, concrétiser l'achat et avancer dans la planification des actions à entreprendre.

Pourquoi le Pontiac, le lac Lawless ?

La commune de Litchfield est située à un peu plus d'une heure de la capitale Ottawa. Proximité d'un aéroport international et des commodités d'un grand centre urbain. La région offre tous les avantages évoqués ci-dessus.

Facteur chance : Un ami de longue date, M. BBB, habite dans la région et adhère d'emblée au projet. Nous profitons de ce voyage pour prendre d'autres contacts.

La région bénéficie de nombreux atouts de nature à attirer la clientèle. L'activité proposée ne trouve pas de proche concurrence préalablement établie et s'inscrit dans le cadre d'une synergie évoquée plus avant. En phase avec l'image du Canada dans le public, le cocktail "maison en bois rond + chasse photo" constitue un **ensemble cohérent et attractif**.

Sur la base des indications recueillies, nous restons en étroit contact avec nos amis Canadiens et poursuivons la réflexion. Dés lors, puisque la décision de s'installer au Canada est prise, une autre voie doit être trouvée. En sus de la nécessité d'accomplissement personnel, cette dernière doit répondre aux quatre exigences des goûts individuels, des compétences techniques, de la rentabilité, du niveau des intrants pouvant être engagés. De plus, le projet ne doit pas gêner le développement de mes activités littéraires et cinématographiques. Une implication liée au tourisme vert étant celle pour laquelle nous présentons le plus de compétences, c'est sur ce terrain que se porte notre attention. La suite de la période de prospection permet de concevoir un produit attractif, multifacettes, évolutif, s'intégrant bien au site, dans un concept basé sur le partenariat et susceptible de drainer de nombreux clients.

Ceci étant posé, le choix de la localisation géographique repose sur divers critères :

La richesse de la faune en termes de densité et de diversité.
Cet élément est vite cerné dans un premier temps par le simple examen de cartes géologiques. La grande diversité des types de sols du Pontiac débouche inéluctablement sur une forte variété de flore et donc de faune. C'est ce que confirme le terrain. Je ne reviendrai pas ici sur la très grande qualité de l'environnement naturel Canadien, son vaste potentiel compte tenu de son espace, ses saisons et de son image à l'extérieur du pays.

La proximité d'une grande ville avec aéroport.
La clientèle visée n'est pas seulement locale mais surtout étrangère via un site Internet spécifique. Il est indispensable de réduire autant que faire se peut les temps de transport clients. Situé à une centaine de kilomètres de l'aéroport d'Ottawa, la région du lac Lawless répond à cette attente. En termes de **sécurité**, d'autres agglomérations plus proches offrent de bonnes prestations en matière de soins.

La beauté naturelle des environs.
Qu'il s'agisse des plans d'eau, des forêts ou des montagnes, le Pontiac offre une grande **diversité de paysages** évoluant en fonction des saisons. Toutes les conditions sont réunies pour satisfaire le photographe le plus exigeant. De plus, l'existence de plusieurs magnifiques sites aménagés est de nature à élargir un peu plus la gamme des occupations proposées.

Le passé historique :
Il est aisément perceptible et les témoignages que pourront apporter les divers intervenants ne manqueront pas de captiver l'auditoire. Qu'il s'agisse de l'histoire encore récente de la **drave, des coureurs de bois, des trappeurs, postes de traite** ou des chalets de M. John EVANS (Rivière Noire proche de Fort COULONGE), les sujets ne manquent pas et n'attendent qu'à être développés et exploités.

Le calme et le caractère paisible du site :
Le lac Lawless est apprécié pour son grand calme. Niché en bordure de la Route 301 Nord, ce lac de seize hectares est synonyme de tranquillité et de sérénité. A ma connaissance, aucun projet ne vient les menacer. De par sa proximité avec Ottawa, la région offre un excellent compromis. En résumé, **le calme, les richesses faunistique et botanique à une heure de route de la capitale.**

Son classement en zone récréo-touristique :
Développer un tel projet exige la faisabilité juridique. Le zonage du site doit satisfaire à cette exigence. C'est le cas du lac Lawless et de ses environs immédiats. De plus, il est possible de **rayonner rapidement** vers d'autres sites de la région à partir de la base constituée.

Comme indiqué ci-dessus, l'examen des cartes géologiques apporte rapidement des éléments réponses pertinents. En Outaouais, les sorties sur le terrain confirment :
L'unicité de la forêt feuillue Outaouaise au Québec.
Sa biodiversité.
L'excellente densité de sa faune.
La variété de ses paysages.
La pertinence de l'activité chasse photographique.
La saisonnalité est largement connue et ne sera pas développée ici. Ce paramètre naturel accroît les possibilités en terme de gamme de produits proposés.

Le marché potentiel :
Notre intention est de fournir un **excellent niveau** d'équipement des locaux à louer. La clientèle visée sera dans un premier temps celle de nos relations professionnelles et littéraires, à savoir industriels et artistes. L'étude de marché révèle que le Canada et ses grands espaces restent un mythe. L'image de chalets en bois rond posés près d'un lac demeure un idéal de séjour. La recherche de ce type de locations et des activités annexes reste d'un bon niveau. La demande n'est pas entièrement satisfaite, notamment chez la clientèle aisée. Activée par un **site Internet spécifique**, le bouche à oreilles et surtout l'utilisation de notre carnet d'adresses, un excellent taux d'occupation est assuré et la rentabilité d'ores et déjà acquise. La seule évocation de ce projet auprès de nos connaissances assure d'ores et déjà d'excellentes perspectives. Dans cette optique, il convient d'être opérationnel le plus rapidement possible en disposant dés son lancement d'une structure assurant à elle seule la viabilité de l'affaire. Le développement futur de la capacité d'accueil ne se fera qu'à l'aune des besoins constatés.

Voyage d'installation au Canada :

Troisième voyage de Mai à novembre 2003:

Attribution d'une carte de résident saisonnier à notre arrivée à Ottawa le 24/05/2003.
Achat maison et terrain de M. xxx au 41 Chemin du lac Lawless JOX 1KO LITCHFIELD via M. yyy, agent immobilier. La propriété est située en bordure du lac Lawless, d'un seul tenant et traversée par la route faisant le tour du lac. Une parcelle constructible jouxte le lac.

Installation.
Achat et aménagement partiel de deux parcelles de terrain supplémentaires (Dites x et y)
Travaux divers de réfection.
Des amis de Guyane nous visitent pendant trois semaines et à l'issue de leur séjour demandent à s'installer au Canada.
Réception de notre déménagement.
Remise à neuf toitures maison et garages.

Enlèvement de souches sur terrain bord du lac.
Sur ce terrain, abattage arbres morts, dépérissant ou menaçant de tomber sur la ligne électrique le traversant.
Plantation de quelques arbres d'ornement.
Début élagage, éclaircie plantation de résineux et aménagement terrain Ebert.
Poursuite étude et conception projet digiscopie et location chalets s'intégrant à un partenariat local.
Début extension mare.
*Observation de la faune locale, réalisation de quelques clichés permettant de se faire une meilleure idée du potentiel en la matière et initiant la constitution d'une **photothèque**.*
Saisie des points GPS de spots de faune fixée (Bald eagles, balbuzards).

Exploration du cadre légal, étude de faisabilité:

Prise de contact *avec services de l'immigration et décideurs professionnels du tourisme.*
Rencontres avec M. JJJ, inspecteur municipal à qui nous exposons le projet et soumettons la faisabilité des constructions et modifications prévues. Le plan d'occupation des sols autorisant 10% de la surface de notre terrain jouxtant le lac Lawless, il sera possible d'y construire 260 M^2 de bâtiments à vocation locative. Aucune objection n'apparaît. La construction de nouveaux chalets reste envisageable sur l'autre parcelle.
*Poursuite des contacts avec les **futurs partenaires** désireux d'adhérer au projet.*
Rencontre à notre domicile du lac Lawless de M. CCC, Directeur Général du C.L.D. de CAMPBELL'S BAY et de M. RRR, futur partenaire.
Septembre : Vente maison individuelle en France. L'intégralité de la somme recueillie est immédiatement investie au Canada. (Voir détail investissements réalisés). Remboursement anticipé du prêt bancaire de x000 $ souscrit à Caisse DESJARDINS Fort COULONGE.
Fin octobre, seconde visite au service de l'immigration de Gatineau.
Réunion du 04 11 2003 au siège du CRDO de GATINEAU avec M. DDD, Directeur Général du CRDO de Gatineau et M. EEE, Directeur Général du tourisme de l'Outaouais. Ces derniers se montrent très intéressés par notre projet.
*Ce séjour, d'une durée d'environ **six mois** nous permet de tester plus avant, en situation réelle et positivement "**l'ambiance Canadienne**".*
Le terrain GGG n'a été financé en 2003 qu'à hauteur de 50% soit 20000 $ versés à titre d'avance et pour arrêter la vente (Voir attestation jointe) compte tenu de la non disponibilité du rapport de bornage en cours de réalisation par M. TTT, géomètres à....

Actions à mener et travaux restant à réaliser hors Canada hiver 2003/2004.

<u>*Pour ce qui concerne mon activité littéraire et cinématographique*</u> :
Poursuite de la rédaction des ouvrages en cours.
Accueil et guidage personnes pour premiers repérages et scénarisation (xxxx) afin de réaliser une série télévision de mes œuvres et écrire synopsis.

<u>*Pour activité Canadienne:*</u>
*Début de définition de **produits type** en fonction des saisons, de la faune et des lieux.*
*Dépôt de demande de carte de résident permanent en tant qu'**entrepreneur**.*
***Vente société** en Guyane. Transfert des fonds au Canada.*
Recherche de constructeurs de maisons en bois rond et premières prises de contacts avec professionnels du bâtiment au Canada. Documentation.
*Pré-exploitation de notre **carnet d'adresses** : Début de **promotion** auprès de certains de nos fournisseurs et connaissances. Première appréciation de l'impact à l'annonce du projet.*
Entamer une réflexion visant à trouver un slogan, une appellation, constituant une enseigne attractive. Le nom du lac Lawless (Lac sans loi) pourra être exploité en ce sens.

<u>**Quatrième voyage : Avant le 11 Mai 2004**</u>. *La date de départ est fonction de l'état d'avancement de la vente de notre société. Voir partie 2, le projet.*

LE PROJET

*Celui-ci est basé sur les notions de partenariat et de synergie. Les divers contacts pris et discussions menées à ce jour avec nos amis Canadiens établis dans la région, connaissant bien ses réalités et volontaires pour intégrer ce projet permettent de dégager un concept basé sur des activités multiples via plusieurs intervenants **s'épaulant mutuellement** et proposant une large palette de produits. Chaque prestataire conserve par ailleurs une totale **autonomie de gestion** et se trouve favorisé par la structure mise en place œuvrant dans le sens des intérêts de chacun de ses membres. Il y a là incontestablement matière à créer les conditions nécessaires mais suffisantes au développement d'une **synergie** débouchant rapidement sur une augmentation tant du nombre d'intervenants que des activités proposées.*

<u>**Possibilité d'activités nouvelles ou à développer via les partenaires :**</u>

Il est évident que la location de nos chalets pourra se faire sans obligation de pratiquer une ou plusieurs activités proposées. Celles-ci ne constituent qu'un plus destiné à une clientèle spécifique et recherchée en priorité car débouchant sur des revenus supplémentaires (Location de matériel, formation, accompagnement, etc.).
Un menu de nombreuses activités pourra donc être proposé à la clientèle, enrichissant la seule partie location tout en accroissant son côté attractif. Promenades et randonnées avec ânes de bât, concours orpaillage organisé (?) (En toute connaissance de cause) et garanti (Je peux obtenir des pépites d'or 100%

naturelles à des tarifs plus que compétitifs), faune aquatique, canotage à but éducatif alliant découverte et formation à la très riche flore aquatique et semi-aquatique, **<u>trappe photo</u>**, etc. Le champ d'activités reste vaste et ouvert à toutes propositions. Pour chacune d'entre elles, la **faisabilité juridique** devra être interrogée.

En ce qui nous concerne, un cocktail basé sur la formation et la pratique de la **digiscopie, de la chasse photo classique, la location de chalets, la gestion d'un mini-parc** et autres activités liées à l'environnement seront de nature à capter une clientèle suffisante. Très appréciées au Canada l'observation des oiseaux et l'ornithologie sont également de nature à attirer une **clientèle extérieure au pays**. De plus, il apparaît souhaitable compte tenu du traitement individualisé de la clientèle et de son accueil de proposer à celle-ci mais aussi à des personnes autres, un service **<u>table d'hôte de haut de gamme</u>**. Dans ce but, seraient exploités les talents culinaires de mon épouse, le niveau d'équipement de l'extension de notre domicile. De plus, nos cursus personnels particuliers (Découvreur, écrivain, Guyane, Pyrénées) sont susceptibles d'intéresser un auditoire intégré pour un temps à notre milieu familial.

<u>1) Le concept :</u>
Le moteur et la naissance du besoin.

Le constat est relativement simple à déterminer par l'examen d'un fait de civilisation se résumant en quelques mots : Nos différentes sociétés de consommation occidentales ont pour l'essentiel **perdu le contact avec la nature** et ne peuvent plus offrir l'**authentique**, le brut, le pur, la convivialité. Le **public est fortement demandeur** de ces différents aspects et ce **phénomène ira croissant** au cours des prochaines années. Homme de terrain (22 ans de service dans administration forestière dont 14 en secteur hautement touristique), **découvreur** d'une série de chutes en jungle profonde, écrivain aux œuvres prochainement portées à l'écran, épouse commerçante proposée pour une **récompense internationale** pour l'innovation et résultats de la société que nous avons créée, l'activité proposée s'inscrit totalement dans le cadre de nos compétences.

Les maîtres mots restent :

CONVIVIALITÉ. Celle-ci découle naturellement de la faible quantité de personnes débouchant sur un niveau de qualité accrue des **rapports humains**. Ce point est essentiel car la **gestion individualisée** des clients s'impose de fait si l'on veut offrir un niveau de prestations en phase avec la clientèle visée (Moyen et haut de gamme).

AUTHENTICITÉ. Animaux **totalement sauvages**. Non automaticité des rencontres, imprévu... **Environnement de qualité. Qualités individuelles** des divers intervenants.

GRANDS ESPACES. Le mot Canada résume à lui seul cette notion sans qu'il soit besoin d'y rajouter. Il constitue un élément d'appel puissant. Nous préciserons ici et pour l'exemple que la quantité de personnes désireuses de nous visiter au Canada est sans commune mesure avec celle ayant témoigné un intérêt pour la Guyane.

NOUVEAUTÉ. La digiscopie est une **activité toute nouvelle** et encore peu connue. Elle est donc susceptible d'attirer un large volant de clientèle en quête incessante d'activités nouvelles. Le fait de coupler celle-ci au **travail d'images** sur ordinateur et à une liaison Internet satellite apporte un plus certain au concept.

Et au plan de l'organisation : *SYNERGIE.*

Les divers contacts pris à ce jour établissent son bien-fondé et celle-ci sera exploitée. Loin de reposer sur une entité unique, le concept fait appel à des éléments préexistants qu'il contribuera aussi à développer. Une fois le projet lancé, il est évident que de **nouveaux partenaires** le rejoindront en proposant de **nouvelles activités** venant enrichir la gamme de produits proposés et élargissant le panel de la clientèle. Via de nouvelles embauches, nous pourrons aussi réaliser nous-mêmes celles-ci. Le **caractère porteur** de l'activité ne fait aucun doute. Bien que regroupé au sein d'un concept commun, chacun de ces prestataires conservera son autonomie de gestion. A ce jour, plusieurs personnes sont vivement intéressées par ce partenariat. Un rôle important devra être tenu par les services **professionnels locaux du tourisme** et le développement des rapports existants sera recherché.

La prospection du marché clients se fera via un **site Internet spécifique**. Notre carnet d'adresses sera également utilisé. Il s'agit en fait de proposer à la clientèle et via différents prestataires une palette de plusieurs activités au cours d'un séjour à la carte. Association, amicale, club ou autre, la structure légale du regroupement est en cours d'étude.

En ce qui nous concerne et pour l'activité que nous souhaitons développer au Pontiac, c'est là qu'interviendra une nouvelle technique appelée digiscopie évoquée plus haut. Mais qu'est-ce que la digiscopie ? Il s'agit d'un néologisme qualifiant le **couplage d'un appareil numérique à une lunette d'observation terrestre**. En bref, ce procédé permet de réaliser des images de bonne qualité, d'animaux sauvages en gros plan, et ce à très grande distance.

Les avantages sont évidents :

Les animaux ne sont pas dérangés et l'activité ne **perturbe pas** l'environnement.

Ce produit est nouveau et donc **attractif** car susceptible de capter l'attention d'une clientèle souvent blasée et en **quête permanente d'activités nouvelles**. Il allie la pratique **traditionnelle** de la chasse photographique et une technique récente et **high-tech**. Grâce à une liaison **Internet satellite**, le client pourra, après le travail des images sur écran envoyer ses photos partout dans le monde. Ceci ajoutera naturellement au côté attractif de la pratique en même temps qu'un plus certain sera apporté à l'image de l'entreprise.

Il est clair que cette activité se situe dans le cadre de l'exploitation d'une <u>niche économique</u>. Parce qu'elle ne peut être exercée en équipe nombreuse, cette pratique s'adresse à l'individu et donc par les moyens techniques et humains mis en œuvre vise une clientèle de **moyen à haut de gamme**. Elle peut aussi, grâce au parc aménagé être susceptible d'intéresser des **groupes scolaires** via un programme spécifique à définir mais passant certainement par un attrayant concept faune / environnement / aménagement à l'attention des plus jeunes.

Débouche sur une meilleure connaissance et relation **homme/environnement naturel**.

Activité nouvelle débouchant inéluctablement sur la **création d'un besoin**.

Pour cela, nous devons absolument nous imposer comme **un** *sinon* **le** *spécialiste reconnu de cette activité dans le région.*

Participera à la **promotion de l'Outaouais**.

La pratique d'autres activités est à l'étude, qu'il s'agisse de mini-golf en secteur forestier, découverte commentée de la forêt, pêche blanche ou classique, activités hivernales, faisabilité juridique d'une mini séance de bricolage (?) au cours du séjour. De nombreuses autres prestations seront inéluctablement sinon suggérées, soit demandées par la clientèle, soit s'imposeront d'elles-mêmes au fur et à mesure de l'avancement de l'activité.

Exemple : La mise en place d'un **"coin produits dérivés"** *proposant à la vente T-shirts, souvenirs et autres articles assurera un revenu supplémentaire tout en participant à la promotion de l'activité. Le passé historique de la région est à même de fournir les éléments culturels, le support nécessaire au développement de ce secteur.*

Une autre possibilité a été étudiée : Mise en place d'un local abritant plusieurs aquariums présentant au public les diverses espèces Canadiennes. Actuellement, il convient de se focaliser sur le projet digiscopie tel qu'explicité ci-dessus et de ne pas se disperser. L'aquariophilie n'est donc pas à l'ordre du jour et de toute façon la rentabilité de ce projet d'envergure n'est envisageable que dans le cadre de l'exploitation d'un tourisme de masse ce qui n'est pas notre cas. Ce projet peut éventuellement être repris par une autre structure.

2) Contacts pris à ce jour :
Au Canada.

Les premiers partenaires :

Notre ami de Guyane, établi depuis plusieurs années dans le Pontiac, en bordure de la rivière des Outaouais. Dans son gîte rural, il pourra offrir un accueil dans un cadre familial. De plus, il peut proposer des randonnées pédestres ou à bicyclette, en compagnie d'ânes de bât. Il possède une bonne connaissance de l'histoire de la région, de sa faune et flore aquatiques. De là la possibilité de proposer des randonnées-découvertes en canoë à but éducatif et traitant de ces deux sujets particuliers.

FFF Propriétaires de x hectares en bordure de la rivière UUU. Située en secteur paisible, leur propriété compte de magnifiques paysages de montagne, forêts, cultures et de lac. On rencontre sur leurs terres une faune abondante et variée, aisément visible dans les cultures qu'ils réalisent. La chasse photographique et la digiscopie y seront pratiquées devant soi mais également à partir d'affûts que nous construirons à cette fin. En ce qui concerne le cas spécifique de l'ours noir et pour des **raisons de sécurité**, *absolument* **aucune nourriture ne leur sera distribuée**. *Les prédations effectuées dans les cultures sont largement suffisantes pour occasionner de nombreuses rencontres. La famille FFF est également propriétaire de plusieurs* **chalets familiaux en bois rond, construits en 1929** *dominant la vallée de la rivière des Outaouais. Le cadre est magnifique et racontée* par FFF, l'histoire des lieux peut facilement accaparer l'attention d'un auditoire. John, le fils de FFF et G., poursuit des études dans le secteur de l'environnement.

Au vu des nombreuses questions qui nous sont posées depuis notre retour en Guyane, un travail de prospection est déjà entamé dans notre entourage, visant à attirer de nouveaux entrepreneurs dans la région en vue de réaliser une structure précise (Reconstitution d'un poste de traite par exemple).

Pour des raisons évidentes de stratégie commerciale, la prospection de nouveaux prestataires n'a pas été – *pour le moment* - poussée plus avant.

Les décideurs et conseils. Voir paragraphe 1. Historique.

Les moyens de réaliser le projet:

Déjà réalisée, la première tranche des intrants engagés dépasse les 330 000 $.

28/05/2003 : Signature à Gatineau de l'achat de notre maison de Lawless Lake. Le montant de l'achat est de 103 000 $ + frais notariaux et annexes. Sur apport personnel à l'exception d'un prêt bancaire de 70 000 $ sur 12 mois et qui a été remboursé par anticipation fin octobre 2003. Le montant des sommes investies en 2003, hors frais divers non comptabilisés est au minimum de xxxxxxx $. (Voir tableau joint).

Les moyens proviennent de plusieurs sources :

1) La vente prochaine de notre société commerciale à notre technicien armurier permettra de recueillir aisément les fonds nécessaires à la réalisation complète du projet. En ce qui concerne ce dernier point, il convient de préciser les points suivants :

Nous nous orientons vers un mode de cession en partie progressif de cette entreprise. Pour réaliser le projet au Canada, il apparaîtra souhaitable de faire appel à un emprunt bancaire, tout en conservant placée une partie de notre capital constitué. De plus, à compter de janvier 2005, je bénéficierai de ma retraite de l'administration forestière. Dans tous les cas de figure, nous sommes à même d'assurer notre autonomie financière et à l'abri des besoins.

Le montant définitif ne sera connu qu'au moment de la communication du bilan de l'exercice 2003. En tout état de cause, une fourchette de prix d'un maximum de 500 000 euros et d'un minimum de 400 000 apparaît comme raisonnable.

Le plan de financement pourrait être le suivant :

Montant total de la seconde tranche de l'investissement (Agrandissement maison + chalets bois rond + aménagements divers): 300 000 $ dont 50% apport personnel, 50 % emprunt bancaire. Un capital de 200 000 $ est placé, garantissant le remboursement du prêt.

Les mensualités du reste de la vente de notre société assurent l'augmentation de ce capital placé, le paiement d'un dépassement éventuel du montant de l'investissement prévu ainsi qu'une rentrée d'argent régulière sur plusieurs années

(9). Dans le pire des cas, nous assurons notre revenu sans besoin d'un quelconque apport extérieur.

2) <u>Autres revenus</u> :

Non encore acquis, ceux-ci ne sont pas intégrés dans notre calcul. Quoiqu'il en soit, les démarches visant à porter mes œuvres littéraires à l'écran sont bien avancées. Une fois réalisée, la série télévision sera source de nouveaux revenus directs et d'un excellent niveau. La vente des livres connaîtrait alors un niveau sans commune mesure avec l'actuel. De plus, la vente des produits dérivés apporterait un plus certain (la marque que j'ai créée est d'ores et déjà déposée à l'INPI et donc juridiquement protégée). En fonction du potentiel estimé ces divers revenus pourront être investis en tout ou partie dans l'entreprise.

Retraite : Dès janvier 2005, elle constituera un appoint.

Le calendrier années 2004 et 2005.

L'obtention d'une carte de résident permanent en tant qu'entrepreneur déclenchera immédiatement la mise en œuvre de la seconde tranche d'investissements permettant le démarrage le plus rapide possible de l'entreprise :

- Construction d'une première maison en bois rond en bordure du lac Lawless. Il convient de se doter dès le départ des structures d'accueil idéales afin d'être aussitôt opérationnel. Celles-ci disposeront d'un excellent niveau de confort et seront destinées à la location aux clients. Le terrain sera entouré d'une clôture en bois en harmonie avec les bâtiments. L'autonomie et l'intimité des clients seront garanties. En fonction du développement futur de l'activité la possibilité de construire d'autres structures d'accueil n'est pas exclue. Cette solution apportera aussi un nouveau choix à la clientèle.

- Extension de la maison actuelle par la construction d'une grande salle d'une surface de 100 M^2 environ et pouvant servir de **salle de réunion**. De la même surface, le sous-sol aménagé en **salle de projection**, **local informatique** pour travail d'images, liaison **Internet satellite haut débit**. Achat deuxième ordinateur haut de gamme.

- Création second bureau.

- Aménagement de chambres d'appoint augmentant la capacité d'accueil.

- La qualité des pelouses n'est pas satisfaisante et appelle une réfection. Après chaulage, terreautage ou travail de la surface et semis, aménagement du terrain afin d'attirer la **faune avicole**. Construction d'affûts, d'abris nichoirs, agrainage, petites cultures attractives et sélectives. Protections contre les prédateurs.

- Agrandissement et équipement de la mare existante. Déjà commencé en 2003, point de départ d'un système d'irrigation assurant la bonne qualité des pelouses et coin agréable.

- Aménagements divers.

- Maintien de la **quiétude des lieux**.

- Entamés en 2003, les travaux de création d'un **parc arboré** d'une surface de douze acres environ seront achevés. La possibilité d'extension de ce parc via la location ou l'achat de nouveaux terrains reste ouverte. Le cadre devra être agréable. Une clôture d'une hauteur de 8 pieds sera réalisée, suivie d'un lâcher d'animaux de compagnie (Daims, cerfs Sika, chevreuil d'Europe, espèces avicoles, etc.). Contact sera pris avec les services Canadiens de l'environnement afin de solliciter l'autorisation de détention d'exemplaires d'espèces locales.

- L'élagage des résineux sera achevé et il sera après **éclaircie sélective** de ceux-ci, aménagé des îlots de feuillus afin de limiter l'acidification du sol et d'améliorer l'aspect visuel de l'ensemble en cassant la monotonie d'une plantation ne comptant qu'une seule essence.

- Déjà proposé par plusieurs personnes, l'aménagement à peu de frais d'un petit terrain de golf en sous-bois à l'usage des clients est à l'étude.

- Création site Internet spécifique assurant la promotion des activités, expliquant les diverses prestations, communiquant les tarifs à la clientèle.

- Achat **matériel digiscopie de très haut de gamme**. Lunette Optolyth TBS 100mm GA/APO Fluorite Spotting Scope et appareil photo numérique COOLPIX 4500 ou supérieur, pied, télécommande, bague adaptatrice. Environ 6000 $. Achat d'une seconde lunette d'approche moins puissante pour le travail des sujets à moyenne distance.

Dans le but de garantir à chacun des **conditions de séjour de qualité**, les lieux seront exclusivement réservés à une clientèle **exclusivement non-fumeurs**.

S'agissant de lieux destinés à l'accueil du public, il conviendra de mettre **dès le départ** l'équipement de ces chalets en **phase totale avec les normes légales** Canadiennes.

Test en grandeur réelle.

À vocations **promotionnelles et publicitaires**, les invitations suivantes sont déjà lancées ou le seront prochainement :

Un couple d'amis Antillais professionnels de l'informatique.

Qui initieront le press-book, nous feront part de leurs **observations et critiques éventuelles** quant à la globalité de l'activité proposée, le concept, les prestations fournies et devraient participer à l'appel de clientèle en initiant un effet boule de neige. A signaler la réaction très positive de nos seules relations auxquelles nous avons explicité le projet.

Ce point particulier concerne dans un premier temps l'exploitation d'une partie de notre carnet d'adresses initiant un effet de type "bouche à oreilles". A terme, le but est de créer progressivement un noyau d'une clientèle d'habitués.

Publicité : Le niveau d'équipement, la qualité des prestations, leur diversité une fois diffusés sur le site Internet spécifique assureront aisément un taux de remplissage optimum.

Le projet s'inscrit dans le cadre d'une démarche dynamique. Compte tenu des prestations offertes, de la qualité des structures d'accueil et de la politique en termes de publicité, nous sommes bien conscients qu'un tel projet est susceptible de se trouver confronté à une importante demande que nous ne serons pas en mesure de satisfaire immédiatement. Il s'agit en fait et dans un premier temps d'assurer un fort taux d'occupation à deux chalets, ce qui est loin d'être utopique. Dés son lancement, il doit connaître une forte croissance et se doit donc d'être rapidement apte à l'autofinancement de nouvelles structures d'accueil.

Contacts et démarches extérieurs au Canada :
Le taux de change euros / dollar Canadien, particulièrement favorable à la zone Euros implique un ciblage particulier sur cette région du monde. L'appel d'une clientèle extérieure au Canada est largement conditionné à une action visant à la promotion du produit. Compte tenu de contacts privilégiés noués en 20 ans de Guyane une relation particulière sera établie entre cette région et le Canada. En ce sens Madame ZZZ, responsable de la communication de la mairie de HHH est à même de jouer un rôle de premier plan. Téléphone: 0000000. Fax: 0000000. Mobile: 000000.

Il en va de même pour notre ami de vingt ans, M. XXXX Paul, maire de XXX et exerçant les fonctions de.... à qui nous avons exposé ce projet lors de l'audience qui nous a été accordée le yy février 2004. Celui-ci nous a précisé que notre dessein cadre parfaitement avec la Convention sur les échanges touristiques entre la France et le Canada qu'il a personnellement signée au Québec. De plus et compte tenu de la nature de la clientèle visée, M. XXXX Paul, a attiré notre attention sur la possibilité de collaboration entre notre structure et la **Maison de la France**. M. XXXX Paul, s'est montré très favorable à la mise en place de tels projets de nature à développer des échanges entre nos deux pays et entre le Canada et la Guyane notamment. C'est bien et en partie sur ce concept de relations entre ces deux entités a priori antinomiques (Climats nordique et tropical) que nous asseyons notre certitude de réussite de l'entreprise. De ces différences naîtra un attrait réciproque. C'est ce qui ressort de façon explicite et non ambiguë de tous les entretiens réalisés à ce jour, que ce soit au Canada, en Europe ou en Guyane.

Une fois le produit lancé et en fonction de son développement, il conviendra d'étudier la pertinence de participation aux salons Européens (Rambouillet, Chambord, etc.). La clientèle visée est celle garantissant la **meilleure stabilité des taux de fréquentation**, à savoir celle des gens aisés. Pour cette raison, les prestations offertes seront de très bonne qualité. Un soin tout particulier sera apporté tant à l'aspect qu'au niveau d'équipement des immeubles destinés à la location. La réalisation des constructions devra répondre tant aux **attentes et besoins** de la clientèle qu'au **respect de l'architecture locale**, s'insérer dans le cadre naturel de leur environnement immédiat.

Caractère porteur du projet : Au moins un ami, entrepreneur potentiel intéressé par le Canada, visant la construction d'un poste de traite au Pontiac et son exploitation nous rendra visite en 2004. M. XXX

En second lieu, la notion de synergie n'est pas obligatoirement limitée au Pontiac, au Québec ou au Canada. Il est possible à terme et selon le niveau de développement de créer des liens partenariaux avec la Guyane pouvant déboucher sur des échanges. Plusieurs de nos amis exploitent des structures touristiques diverses (Auberges ou camps de brousse). Ce point n'est bien sûr pas envisageable au début mais seulement à partir du moment où nous disposerons d'une capacité d'accueil suffisante.

Vivement intéressé par le concept de notre projet, partisan d'échanges touristiques entre nos régions et persuadé de leur faisabilité, plusieurs amis nous visiteront au Canada et ce, dès cette année. Nombre de personnes de Guyane ou parmi nos connaissances ont en effet exprimé le souhait de réserver chez nous dès la structure mise en place et opérationnelle.

Maintien de relations avec le repreneur de notre actuelle société visant à l'exportation sur la Guyane de produits Canadiens spécifiques tels que T-Shirts et articles de pêche.

Sur un autre plan, notre présence au Canada favorisera le développement des relations commerciales avec un de nos fournisseurs Canadien. M. SSS.

Les emplois :

En fonction du niveau de développement de l'activité, il sera nécessaire d'envisager **l'aspect formation**. Au plan personnel et afin d'être rapidement "au top", il conviendra de **se remettre en cause** et de **poursuivre l'adaptation** entamée en 2003, un rappel et remise à niveau d'une partie de mes connaissances en matière forestière. En effet, après 20 ans de forêt Amazonienne, certains points touchant aux forêts de climat tempéré ont pu être oubliés, des compétences émoussées, alors que d'autres - spécifiquement Canadiennes - appellent un apprentissage. C'est aussi ce que six mois passés au Canada m'ont montré.

En terme d'emploi, le **premier recrutement** de Personnel sera effectué parmi nos partenaires. C, fils de M. et Mme FFF achève des **études dans le secteur de l'environnement** et trouvera dans notre structure un emploi valorisant, de nature à combler ses aspirations et à se réaliser dans le secteur professionnel choisi.

Voici donc, brièvement exposé, le projet que nous souhaitons mettre en œuvre et qui reste ouvert à tout éclairage. Nous avons les compétences techniques, les moyens financiers, la volonté et le dynamisme, un solide carnet d'adresses et la détermination de réussir. Sans sombrer dans un excès d'optimisme, nous pensons que bien mené, ce projet peut s'avérer rapidement source intéressante d'activité pour la proche région, créateur d'emplois directs ou induits.

        DEPLANQUE Joël Jean.   DEPLANQUE Maria

Les relations avec les services de l'immigration.

Démocratie ou pas, on n'entre pas au Canada comme dans un moulin et je trouve que c'est très bien ainsi. Ce pays s'affirmant hospitalier respectueux des droits de la personne pratique avec succès une politique d'immigration choisie, ce qui ne signifie pas, loin s'en faut, que l'immigration est toujours signe de réussite. Il est absolument incontestable que le citoyen Canadien est - à juste titre - à la fois estimé et respecté dans le monde entier. Contrairement à la France ou à son voisin Américain, le Canada ne se sent pas investi d'une mission à caractère divin et ne se considère pas comme un exemple à suivre. Il ne se comporte pas en donneur de leçons et sait faire preuve de tolérance envers ceux qu'il accueille sur son sol.

En tout cas, en apparence. Mais le vice est ailleurs.

Le point sans doute le plus important réside dans le fait que la volonté d'immigrer est une démarche volontaire, un engagement personnel, aboutissement d'une réflexion débouchant sur un choix nullement dicté par la contrainte. Le Québec est réputé pour son économie libérale, ses grands espaces. Là au moins, l'horizon est visuellement, économiquement dégagé. Le rythme des saisons tranche avec la monotonie climatique connue en Amérique du Sud. Tout le monde nous disait que la législation est plus en faveur des entreprises que des employés. Je me coulais dans le moule avec délectation et me souviens de ce sentiment d'être entré au Québec comme dans un vêtement taillé sur mesure. Nous avions l'argent facile, bénéficiant d'un taux de change descendu jusqu'à 1,62 dollar canadien contre un seul euro[89] !

Il est évident que l'industrie de l'immigration canadienne a des critères de sélection très précis et s'attache à présenter une bonne image du pays aux compétences et finances qu'elle espère capter. Cette industrie n'est en fait qu'une composante d'un système que je décrirai plus avant comme néoesclavagiste.

Le candidat à l'immigration commence par une recherche d'informations sur ce qu'il espère devenir son nouveau pays, son futur mode de vie. Il sera rapidement dérouté par la dissonance des enseignements fournis. Les données contradictoires ne manqueront pas, le mettant dans l'embarras. Têtu, il continuera à chercher. La technique a été étudiée de façon à tester la volonté réelle du candidat à immigrer. D'autre part, la réaction de persister dans la recherche de données commence à le placer insidieusement dans un début de posture de soumission au système. Et plus il avancera dans les démarches et plus cette soumission sera marquée. J'en sais quelque chose ! Cette situation de soumission est d'autant plus compréhensible qu'elle se situe dans un contexte du désir d'atteindre un objectif confinant souvent à l'onirique, à savoir l'accès au rêve américain.

Le futur "esclave" se rend compte rapidement que le système anglo-saxon a souvent pour principe la tolérance zéro. De plus, tout est normalisé, harmonisé, catalogué. Monétisé…

Le candidat sait dès le départ qu'il doit se plier à toutes les exigences, satisfaire à toutes les conditions s'il ne veut pas voir sa demande refusée ou être dans l'obligation de recommencer toutes les démarches à zéro. Il a parfaitement intégré le fait qu'il est en position de faiblesse et qu'il ne sert à rien de discuter ou chercher un passe-droit. De plus, il sait pertinemment que derrière les sourires avenants, l'industrie de l'immigration se fout complètement de son petit cas personnel. Il n'est qu'un simple numéro et d'autres numéros potentiels n'attendent qu'une seule chose : qu'il se désiste ou soit éliminé pour prendre sa place. Chaque année se voit fixés des quotas d'immigrants et comme ils sont généralement atteints en mai ou juin…

Donc au fur et à mesure que progressent les formalités, la docilité du demandeur prend forme et celui-ci se fait de plus en plus caméléon. Les attitudes rigoristes ne font que précéder les décisions couperets. Au final la quasi-certitude d'avoir un robot en face de soi s'installe. Avec le temps on se rendra compte que c'est un système entier auquel l'individu est confronté. Le moindre petit problème de la vie courante débouche inéluctablement sur le même constat du rapport

---

[89] Exact !

nécessairement conflictuel entre le citoyen lambda et un système autiste. Il n'aura le choix qu'entre se soumettre ou se démettre.

C'est une ambiance un peu comme dans un tribunal américain : le citoyen John Brown, seul contre l'État de x.

Moi je dis et maintiens que l'Union Soviétique Canadienne a réussi là ou l'Union Soviétique tout court a échoué.

PARTIE 5

LA CHUTE

Le Pontiac… Les habitants sont pour nombre d'entre eux les descendants des draveurs. Ces hommes rudes travaillaient au flottage du bois sur les rivières et lacs des environs. Un métier extrêmement dur s'il en est, nécessitant beaucoup plus de force physique et d'endurance que d'instruction. Encore aujourd'hui, le niveau d'éducation dans la région est particulièrement bas. Dans ce pays neuf qu'est le Canada, il fallait plus de bras que de cerveaux pour construire, équiper. Les jeunes n'encombraient pas longtemps les bancs des écoles. Le taux d'analphabétisme, sans atteindre celui de la Guyane, n'en est pas moins alarmant. Par beaucoup d'aspects, nous sommes ici dans un pays de cow-boys. Ainsi s'exprimait Montesquieu : *"J'aime bien les paysans. Ils ne sont pas assez instruits pour raisonner de travers"*[90]. En la matière, nous serons servis !

N'ayant pas connaissance de la levée de boucliers à notre encontre, nous poursuivons la construction, travaillons dur..

La noria d'engins dérange.

Ca cause…

Ca cause même beaucoup, à tort et à travers…

Nous avons donné à notre Société commerciale le nom de Lac Sans Loi Inc. En fait, nous n'avons fait que traduire en français le nom du lac Lawless. C'est que nous en avons, de l'imagination ! J'ai gravé à la toupie de belles lettres de style western sur de larges plateaux de pin et ai accroché le tout à un portique surmonté d'un vilain vautour.

L'ensemble fait très O.K. Corral…

On raconte aussitôt que nous avons changé le nom du lac. On va jusqu'à se plaindre auprès de l'inspecteur municipal de ne pas en avoir été préalablement informés. Des mères de familles vont jusqu'à pleurnicher au prétexte que désormais "Comme il n'y a plus de lois, nous ne pourrons plus éduquer nos enfants[91]"… Ca ne s'invente pas !

Nous publions ci-dessous les documents authentiques illustrant l'accueil que nous avons reçu au Pontiac.

---

[90] Charles-Louis de Secondat, baron de La Brède et de Montesquieu dans "Mes pensées".
[91] Authentique !

MUNICIPALITÉ DE LITCHFIELD
1362 RTE 148
CAMPBELL'S BAY (QUÉBEC)
J0X 1K0

Jacqueline Brisebois
Secrétaire-trésorière

Tel. : (819) 648-5511
Fax. : (819) 648-5575

August 15, 2007

Lawless Lake "Cottager's Association"
c/o Ms Jennifer Short, spokesperson
20, Chemin du Lac Lawless
Litchfield, Qc
J0X 1K0

Ref.: Questions and concerns of cottagers and residents.

Madam,

We wish to inform you that this Municipality is under no obligation to either advertise or consult citizens when someone applies for a building permit for a residence, cottage, accessory buildings (garages, sheds, gazebos, etc.), additions and tourism/commercial enterprises. As long as the zoning By-laws allows such, a permit will be issued. All requests are verified to ensure that these By-laws are respected. Nonetheless, any resident can contact the Municipal Office to get information on what their neighbor is building.

Blueprints are not required for any of the above mentioned constructions. Engineering plans are now required for all new septic installations or repairs to existing systems. Plans for the two cabins have been done and the septic installations will be done in accordance with the *"Regulation regarding the disposal and treatment of wastewater of isolated dwellings"* (Q-2,r.8). This regulation now requires that each cabin have its own septic system rather than a shared one as was previously allowed. It should be noted that these cabins will produce a lot less waste water than an average three bedroom house lived in year round (no laundry or automatic dishwashers). The owner's well across the street will supply these cabins and the combined size of the septic systems is still smaller than a system designed for a six bedroom house or cottage, which would have also been allowed on that lot.

Hydro-geological studies and environmental authorizations are only required when it is estimated that a project will extract more than $75m^3$ of water per day, as in a municipal well for example. As these studies can cost anywhere from 30,000.00$ to 70,000.00$ today, the Quebec Order of Agronomists emphasizes that the threshold of $75m^3$ / day is totally inadequate to the Quebec agricultural reality and they recommend that this be increased to $500m^3$ / day before any studies are required.

It is not expected that the vehicles of people renting these cabins will leak any more oil or fluids than your own cars, trucks, atv's, snowmobiles, lawnmowers and tractors.

...2

All survey plans, topographical maps (Fort-Coulonge 31F15-200-0102) consulted do not show this property as being a swamp, wetland, flood-zone or otherwise. Lake or river waters are not tested by any municipality in the Pontiac unless it is for water consumption and this testing is done after treatment by chlorination. We invite you to consult a pamphlet recently published by the *Ministère du Dévepoppement durable, Environnement et Parcs du Québec* titled Guide d'identification des fleurs d'eau de cyanobactéries for information on the origin and cause of blue algae.

Please find enclosed information on nesting habits of Great Blue Herons. They surely come to Lawless and surrounding lakes to feed, but definitely do not nest there. Maps showing the location of major heron colonies are available at the M.R.C. Pontiac.

The rental of a couple of tourist cabins will not increase traffic any more than visits to your properties by friends and relatives and curious people out for a "Sunday" drive. Individual boat ramps are no longer allowed, but docks (floating or on posts) are, so if the owners decide to put one up, it is entirely up to them. They themselves do not want motor boats on the lake and will inform their future guests of this.

Both cabins are located well outside the 15 metre setback from the lake. This is measured from the ordinary high water mark as shown on the survey plan. The shoreline protection area is 10 metres around Lawless Lake, and also measured from the ordinary high water mark. Several cottages are built within this protected area, but they do benefit of acquired rights. It has been noticed that some property owners have lawns right up to the lake, contrary to the *Policy regarding the protection of shorelines, littoral and floodplains*, and if fertilizers are used, this can contribute to the formation of blue algae.

As far as the artificial lake goes, no authorisation is required either from the Ministry of the Environment, as stated in Fiche technique no. 18: Lacs artificiels of the above mentioned *Policy* (enclosed) for such lakes that are not physically connected to a water body (creek) and fed by underground water or springs.

Please rest assured, Ms Short, that this Municipality cares as much for the environment as your group does and we do strive to do our jobs as honestly and professionally as possible. Zoning By-laws exist for the good of the community as a whole by allowing a diversity of usages (private and/or commercial) based on the possibilities of development of different sectors of the municipality as outlined in urban planning.

Hoping this answers your concerns and eases your fears, I remain.

J. Doug Corrigan,
Municipal Inspector.

c.c. Municipal Council.

5) How can you turn Private Land and farm Lan in to Comercheill Land with out Referenda

6). This is a retirement Lake not a Zooee.

7) Municipalite Cans dig for drinking wa with out gouvemont telling them what to d — an this is allowed I don't think So?

8) Were does thes animals Come from Have they b Checked by Vetenairien?

Jenifer
Willmar 649-2204
will call me if he can't make it

5 August 2007

OFFICE COPY — Drop off at 8 Lawless La.

Notice to Lawless Lake Residents
From: Various landowners on Lawless Lake

Several residents and cottage owners have questions and concerns with the development on Lawless Lake. A commercial property is in the process of being built at 41 Lawless Lake road. It will include a bed and breakfast, dining room and petting zoo (Llamas and other animals). Construction has begun in July and is visible at the end of the lake with 2 concrete poured foundations, and large amounts of fill within close proximity of the shoreline.

A regular meeting of town council is tentatively scheduled Wednesday August 8, 2007. Some concerned residents of the lake will be attending the meeting to ask questions about the development.

If you have any comments, questions or concerns about the development planned at this location please attend the meeting for more information.

If you cannot make the council meeting, please email elsie.hickey@sympatico.ca (or telephone 613-371-9324) with your comments and we will attempt to read your email at the meeting so that you have a voice in the discussion.
Please include your:
- Name
- Comment or concern
- Address (on lawless lake if applicable)
- Contact information (phone # or address where you can be contacted)

Some questions and concerns that have been voiced include the following:
- Lack of consultation of local land owners
- Possible environmental damage to lake water quality
- Increased vehicle traffic on the road
- Damage to road from run off of new fill brought in
- Increased transient activity
- Whether a proper environmental assessment has been completed

Apologies for not including the French translation of this letter. Please feel free to email in French or English.
On regrete que on n'a pas le traduction de cette note en francais. SVP email en francais ou en anglais. elsie.hickey@sympatico.ca **(ou telephone 613-371-9324)**

OFFICE COPY

Development at #41 Lawless Lake Road
Questions and Concerns from Cottagers and Residents

This is a comprehensive list of all questions and concerns voiced from more than 30 landowners of Lawless Lake.

Major areas of concern:
1) Full disclosure of plans
2) Lack of consultation/input of taxpayers
3) Decrease in water Quality
4) Pollution and Wildlife
5) Permits and Regulations
6) Safety and Security of property
7) Increase in noise and traffic
8) Change of the lake's purpose and atmosphere

1) Full disclosure of plans
- Copy of the plans of this development including: all reports, engineering plans, files, surveys, blueprints, permits etc...
- Any work associated with this property will be forwarded to a representative of this group
- Are there 2 septics on the property? How was this allowed?
- Why are the cottages so high and close to the lake? Why was so much fill brought in?
- It was agreed that 5' of fill in total was to be brought in. Why was this agreement not respected?
- Will the animals have access to the lake?
- Why have the birds been taken to the lake at midnight?
- What facilities are there for parking? Where will they be located? Is there concern over leaking fluids from the cars/snowmobiles etc...?
- Will docks or boat ramps be made for access to the lake? Will guests have access to the lake? Will guests respect the no motorized boat rule? Land owners want this rule respected!

2) Lack of consultation/input of taxpayers
- Why was not a single cottage or resident was asked for their input on this project, nor was made aware of the scope of the project?
- Only one land owner was aware of some of the plans and activities
- The planning committee operated without community involvement. Advertising for community input within this committee was not adequate. A copy of past advertisements for the planning committee are requested.
- Future planning sessions should be advertised with an enclosure to the tax bill to allow fair and equal consultation
- Lack of respect for existing land owners (some who have been here over 40 years)

3) Decrease in water Quality
- A lake ecosystem of this size is highly stressed and susceptible to further degradation. It is a closed-system with heavy usage already. What will be done to protect it?
- The original area was a swamp, then because of filling it was a floodplain, (until it was covered this summer). Floodplains are not to be filled in according to the ministry of the environment. How was this possible?

- Can clean water be ensured? Who will pay for the regular testing of lake water quality? Will the test include all elements (ecoli, bacteria, arsenic, nitrates, sodium etc...)? As per ministry guidelines.
- If the project continues as planned owners insist on regular weekly summer testing of water quality – paid for by the municipality.
- What measures have been taken to avoid runoff from the fill surrounding the 2 foundations, and is the runoff clean?
- Sedimentation, heavy metals and phosphates come from runoff of the huge amounts of fill added (estimated at 3,200 cubic yards). The lake will be impacted by this. What will be done when this causes bacteria and algae to form? Can we be assured that blue-green algae will not affect our lake like over 77 others in Quebec this year? Who will pay and be liable if this occurs? The municipality or taxpayers?
- Where will the water supply for the 2 cabins come from?
- Is there already plans for a water intake from the lake that has been approved by council? What is it's purpose? What impact will it have on water levels of the lake? The council should be highly aware, sensitive and concerned about water quality as evidence shows from the fact that Campbell's Bay residents are currently without potable water.
- Animal waste in the man made pond can seep through groundwater to contaminate our lake – much like the highly publicised Walkerton tragedy. What will be done to avoid this?
- Water levels have decreased globally, a monitoring method should be employed and communicated to us. What will be done when levels do decrease from this project?

4) Pollution and wildlife
- Given the unique biodiversity evident on Lawless Lake, including endangered and protected species (most notably blue herons), the destruction of the nesting area presently land filled is a major concern to not only residents of Lawless lake but all Quebeckers and Canadians
- What will ensure the safe nesting of Great Blue Heron and Eastern Bittern pairs in that wetland area?
- What will this do to the ecosystem?
- What husbandry techniques are used for cleaning animal excrement? Where will it go?
- Will current techniques of cleaning be used (such as hosing excrement from the building to the ground – finding it's way to the lake)?
- Are all animals in the zoo indigenous to the area? What impact will they have on existing wildlife (diseases, pests)?
- How will this impact the current loon population on the lake?
- Increase in foam on the lake has been noted. Can it be proven this is not due to fill recently dumped?
- Where will guests and visitors put waste? What procedure will be used to dispose of this waste?
- We want a legal bylaw created to ensure no gas motors on the lake. How can we make this happen?
- Will the odours of restaurant and animal waste reduce air quality and enjoyment of existing residents?
- Loss of property value
- Local economy could be impacted if pollution causes residents to leave the area.

5) Permits and Regulations
- Was the building permit issued for commercial or residential use?

- Before any work is to be done law requires two authorisations:
  - Ministere du develeopement durable de l'environnement et de parcs MNRF
  - Ministere des Resources naturelles et de la faune Quebec
  - A copy of these documents are requested:
- Has an environmental impact assessment been done?
- Was a permit issued to dig a pit at the back of the property (now a man made lake)? Special considerations are needed when water is found, were these considerations applied, and permits granted?
- Is there a permit to have a manmade lake on the property? Did the ministry approve this?
- Will the pond(s) draw water from lawless lake; either artificially or subterranean?
- What provisions are there for neighbouring properties to be protected from flooding?
- Why is there a hidden buried culvert? Is it's purpose to drain water into the lake from the high soil filled property? This will cause pollution of the lake.
- Why is their inconsistencies in policy from cottage to cottage? (ex: one bag of sand vs huge amount of fill) also
- Current zoning does not allow animal breeding. Will all animals be neutered in the zoo? Who will enforce this?
- What are the current regulations for animal housing next to waterbodies? Where will the animals be housed and kept?
- What size of lot is required to build one building with one septic system?
- What is the current lot size required for two buildings and septics.

6) Safety and Security of property
- Bacteria and pollution in the water directly impact the health and safety of our residents. What measures will be taken to monitor pollution levels acceptable by the department of health?
- Increase in transient traffic can cause an increase of break-ins and security especially during winter months when cottages are vacant.
- What will be done to avoid destroying the foundation at the McFadden property (located beside the development)?
- How will this project affect our taxes? Will they increase?
- Is a liquor licence to be issued now or in the future? This is not acceptable.
- What provisions will be made to taxpayers if the lake becomes polluted and our properties become worthless and we lose our investment?

7) Increase of noise and traffic
- A dining area will encourage more traffic and transient activity
- Winter activity will increase dramatically, will snowmobiles further erode properties by accessing the lake on private properties?
- Children and the elderly at risk while walking/playing
- The road is inadequate for heavy deliveries of merchandise/goods. (Dining room/zoo/construction)
- The road has been and will continue to flood by the high ground level. Who will pay for the road repair and maintenance? Spring amplifies the problem greatly and the road will be a washout.
- Increased noise from guests, the animals and extra traffic will affect all local residents.

8) Change of the lake's purpose and atmosphere
- Who is responsible for the loss of privacy and tranquillity?
- Odours will affect neighbouring properties. How will this be avoided?
- How much will the peaceful atmosphere of the lake be impacted? How can we ensure this does not occur?
- Retirees want to maintain a quiet cottage atmosphere. How can this be accomplished and maintained with commercial development?
- The lake is for cottagers, tourists have never been part of the atmosphere why were we not notified of this?
- How will resale value of cottages be affected? Can one person gain financially while over 47 others experience a decrease in property value?

A request to stop work on 41 Lawless Lake road is required until all of these concerns and questions have been addressed, including a complete disclosure of all applications and subsequen approvals.

Notes:

    Quelques semaines plus tard, nous apprenons que la "résistance" s'organise et que des réunions contre nous ont lieu depuis quelque temps à la mairie ! Au moins quatre de ces rencontres auraient déjà eu lieu sans que nous en soyons informés ! Je mène ma petite enquête et arrive rapidement à cerner les meneurs. En fait, une meneuse est particulièrement agissante et s'est singularisée par une campagne de rabattage téléphonique systématique.

    En pleine après-midi deux conseillers municipaux se présentent à la maison et déclarent être venus se rendre compte de visu ce que nous faisons et je les accueille assez fraichement. Ils m'apprennent que beaucoup de rumeurs courent sur notre compte, et que ce soir notre cas sera évoqué une fois de plus à la mairie. Nous leur faisons visiter notre propriété, leur exposons la nature des projets en cours, et ils repartent rassurés.

    Nous décidons de nous rendre à cette réunion secrète. En nous voyant débarquer sur le parking, les visages - déjà peu marqués par une vive allégresse - de nos sympathiques voisins se figent. De toute évidence ils semblent déçus par cette perte brutale de la possibilité de casser anonymement du sucre sur notre dos. Ils sont environ une trentaine, pour l'essentiel des retraités ou en âge de l'être. Une vieille aux cheveux bleutés, fonce droit sur moi, oublie de me saluer et me demande d'un ton agressif :

    - *Do you speak english ?*

    Pas de doute, la rombière se croit encore à Waterloo… Cette supériorité supposée mais néanmoins ostensiblement affichée a le pouvoir de m'énerver rapidement et prodigieusement. Cependant et conformément à ma décision, je reste imperturbable, me fends d'un sourire aussi mielleux qu'hypocrite.

Et le vieux grognard de répondre, perfide :
- *Only when I want*[92] !
Le diable en jupons est vexé, grimace, et après un rapide demi-tour sur place, rejoint ses troupes. J'aurais volontiers étranglé cette engeance de malheur. J'adopte l'attitude du joueur de poker et m'efforce de ne laisser filtrer aucune émotion. Le menton relevé, je fonce résolument vers le banc des *rosbifs*. La bravoure n'étouffe pas ces cauteleux qui fuient mon regard et s'écartent à mon approche.

Comme c'est agréable de se sentir aimé, de surcroit dans une atmosphère de franche camaraderie...

Monsieur le maire invite tout le monde à entrer et à prendre place.

D'emblée, je m'installe à une grande table mais suis rapidement invité à m'asseoir dans la salle, cette table étant réservée aux membres du conseil municipal. Tel le cancre de base je trouve deux chaises libres au fonds de la salle et m'y réfugie en compagnie de Maria. Côté populace, la chargée d'animer les débats se prend pour LA beauté locale. Il est vrai que si j'avais à choisir entre cette fausse blonde d'une trentaine d'années et le club des édentées composant le gros de sa troupe... C'est ma meneuse, la cheffe de meute. Je l'avais déjà vue à l'occasion d'une coupure d'électricité. Se sentant sans doute investie d'une mission à caractère divin, elle avait promené le pare-chocs rutilant de son 4 x 4 tout autour du lac et, le regard hautain, demandait aux riverains s'ils avaient besoin de quelque chose. Comme si elle disposait de pouvoirs surnaturels... Blonde providentielle ou pas, nous avons fait la seule chose possible dans une telle situation : Démarrer notre groupe électrogène en attendant le rétablissement du courant. Bah ! Ce fut pour cette fouineuse l'occasion de savoir qui nous étions et d'où nous venions...

Des mijaurées prétentieuses, j'en ai croisé pas mal et l'ai immédiatement surnommée "Super saucisse", ce qui chez Shakespeare doit donner *"Super sausage"*.

On m'apprend qu'elle se prénomme Jenifer et est enseignante à Ottawa. Je le savais déjà ! J'ai constaté qu'elle est très maquillée et me dis qu'elle doit faire la fortune des vendeurs de cosmétiques.

La séance va commencer. A la voir toiser l'assistance de ses yeux noirs aux pupilles dilatées, s'assurer du regard que tout le monde est bien assis... A suivre son long corps bien raide descendre lentement, son panier à crottes se poser en douceur sur sa chaise, presque par étapes, comme pour intimer le silence à une classe d'élèves turbulents, je pense immédiatement à ces starlettes s'interrogeant au sujet d'un célèbre escalier :
- L'ai-je bien descendu ?

C'est criant, aveuglant de vérité. La mijaurée est forcément enseignante !

Intérieurement, je me marre. Des blondasses synthétiques de ce calibre, j'en ai vu des tas, et rares sont celles m'ayant vraiment impressionné. Tout naturellement la séance a lieu presque intégralement en langue anglaise... Ces gens n'en ont rien à faire d'être au Québec ! Je me surprends à résister à ma fibre tricolore m'ordonnant de sonner l'assaut des lignes ennemies. Mes cinquante pour cent de sang Corse commencent à bouillir.

---

[92] Seulement quand je le souhaite.

Bonaparte, où es-tu ?

Super Saucisse se lève est se lance dans un long monologue. Les *rednecks*[93] l'écoutent religieusement, opinent du chef, murmurent des approbations. Oubliant pour un temps ses querelles intestines, ses conflits de gazon mal tondu, s'étant enfin trouvé un ennemi commun, l'Anglais fait bloc.

L'essentiel des inquiétudes formulées tourne autour du respect de l'Environnement. "Impeccable" me dis-je et je continue à garder le silence. Il ne faut surtout pas briser une si belle envolée lyrique, surtout quand ça culmine au ras des pâquerettes !

Dans son immense majorité, le conseil municipal est pour le développement d'une activité nouvelle sur le territoire de la commune, d'autant plus que les conseillers ont désormais connaissance du caractère environnementaliste de notre projet. L'inspecteur s'efforce de rassurer, argumente calmement, rappelle des textes juridiques en vigueur, répète plusieurs fois. Il fait preuve d'une impartialité irréprochable, se bornant à la stricte application des textes. Je me félicite d'avoir fait appel à ses services chaque fois que j'avais besoin d'un renseignement, c'est-à-dire pratiquement à chaque évolution du chantier.

Le puits doit être à dix mètres du lac ? OK, nous le mettrons à onze. Toujours, placés dans des cas de ce type, nous ajouterons systématiquement une "marge de sécurité", histoire d'être irréprochables. Face à la chorale des pleureuses, à cette troupe d'excités, l'inspecteur municipal est imperturbable, mais je note qu'il fait de gros efforts pour rester calme face, prend sur lui. Le maire est aussi un homme sympathique qui se montrera plus tard sincèrement désolé d'avoir eu affaire à ce type de réaction.

La blonde s'est rassise mais commence à me gaver sérieusement avec ses attaques. Visiblement, elle utilise son instruction pour monter la tête aux autres. Je me souviens de ce que m'avait dit à son sujet cet agent du ministère des ressources naturelles qu'elle avait contacté :

"Une personne très gentille…"

Tu parles…

Je suis un fan de Brassens et sais bien que :

"Ainsi qu'il est fréquent, sous la blancheur de ses pétales,
La marguerite cachait une tarentule, un crotale,
Une vraie vipère à la fois lubrique et visqueuse…"

Je me dis que je suis proche de la soixantaine, ai la chevelure poivre et sel. Sans doute cette souris me prend-elle pour un vieux con inexpérimenté, jamais sorti de son trou et malléable à souhait ? Je lève un bras, le maire m'accorde la parole.

- Je me demande si je ne suis pas victime de xénophobie ou de racisme…

Les traits déchirés par la colère, la pâle copie de Wonder woman se lève d'un bond et me crie :

- Le Canada est une démocratie !

Suit une longue tirade patriotique. Ne manque que l'hymne national… J'ai parfaitement compris qu'en-dehors du Canada et des pays anglo-saxons, ce n'est que

---

[93] Péquenots.

dictatures, républiques bananières, pays sous-développés et franchouillards si fiers de leur Bordeaux. J'adore ces esprits supérieurs amateurs de hamburgers, de viande bouillie, à la menthe et aux hormones !

Après s'être assurée que son speech nationaliste a remobilisé ses troupes, notre pasionaria boréale se rassoit, visiblement fière d'elle.

Le mari de Super Saucisse est un grand anglophone au teint rose n'ayant d'yeux que pour sa pomponnée. Elle lui passe la parole et il se contente de répéter les vannes de sa femme. Au détour d'une phrase, j'apprends que ces braves gens auraient demandé l'arrêt immédiat des travaux !

Il bégaye un peu et je me dis que s'il y avait une autre réunion, je lui jouerais un bon tour. Classique parmi les classiques, l'astuce consiste à triturer entre ses doigts un bouton de chemise par exemple. Le bègue y focalisera son attention, paniquera et finira presque par suffoquer. Nul besoin de ce truc pour l'instant, ce bègue-là étant nerveux. Il finit enfin son allocution, le teint rouge et presque en manque d'oxygène. Je n'ai rien appris de nouveau, excepté le fait qu'en triturant un bouton, cet épais constituerait une superbe cible… Ce rougeaud a eu de la chance que je sois habillé ce jour-là d'un vulgaire T-Shirt. Vu le teint de son épiderme, je le surnomme d'emblée Red lobster[94], en référence aux lectures de ma jeunesse (Blek le roc).

Je demande à prendre la parole et Monsieur le maire me l'accorde volontiers. C'est ainsi que je quitte le fonds de la salle et viens me planter face à un auditoire persuadé du bien-fondé de ses inquiétudes. Ce n'est pas parce que nous sommes au Canada qu'un silence glacial s'est abattu sur la pièce… J'attaque d'emblée par un moment de franchise en déclarant :

- Si j'ai quitté le fonds de la salle, c'est pour vous voir tous en face. Je n'ai pas l'habitude - moi - de parler dans le dos des gens.

Immédiatement, le plancher accapare la totalité des regards. On se croirait à la messe, en pleine séance de prière collective. Ce public sauraient-ils écouter ?

J'enchaine vite fait par un couplet hautement hypocrite, très british, quoi…

- Je voudrais tout d'abord exprimer ma vive satisfaction de constater que l'ensemble des riverains de ce lac sont très concernés par la protection de leur milieu naturel…

L'assistance relève la tête, visiblement satisfaite. Il me reste à tenter de les convaincre de la non-dangerosité de notre projet en termes d'environnement. Vaste programme… Je commence par leur expliquer que notre projet est basé sur le respect et la connaissance des milieux naturels et qu'une de nos activités consistera à pratiquer la digiscopie, autre nom de la photo à longue distance, la macrophotographie. C'est le panneau "PARC MARIAJOEL" qui les inquiète. Un parc ! Ils l'imaginent rempli d'animaux exotiques, se voient déjà avec des bus remplis de touristes écumant le pourtour du lac… Les questions fusent de toutes parts :

---

[94] Littéralement homard rouge. Appellation des soldats Anglais. Les aventures de Blek le roc et du petit trappeur ont meublé mes jeunes années. Le héros éponyme est un trappeur américain d'origine bretonne qui participe à la guerre d'indépendance des États-Unis contre les troupes anglaises (homards rouges). Il est accompagné dans ses aventures par le jeune Roddy et l'érudit professeur Occultis, qui se révèle au fil des aventures aussi goinfre que machiavélique.

- Vos clients respecteront-ils nos propriétés ?
- Ils n'ont rien à faire chez vous. Si vous le souhaitez, je peux préciser ce point particulier dans le règlement intérieur...

Vive approbation dans l'assemblée à moitié rassurée. On s'inquiète pour ses nains de jardin... En fait, je sais pertinemment que vu la clientèle ciblée, à savoir moyenne et haute gamme, il est fort improbable que nos clients aillent piétiner leurs pelouses.

Un grand type maigre, en short et T-Shirt camouflé jaillit de l'assistance, se plante devant eux à mes côtés et se met à gesticuler. Il explique avoir été intrigué à la vue d'un grand tuyau noir étiré sur notre terrain. Ce type était venu alors que nous agrandissions notre mare et avait discuté un bon moment avec moi. Je lui avais vaguement expliqué la nature de notre projet. Il continue de plus belle et part dans une démonstration aboutissant à un résultat pour le moins surprenant, en tous cas défiant toutes les lois et principes physiques connus :

Le lac Lawless est situé à une centaine de mètres de notre étang, de l'autre côté de la piste. Selon lui, en voulant remplir notre étang nous allons forcément attirer l'eau du lac qui va passer sous la piste. Ainsi, et à cause de nos travaux pharaoniques, le lac Lawless va s'assécher. Ce phénomène sera encore aggravé par le pompage de l'eau du lac grâce à cet énigmatique tuyau...

Vraiment rural, le "génie"... Mais je n'ai pas encore tout entendu et le meilleur reste à venir ! Particulièrement fier de s'adresser à un auditoire attentif et captivé par ses délires, le type aggrave son cas en expliquant avec force gestes à l'appui de sa thèse que si l'eau viendra du lac pour remplir notre étang, les déchets des urines et excréments de nos animaux emprunteront le chemin inverse, à savoir iront polluer ce qui restera des eaux du lac... Le malheureux possède des notions de physique pour le moins curieuses.

Les bras m'en tombent.

L'inspecteur municipal prend la parole et explique calmement qu'il n'en sera rien. Le creusage de cet étang n'est que la mise à jour de la nappe phréatique qui, en toute logique, variera dans les mêmes proportions que le niveau du lac, alimenté lui aussi par la même nappe. Les riverains n'ont donc aucune inquiétude à avoir. Le maire confirme ces évidentes explications.

Mais le mal est fait, la peur s'est installée dans les esprits. Le principe des vases communicants échappe complètement à ces grands amateurs de bière et pour eux, il est certain que le lac Lawless - LEUR lac - va s'assécher ! Du haut de sa science infuse, Super Saucisse ne démentira nullement ces allégations pour le moins fallacieuses.

Ils exigeront de la municipalité l'arrêt immédiat des travaux!

Je regarde un peu mieux les visages et y trouve quelques ressemblances avec les acteurs du film "Le nom de la rose". C'est ainsi que je me surprends à penser qu'enfin décapée, débarrassée de ses fards et autres poudres, Super Saucisse pourrait camper une sorcière plus vraie que nature ! J'éprouve la curieuse impression d'être soudain transporté au moyen-âge.

"Mais qu'est-ce que je fous donc ici ?"

Un individu court sur pattes, au regard fuyant se tourne vers l'assistance et raconte :
- Ça fait trente et un ans que je suis installé au lac Lawless. Cette année, j'ai vu pour la première fois en trente et un ans une tortue sur la piste.
Tout en me tournant le dos, il pointe un index accusateur sur moi et continue:
- Ca, c'est depuis que Monsieur Deplanque a déposé du gravier sur son terrain au bord du lac !
L'homme se tourne enfin vers moi, le regard fuyant. Une sourde terreur a envahi le public. L'obscurantisme a donc un visage... A cet instant précis je comprends mieux l'horreur des procès de la Sainte Inquisition, la peur de l'an mille, les bûchers, les chouettes clouées aux portes des églises. Je comprends mieux aussi les affirmations de Serge faisant état d'une pratique courante - il n'y a pas si longtemps encore - de l'inceste dans la région. Hélas, le Pontiac ne peut se targuer du monopole en la matière. Pourtant, à voir cette collection de faces d'attardés, on mesure mieux l'ampleur des dégâts.
Qu'un tocard se répande en inepties, passe encore, mais que l'assistance accepte ses délires comme parole d'Évangile... Le constat est on ne peut plus clair : En ce pays de grands espaces, la vision du monde de certains de ses habitants est plus que limitée.
Ici, on a l'esprit ouvert mais on ferme de bonne heure...
Je me rends à l'évidence qu'il ne me sera pas facile de rattraper le coup.
L'inspecteur municipal a beau se gendarmer, répéter qu'il n'en sera rien, ses arguments ne portent pas chez un public en proie à des inquiétudes croissantes. Le clou sera encore enfoncé lorsque j'assénerai un argument que je pense indiscutable : Mes vingt-deux années passées à l'Office National des Forêts.
- Je suis un professionnel de l'Environnement...
La perfide Super Saucisse est déstabilisée et doit sentir ses théories menacées. Pas suffisamment toutefois, car cette vipère a encore du venin en réserve, et susurre :
- *If that is true...* (Si cela est vrai...)
Dans ces conditions il est impossible de discuter et ma stratégie devra donc être révisée. Il est encore temps. C'est un peu comme à la belote : j'ai gardé mes meilleures cartes pour la fin, et bien fait de jouer au plus bas de mon jeu. Je tire donc un bilan positif de cette réunion : je suis venu en observateur, ne me suis pas trop avancé, ai su garder mon calme et fait le dos rond tout en identifiant les meneurs, leur stratégie, leur potentiel de nuisance. J'ai même pressenti quelques indifférences pouvant rejoindre le clan très fermé de mes soutiens. Mieux, je suis attaqué sur mon terrain. Cette bande d'ignorants (c'est ainsi que les qualifient plusieurs locaux) n'ont même pas pris la peine de se renseigner sur moi. Quelques jours plus tard, j'obtiendrai communication des minutes de cette réunion, en fait une compilation de stupidités invraisemblables. Comment ne pas être optimiste ? Super Saucisse a mis toutes ses forces dans la bataille, jeté en vrac ses arguments. La pauvrette aurait du lire *"l'art de la guerre"* de Sun Tzu... Je me console en me disant que tous réunis, ces demeurés n'auront jamais en vie pure ce que j'ai, moi, en jours de congés.

Je rigole un bon coup en pensant à une blague pas très fine. C'est l'histoire de deux boucs se reposant au sommet d'une montagne. Il s'agit du père et de son fils qui, après avoir bien pâturé, observent un troupeau de chèvres au fond de la vallée. Le jeune bouc dit alors à son père :
- Papa, j'ai une idée. On descend ventre à terre et on en baise chacun une…
- Non mon fils ! On descend doucement et on les baise toutes.

Les riverains du lac Lawless sont pour l'essentiel des habitants d'Ottawa possédant un méchant chalet au bord du lac. Quelques familles ayant du travail dans la proche région résident ici en permanence. Ceux-là vivent leurs vies et ne causent aucun problème.

Venir de Guyane et s'installer au Québec, c'est changer de planète. Il n'est pas facile d'oublier du jour au lendemain des comportements acquis en plus de vingt ans et devenus des réflexes conditionnés. Même après huit ans de Canada, une branche qui bouge à mes pieds me fait sursauter. Le grage carreau[95] est toujours présent dans mon esprit. Le vernis est mince et la seule évocation de la Guyane fait remonter de vieilles attitudes. Oui, la neige et la routine lassent. Elles sont d'autant plus lassantes qu'elles intègrent manque de communication, de convivialité et sont abreuvées de médisances. Je me souviens de cette soirée passée à Campbell's Bay dans un petit restaurant tenu par un Jamaïcain. Nous sommes arrivés là avec des mignonettes de rhum blanc et des citrons verts. Nous avons payé un ti'ponche au patron, tout heureux d'échanger quelques mots en créole. Ce black inconnu nous était immédiatement sympathique et nous avons communiqué "tropical" face aux "indigènes" Pontissois médusés. Je retrouvais grâce à lui un peu d'une ambiance tellement palpable, évidente d'authenticité et devenue si routinière que j'avais fini par m'en lasser. Ce soir-là, au bord de la rivière des Outaouais, dans la fraicheur automnale, j'ai rêvé de pac[96], de tapir et de nuit en hamac. Je revivais, comme extrait d'une trop longue hibernation ! Je me suis évadé un instant de cette grise conformité, de ces propos convenus et de cette mort n'osant pas dire son nom. En fait, j'avais trouvé un interlocuteur, une expérience de vie lointaine, quelqu'un capable de parler un langage commun. Pour un peu, j'aurais presque écouté un morceau de reggae. C'est dire… Je n'ai pas dit du rap. Faut pas non plus déconner...

Souvent, un drapeau canadien à feuille d'érable flotte au-dessus d'une pelouse polluée par quelques ridicules nains de jardin. Je me souviens avoir lu sur Internet un texte affirmant qu'aux U.S.A., le quotient intellectuel moyen d'un Etat baisse inversement proportionnellement au pourcentage de votes républicains… Le temps qui passe confirmera dans mon esprit que ce constat pourrait aussi s'appliquer au Pontiac. Cette région est sans doute la pire du Québec en termes d'illettrisme. Un peu comme ces Parisiens n'étant jamais monté au sommet de la Tour Eifel, beaucoup de gens de la région n'ont jamais mis les pieds à Ottawa ! La mer, ils l'ont vue sur leur petit écran, les voyages ne les intéressent pas. Il est rare de trouver des interlocuteurs capables de parler d'autre chose que de leur *char, leur truck, leur quatre-roues, leur skidoo*[97] ou de l'incontournable dollar.

---

[95] Serpents venimeux, très dangereux, qu'il s'agisse de Bothrops Atrox (grage petits carreaux) ou Lachesis Muta (bushmaster, grage grands carreaux).
[96] Paca. Rongeur nocturne sud américain.
[97] Voiture, camion, quad, motoneige.

Ils arrivent ! Leurs gros trucks avec une remorque au cul, chargée d'un ou deux quatre roues[98], les bidons d'essence, les glacières, et les incontournables caisses de canettes de bière dont ils se débarrasseront tout en roulant et que la nature devra recycler. Ceux-là séviront sur les pistes forestières ou parfois, tenteront lourdement de démontrer des capacités de franchissement de leurs engins sur les chemins - en excellent état - desservant les propriétés privées. Ce pourra être aussi l'occasion de piller les dites propriétés ou de s'occuper de sa petite plantation de pot[99]...

Pour les plus anciens, les casaniers, ce sera une grosse heure de route pour s'encabaner l'espace d'une fin de semaine. Là, ils se livreront à l'occupation favorite de tout amateur local de weekend écologique : démarrer leur "tracteur" ou *"lawn mowler"*, appellation locale des tondeuses à gazon, et randonner sur leur pelouse. Ils débarquent avec leurs grands shorts, leurs glacières pleines à craquer, leurs pédalos et l'envie de s'oxygéner. Et quoi de plus grisant que de se faire fouetter le visage par cet air campagnard soufflant à la vitesse de la tondeuse ? Quoi de plus bucolique que de renouer le contact avec la nature, la vraie, celle que l'on retrouve avec joie pour mieux la ravager ?

Ils arrivent donc, les terreurs des pelouses, les écumeurs de *blue grass* et autres fanatiques de lames neuves ! Qu'elles sont belles leurs tondeuses dernier cri ! De couleurs vives, elles trôneront fièrement sur le gazon uniforme, toute la durée du séjour. La tondeuse, c'est un peu le signe extérieur de richesse du claque-dents du dimanche. Pendant que l'autoportée agitera le gras du bide du voisin plus aisé, les plus démunis devront pousser la leur, une vieille bécane pétaradante, au mauvais réglage d'usine. Sur les passages de roues, les ingénieux constructeurs ont même prévu l'orifices porte-gobelets. Le clou qui dépasse appelant le marteau, malheur au pauvre brin d'herbe qui osera se hisser au-dessus de la concurrence ! On nivèle ! Tout autour du lac, ce sera donc un concert de machines vrombissantes, une communion de lames, un génocide chlorophyllien. Une fois les ultimes vestiges de

---

[98] Désigne localement un quad ou VTT.
[99] Cannabis.

l'empire britannique rasés de frais, il ne restera plus qu'à ramasser cette herbe, s'en débarrasser, et... mettre de l'engrais sur le gazon ! Ce serait tellement dommage de ne rien avoir à tondre la semaine prochaine... Une fois le gazon coiffé en brosse, il reste à le regarder pousser, réfugié face à une glacière bourrée de bières derrière la moustiquaire du gazebo[100]. De là, on saluera d'un geste timide ce voisin de pelouse dont on connait à peine le nom. On mettra l'autoradio à fond, sous prétexte que ce salaud a osé effectuer une manœuvre parfaitement inutile avec sa tondeuse sur notre gazon. On pourra aussi, engoncé dans un gilet de sauvetage, s'aventurer sur le lac, en rayer la surface à coups de pagaie et laisser couler nos canettes vides sur le fond.

Lorsque nous avons découvert le lac Lawless au printemps, nous avons trouvé jolis ces lopins de gazon parfaitement entretenus, avec leurs petits chalets au bord de l'eau.

Nous aurions dû nous méfier...

Les citadins arrivent en zone rurale avec leurs comportements urbains. Et ils croient que tout est permis.

Pendant que maman carbonisera ses épaules d'albâtre au soleil en même temps que les *chicken wings*[101] sur son barbecue, les enfants profiteront du ponton pour brailler avant de plonger. Le barbecue... Encore un accessoire indispensable au *dominguero*[102] de base ! Oui mais, pas n'importe quel barbecue ! Rien à voir avec la grillade sur feu de bois chère à nos ancêtres, et désormais dépassée ! Ici, le barbecue fonctionne au gaz ! D'ailleurs chaque année, des accidents ont lieu, causés par l'explosion du matériel. C'est dire si on s'éclate... Donc, pour environ un millier de dollars, le chef de famille investit dans le barbecue familial, sous le regard critique de Madame finissant toujours par donner son accord d'un mouvement approbateur de triple menton. Qu'il est beau mon barbecue ! Grille en acier inoxydable, plateaux mobiles, larges plans de travail, le tout monté sur roues ! Oui, il est beau, avec sa bâche de protection offerte, et ses nombreux accessoires pendouillant aux crochets prévus à cet effet. Midi ? On va pouvoir commencer à enfumer le quartier ! Planté dans son bermuda tout neuf acheté en spécial[103] dans un grand magasin, Monsieur démarre le barbecue. C'est à ce moment qu'il remarquera que cet imbécile de voisin porte un bermuda identique au sien. Une fois les pierres brûlantes, Madame débarque avec les ailes de poulet qu'elle disposera sur la grille. Une fois celles-ci bien sèches, elle les retirera. Ce n'est qu'une fois repliés sous leur gazebo qu'il neutraliseront la consistance de carton-pâte de cette chair blanche et industrielle à l'aide d'une rafale de tubes de sauces aussi colorées que chimiques. Au-delà de trois bières quelques rires gras fuseront, mais il sera déjà temps de ramasser le matériel et penser rentrer. Pas question de manquer le match de hockey ! En guise de souvenir de cette inoubliable escapade nature, les rouges impacts des piqures d'insectes sur les blancs mollets rondouillards et citadins...

Un weekend écologique et convivial s'achève.

---

[100] Abri de plein air, généralement construit en bois, comportant beaucoup d'ouvertures et destiné à recevoir un spa, une table, etc.
[101] Ailes de poulets.
[102] En espagnol : touriste du dimanche.
[103] En solde.

"On a eu du *fun*[104] ! Vivement la semaine prochaine qu'on revienne, *tabarnak*[105] !".

Tu l'as dit, bouffi !

"On a prévu un coup de pêche sur le lac voisin, car un ami nous a dit avoir pris un beau brochet. Et puis là-bas, pas question de s'emmerder avec les poubelles : on abandonnera tout sur place ! Que voulez-vous ? C'est qu'on n'est pas très riches, et puis, on a toujours agi comme ça ! Grands-parents, parents..."

Dans le genre incontournable, il y a aussi la caravane. Ici, elle est appelée roulotte et se décline en toutes dimensions. Le Québécois de base tire sa roulotte avec son *truck*. Il y en a partout. De même que la voiture, la tondeuse à gazon, la caravane est avec la motoneige, le quad ou la cabane un signe extérieur de richesse. Une épave de caravane stockée sur un terrain vacant pendant trente ans peut valoir à son propriétaire, et sous certaines conditions, un titre de propriété. Ne pas croire donc que ces épaves soient toujours abandonnées là sans arrière-pensée...

Le comble du luxe se matérialise sous la forme du grand bus aménagé. Conçu pour en mettre plein la vue avec ses jantes chromes et ses boulons de roue dorés, il évolue de façon ostentatoire. Son heureux propriétaire bénéficie de tout le confort : air climatisé, télévision satellite, etc. La grande classe ! Lui restera planqué dans son bus, ne s'aventurant que rarement sur le gazon, sauf pour déployer son énorme antenne parabolique. Bien que la concurrence soit rude, c'est lui qui correspond le mieux au profil du parfait nord-américain aseptisé, son fric le plaçant un cran au-dessus de la masse.

Le 1° juillet, fête du Canada, les *rednecks* sont tout fiers de tirer un feu d'artifice, admiré d'un œil jaloux par les voisins. Peut-être est-ce là un rare moment pendant lesquels certains d'entre eux pourront se croire brillants ? Comme ces feux sont vendus en kits identiques, le connaisseur saura rapidement de quel paquet il s'agit, et saura en estimer le cout.

Tondeuses, quads, motos, feu d'artifice, barbecues, pétards... Il y a de la vie dans le quartier en été !

Quelques anecdotes.

La moitié de la planète rit aux dépends de l'autre moitié. Il nous est arrivé ici quelques gags du genre pas tristes. Je vais en citer quelques-uns en vrac. Des brèves du Québec, pour tenter de parodier un ouvrage connu[106].

Dans un grand magasin de Pembroke, j'avise des faux bananiers en rayon et suis une fois encore tenté de confronter ma notion de l'humour à celle des anglophones. Une employée en ces termes :

- Cela fait trois ans que j'ai acheté un bananier ici et il n'a jamais donné de bananes. Je viens régulièrement dans ce magasin et n'en ai jamais vu non plus sur les vôtres ! C'est une arnaque !

La malheureuse ne sait pas si elle doit rire ou pleurer. Elle préfère s'exclamer:

---

[104] "On s'est bien amusé" en "québécois".
[105] Juron québécois, classique des classiques.
[106] Brèves de comptoir, de Jean-Marie GOURIO.

- *It's a plastic one !*

Je m'éloigne, l'air tout penaud, l'abandonnant perplexe et en proie à de profondes interrogations métaphysiques sur la réalité de ma santé mentale. Quelques mois plus tard, même magasin, mêmes bananiers, même employée, même envie de me marrer. Je me saisis d'une bombe d'insecticide et fonce sur ma victime pour lui expliquer :

- J'ai acheté des bananiers ici et ils sont envahis par les pucerons. Puis-je passer de ce produit pour les tuer, sans risque d'abimer les feuilles ?

Elle me regarde, incrédule, semble se souvenir et craque.

- *It's a plastic one !*

J'insiste :

- *This spray isn't dangerous for the leaves ?*

Elle hurle :

- *It's a plastic !*

Je pars en trainant les pieds, regardant fixement la bombe. Ma copine reste plantée, violette et mains sur les hanches. Je peux l'entendre marmonner :

- *No, it's not dangerous... It's not dangerous...*

J'imagine qu'elle est désormais définitivement fixée quant à mon état de santé mentale.

Toujours à Pembroke, je vais acheter des produits d'entretien pour l'eau de notre spa. La vendeuse est tellement musclée des cuisses que je l'ai surnommée "La Grenouille". Je prends un air mécontent et commence à chialer :

- Il y a un problème avec vos produits...

Sourire hyper commercial, immédiatement suivi d'un air très concentré chez La Grenouille, suivi d'un...

- *Yes*

Inquisiteur.

- J'ai changé l'eau de mon spa et mis vos produits. En moins de cinq minutes, tous mes poissons rouges étaient morts...

Point de coassement, mais un visage désolé suivi d'un cri du cœur si vrai qu'on pourrait y croire.

- *Oh my God !*

Je me dis qu'elle y croit vraiment, ces anglophones étant assez étanches au second degré. Je continue donc mes jérémiades.

- J'ai l'habitude de me baigner avec mes poissons... Ils me connaissaient, se laissaient caresser... Bah ! On les a mangés...

- *I see...*

Elle voit...

Elle voit et tente de sourire, mais je sens bien que derrière cet air contrit, elle n'a pas de solution à me proposer, aucun produit en magasin qu'elle pourrait me fourguer et qui ne serait pas toxique pour mes poiscailles imaginaires. Je suis certain que c'est la première fois qu'elle est confrontée à ce genre de cas. Je la laisse donc à sa mélancolie et achète quelques tubes de produits, dégaine ma carte de guichet, le bruit du TPE[107] se chargeant de lui faire retrouver le sourire.

---

[107] Terminal de paiement électronique.

Ah, les anglophones et l'humour... Comment peuvent-ils ne pas nous considérer comme des niais avec des gags de ce genre ?

Arrivé au niveau de notre jardin, un autre de ces soleils passant sur la piste me demandera un jour :

- Votre tuyau, là, c'est pour quoi faire ?

Pas de bol, je devais être mal luné ce jour-là. De toute façon, ils commencent à me gonfler avec leurs questions à vingt centimes.

- Le tuyau ? Quel tuyau ?
- Le tuyau noir, là, sur l'herbe...

Je feins l'étonnement et souris.

- Mais, ce n'est pas un tuyau...
- Ah bon ? C'est quoi ?
- Une machine à détecter les cons...

Il hésite.

- Une machine à détecter les cons ?
- Oui, et ça marche bien. Chaque fois que passe un con, il me demande à quoi sert ce tuyau...
- Ah bon ?

Il reste un instant planté sur la piste, mains dans les poches, puis continue son chemin, perplexe. Quelqu'un lui aura sans doute expliqué, car il ne m'adressera plus jamais la parole.

Une autre fois, je surprends deux couples de senteux[108], occupés à regarder l'intérieur des chalets au travers des vitres. J'arrive sur les lieux silencieusement, et demande sèchement :

- Vous avez perdu quelque chose ?
- Euh... Non, on regarde...
- Vous pourriez tout de même demander !
- Excusez-nous...

Ils ont de bonnes bouilles d'amateurs de rouge qui tache, rustiques à souhait, et parlent en français. J'en conclus qu'ils ne peuvent pas être foncièrement mauvais et décide de les accueillir comme il se doit. La réception glaciale se métamorphosera en visite du parc, de la maison, et s'achèvera sur un décapsulage de bières. Ils nous apprendrons habiter de l'autre côté du lac, en bordure de route.

- C'est donc vous les connards d'en face ?

Ils rigolent de bon cœur. Seraient-ils ouverts au second degré ?

- Oui, c'est bien nous...
- C'est ainsi qu'on appelle vos voisins Anglais.

La réponse est unanime, un vrai cri du cœur :

- Ah, ces Anglais-là sont de vrais cons. Ils font chier tout le monde ! Ce sont eux qui vous ont envoyé les gens de l'Environnement pour voir vos kangourous. Il faut vraiment qu'ils soient cons ! Des kangourous au lac Lawless... C'est du n'importe quoi !

Nous marchons dans la plantation tout en conversant. J'entends un bruit de l'autre côté de la clôture du parc et m'immobilise. Le gars est inquiet, et demande :

---

[108] Curieux, en québécois.

- C'est quoi ? Un chevreuil ?
- Non. C'est un kangourou...

Il se rapproche de moi, en proie à une peur proche de la panique. Les trois autres ne sont pas plus rassurés.
- Des kangourous... Il y en a beaucoup ?
- En quantité ! Ça devient vraiment dangereux. En Australie, ils tuent les gamins à coups de poing... Ce sont eux qui ont arraché cet arbre. Bon, si on allait voir à la maison ?

Nous traversons la plantation, et s'ils marchent soudainement plus vite, je sens que la seule curiosité n'est pas la cause de leur rapidité. Si le gars se colle à moi tel un rémora, ça n'est pas par esprit de cohésion. L'humour au second degré, les kangourous, ça n'est visiblement pas leur truc. Par contre, la crainte de l'étranger, la peur de l'inconnu...

Le Québécois est un pacifique par nature. Il fait tout pour éviter les situations conflictuelles. Trop souvent hélas, il pousse le bouchon un peu loin et s'échine à ce qu'il soit impossible de connaitre le fond de sa pensée. Son discours alambiqué contiendra tout et son contraire. En tant que journaliste j'ai souvenir de plusieurs interviews qui m'ont laissé pour le moins perplexe. Pour résumer la situation, le Québécois n'est i pour, ni contre. Bien au contraire...

Il y aussi le typique burlesque... Nous effectuons une petite sortie en compagnie d'amis Français, à une centaine de kilomètres de Lawless, et vers treize heures, nous lançons dans la recherche d'un restaurant. L'entreprise n'est pas facile, vu les habitudes alimentaires locales. Nous finissons par en découvrir un sur les conseils d'un local. Les patrons sont un couple d'Allemands affichant le sourire tout de rigueur collant à la réputation de leur nationalité. A la vue de ce panneau nous ne pourrons résister à prendre une photo, ce qui finit de tétaniser le sourire de la tenancière. Il semblerait qu'une erreur se soit glissée dans ce texte quelque peu surprenant. Pourtant, il exprime la même idée dans les deux langues. Nonobstant (ou malgré ?) cette signalisation, nous mangerons d'un solide appétit. Il faut vivre dangereusement...

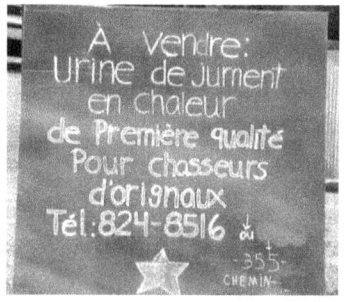

Cette fois, nous sommes montés dans le nord, du côté de Val d'Or, à un peu plus de cinq-cents kilomètres du lac Lawless. Au hasard de notre balade nous découvrirons un océan de bleuets[109]. Des fruits énormes - certains font plus d'un centimètre de diamètre - s'étendant à perte de vue. Là, je me laisserai dériver, porter par le courant, devenant en quelques instants un sérieux concurrent des orignaux, ours noirs et autres amateurs de ces fruits délicieux. Une fois gavés, les lèvres encore bleues, nous reprenons la route et tombons sur ce panneau qui invite

---

[109] Équivalent de la myrtille.

rapidement mon numérique à le capturer et dont je camoufle les coordonnées du vendeur... Nous ne rêvons pas, il s'agit bien d'urine de jument en chaleur, mais pas de n'importe quelle urine. Non, dans notre cas, c'est un grand cru, de la première qualité. J'apprends qu'il y a une hiérarchie dans les urines de juments ! J'imagine en riant l'expertise de la chevalière du taste-pisse, millésime 2004, mais ne saurais me prononcer sur l'existence ou non de quelques confréries du domaine... Je pense aussi à ces excuses de chasseurs bredouilles, mettant leur échec sur le dos de la mauvaise qualité de l'urine utilisée.

Tout est bon pour faire du fric...

C'est presque la fin de l'hiver et nous sommes invités à une de ces réunions à Campbell's Bay où nous devons rencontrer les acteurs locaux de l'industrie touristique. L'initiative en revient aux services gouvernementaux œuvrant dans ce secteur d'activité. En y allant, nous nous ferons connaître et devrions faire connaissance de nos collègues et concurrents. C'est aussi et surtout l'occasion pour les nouveaux entrepreneurs que nous sommes de nous intégrer à une collectivité qui nous a été présentée comme dynamique. Au menu, une séance de formation relative à la fiscalité et une autre sur le temps à consacrer à la gestion de l'entreprise.

Nous sommes encore animés par l'envie de bien faire, et nous plaçons résolument dans une dynamique volontaire. A l'aide de plusieurs images de notre cru, j'ai préparé un joli diaporama sous Power Point. La présentation traite de nos chalets, de notre parc, de la faune et de la flore. En guise de fond sonore, j'ai choisi cette excellente chanson de John Fogerty qu'est *"Looking out my backdoor"*. Un air de circonstance...

La salle est très grande et les membres de la S.A.D.C. et du C.L.D. ont très bien fait les choses. Ponctualité, précision, organisation, tout est parfait. Le tout-Tourisme de la région est là, discutant par petits groupes, qui avec un PC, qui avec des produits artisanaux... Parmi tous ces entrepreneurs, les agents des services s'activent. Tout au long des tables disposées en U, chacun a sa place réservée. Ordinateur portable sous le bras, Maria et moi nous installons donc tout sourire, serrons quelques mains connues, et branchons nos câbles. Comme d'habitude les informations se font en en deux langues. Je note sans surprise que l'anglais domine et que le français se verrait presque réduit à la portion congrue, même si nous sommes au Québec. Néanmoins, tout se passe à peu près bien et nous faisons la connaissance de plusieurs participants qui nous présentent leurs activités. C'est tout naturellement et non sans fierté que nous invitons ceux-ci à voir notre présentation Power-Point. Nous avons équipé notre portable d'une paire de petites enceintes et celles-ci diffusent en sourdine, et sans agressivité le morceau que nous avons choisi. Plusieurs personnes se pressent autour de notre petit écran et suivent avec attention le défilement des images.

Cet intérêt soudain ne semble pas avoir l'heur de plaire à un grand escogriffe sapé comme un loubard de banlieue. Mal rasé, porteur d'un vieux jean et d'une casquette élimée dissimulant mal une tignasse en vrac et une arrogance suintante, l'individu fait vraiment négligé. Je l'ai remarqué depuis un bon moment et son comportement démontre qu'il se sent en pays conquis. De loin, il me dévisage avec mépris, ce qui me permet de le cataloguer un peu plus. Visiblement, notre initiative est très loin de lui plaire. Renseignement pris, j'apprends qu'il s'agit du gérant d'une société de sport en eaux vives. Il dégage un chiffre d'affaire important et est considéré comme la locomotive du tourisme local. Je lui trouve aussitôt un surnom adapté : "Dollar triomphant" et ne l'envie surtout pas... La présentation s'achève et la musique dont le volume n'a jamais été d'un niveau dérageant cesse. L'ours mal léché, fidèle du dieu $ daigne alors se déplacer vers nous, se fend d'un *"thank you"* dégoulinant de soulagement, et s'éloigne, satisfait. Comme c'est bon de se sentir aimé ! Plus tard il vendra son affaire et les mauvaises langues prétendront que ce serait suite à une histoire d'adultère. Comme quoi dollar triomphant peut rimer avec futal perdant...

Je suis venu ici pour observer, détecter et voir à quoi ressemblent les crabes du panier, et ma seule réaction sera de prendre note. Il me sera conseillé de rendre visite à cette personne et de lui expliquer notre projet. Il est mis en avant que des échanges fructueux pourraient naitre d'une collaboration entre nos deux sociétés. C'est tout juste si on ne me demande pas de faire acte d'allégeance, ce qui a l'effet de me défriser immédiatement. Oui mais, toute forme de coopération nécessite un mot de passe nommé affinité et là, c'est très mal parti. De toute façon, après le coup du remerciement, je me dis que jamais je ne passerai sous les fourches caudines menant au bureau de ce conquistador d'érablière. D'autant plus que la société de "Dollar triomphant" offre gite et couvert à ses clients sportifs, satisfaisant ainsi la quasi-totalité de leurs besoins. La plupart de ceux-ci viennent d'ailleurs pour une seule journée, et repartent sans faire travailler les autres cmmerces. En conclusion, s'il y a échanges fructueux, ils ne peuvent être qu'à son avantage et je n'ai pas du tout envie d'être le larbin de ce type. Une victime de cette collaboration à sens unique nous avait déjà mis au courant de cette curieuse notion de la réciprocité. Au-delà du peu d'atomes crochus entre les personnes, notre intérêt économique à aller faire copain-copain avec cet individu est quasi inexistant. Le bon sens populaire affirmant qu'on n'attrape pas des mouches avec du vinaigre est une fois de plus conforté.

C'est l'heure du "repas". Gamelles et couverts en plastique, légumes et sauces d'accompagnement à peu près du même métal. On a fait confondre soleil et tubes néon à ces malheureuses salades hydroponiques[110]. Ca dégouline de misère gastronomique et j'ai toujours considéré l'Amérique du Nord comme un gigantesque élevage de poulets industriels à ciel ouvert. De toute évidence ces braves ploucs américanisés s'en satisfont. Ici, le repas n'est pas une fête comme en Europe. On ne s'attarde pas non plus à table, ce qui est parfaitement compréhensible vu la qualité des produits servis et généralement consommés. Alors, on mange avec un lance-pierres, histoire d'augmenter la productivité. Une autre forme dévoyée et plus hypocrite du stakhanovisme... "Dollar triomphant" garde évidemment sa casquette sale vissée sur sa hure d'arrivé. Fallait-il le préciser, la boisson est à la hauteur des légumes chimiques : le choix se limite à deux boissons gazeuses hautement toxiques, dont je tairai les noms. Je m'abstiendrai d'ingurgiter ces produits, éprouvant pour les fabricants de ce genre de mixtures une considération proche de celle que j'accorde à Ben Laden. En fait bien pire, car ces géants de l'industrie alimentaire tuent chaque année plus de gens que plusieurs générations de terroristes. Des *serial killers* associés, vous dis-je !

---

[110] Issues de culture sans sol. Mises à tremper dans un bain autoproclamé nourricier...

En attendant on a payé une vingtaine de dollars pour une mini tentative d'empoisonnement sournois...
Je le savais, mais aurais dû me méfier.
Arrive la séquence formation à la gestion du temps consacré à l'entreprise. C'est une jeune et fort sympathique blonde parlant avec un accent anglais marqué qui en est chargée. Son français est très correct et elle fait preuve de pédagogie. Les différents thèmes sont abordés selon un plan de travail prédéterminé, et nous avançons dans son exploration. C'est ainsi que nous sommes amenés à remplir un imprimé questionnaire à choix multiples. Je m'efforce d'y répondre avec le plus d'honnêteté possible, et, une fois arrivé en bas de page, fais le total de mes points. Le résultat est on ne peut plus simple : Zéro ! J'ai beau vérifier mes réponses, je ne trouve aucune correction honnête me permettant de grappiller le moindre point. Vous avez dit bizarre ? L'inquiétude me gagne et je lève une main avant de lâcher :
- J'ai zéro point...
La réponse est sans équivoque.
- Selon les critères du questionnaire, cela signifie que vous devez travailler vos contacts humains. La qualité de votre relationnel n'est pas suffisamment marquée.
Mais c'est que je serais presque paniqué ! Je me rassure totalement en pensant que cette notation est établie sur le base de critères Nord-Américains.
- J'ai pourtant d'excellents amis sur presque tous les continents. Je les revoie avec plaisir et c'est réciproque. J'aime bien plaisanter, avoir une vie sociale riche, etc.
- Je vous répète que ce résultat est la résultante des seuls critères du questionnaire. Cela n'empêche pas que vous puissiez être une personne très agréable à vivre...
Je ne suis rassuré qu'à moitié.
- Si j'ai bien compris, votre questionnaire me demande de me déguiser dans le but d'offrir au public une autre personnalité...
- C'est un peu cela, oui... Dans une perspective commerciale, évidemment...
- Évidemment...
Plus menteur qu'un Américain, tu meurs ! Et moi qui croyais la France capitale des faux-culs !
Je savais depuis longtemps et notamment dans l'administration que mon franc-parler et mon caractère entier étaient mes pires ennemis. Notre ami Gérard, du village voisin d'Otter Lake a été plus malin que moi. Il s'est tu et m'a laissé me faire prendre en flagrant délit d'insociabilité. C'est très fier de lui qu'il me glissera :
- Moi aussi, j'ai zéro !
- Voici donc pourquoi nous sommes amis !
L'exposé terminé nous restons quelques instants à parler avec la formatrice puis regagnons la grande salle quasiment vide.
Il reste encore une formation en français à subir. Nous sommes trois survivants : Gérard, Maria et moi. Nous prenons place dans une salle minuscule et aux murs absorbant la lumière dispensée par une baie vitrée. L'atmosphère est feutrée. L'ouverture laisse passer une lumière crue accentuée par le fort albédo d'une

épaisse couche de neige. Immédiatement, nous prenons place sur des sièges très Confortables. Porteur de quelques feuilles de papier, un grand bonhomme en costume sombre entre au bout de quelques minutes et se place face à nous, juste en face de la fenêtre. Le type se tient immobile, à contrejour et nous distinguons à peine les traits de son visage.

Ça commence bien...

Comble de l'ironie, il s'exprime avec un très fort accent québécois, bredouille tellement que je n'y comprends rien. D'une voix monocorde, il part dans un long monologue et je n'ai surtout pas envie de l'interrompre. Compte tenu de l'éclairage, il m'est impossible de détecter sur sa silhouette la moindre trace de conviction. J'ai vécu des enterrements bien plus gais, abandonne donc l'automate à sa récitation, regarde Gérard en coin, puis Maria. Aucun d'eux ne semble comprendre quoi que ce soit au discours de notre instructeur. Celui-ci doit s'emmerder ferme, ça n'est pas possible autrement ! D'autant plus que la fiscalité des entreprises est un sujet passionnant, un livre encombrant les tables de chevet... Je cherche une solution pour m'évader, une excuse ne menaçant pas les apparences. En vain. Je réalise être fait comme un rat et la seule solution possible reste d'attendre la fin des hostilités. Surtout, ne poser aucune question, ce qui rallongerait notre supplice.

Je ris sous cape et me demande soudain ce qui arriverait si d'aventure il venait à notre pédagogue l'idée saugrenue de nous questionner au sujet de son exposé. Il doit avoir une notion élevée de la courtoisie car à aucun moment il n'osera se lancer dans cette périlleuse aventure, et saura respecter notre total isolement. L'oraison funèbre touche à sa fin, et arrive enfin le moment tant attendu de notre libération. Nous ne laissons surtout rien paraître de notre angoisse. Il nous suit et semble au moins aussi soulagé que nous... Aura-t-il su saisir la nuance entre le sourire animant nos visages fleurant bon la délivrance et la mine réjouie de celui venant de progresser dans ses connaissances ? Nous ne le saurons jamais.

Que nous a appris cette réunion ? Rien ! Excepté le fait d'observer un troupeau de requins grenouillant dans leur milieu naturel, se demandant ce que nous pourrions leur apporter. La blondinette est bien gentille, mais je ne pense pas avoir besoin d'elle pour savoir comment occuper mes journées. Quant au ventriloque fiscaliste, on n'a rien pompé à son charabia. J'ai bien conscience que la seule utilité de notre venue, et finalement la plus importante, c'est de servir de faire-valoir à la bande de gratte-papiers sévissant dans ces organismes supposés œuvrer pour le développement du coin. Vous pouvez m'envoyer autant d'invitations que vous voulez ! Vous n'êtes pas près de me revoir. Affamés, nous rentrons vite à la maison, et rattrapons le déficit calorique et convivial.

Nous sommes chaleureux...

Une association de développement du tourisme au Pontiac s'est montée, et nous recevons régulièrement des courriels empreints d'un dynamisme faisant plaisir à voir. Ces messages sont rédigés à la fois en langue française et anglaise. Il est vrai que chacun d'eux revient sans cesse sur les cinquante dollars de cotisation annuelle, et que ne ferait-on pas pour cinquante dollars ? Le bon sens populaire n'affirme-t-il pas que la faim fait sortir le loup du bois ? Je suis pour ma part persuadé que ces quelques dollars ne seront jamais rentabilisés dans l'entreprise touristique locale mais j'ai envie de me marrer et -après plusieurs rappels empressés- me fends d'un chèque de ce montant.

L'activité touristique locale est trustée par un trio d'entreprises principales travaillant ensemble, et je n'ai pas le sentiment que celles-ci soient disposées à collaborer avec les nouveaux que nous sommes. Bien que nous soyons au Québec, la langue anglaise est la norme. L'orthographe du français de leurs sites web fait plus penser à un sabir créole qu'à une œuvre de Marcel Proust. La tournure des phrases est souvent une traduction mot à mot de l'anglais. Au final, cet ensemble pour le moins brouillon dénote un total manque d'attention et de respect. Faire traduire ces courts textes en un français correct n'aurait pourtant coûté que quelques dollars mais *In gold we trust…*

Qu'importe ! Maria et moi sommes un beau jour officiellement invités à une réunion d'information. On va causer de cette nouvelle association, de ses buts, de la nécessité de sa mise en œuvre. Nous nous présentons donc à Campbell's Bay au premier étage d'un établissement scolaire, lieu de la réunion. Quelques visages connus parmi l'assistance installée sur des chaises d'école impeccablement alignées. Ca cause en langue anglaise, ce que je fais immédiatement remarquer à un jeune cadre dynamique venu au renseignement…

- Rassurez-vous, tout à l'heure, ce sera en français…

Je respire un peu mieux jusqu'à ce qu'il lâche :

- Ce n'est pas à cette réunion que vous êtes invités, mais je vous autorise à rester. Par contre, vous n'avez pas le droit d'intervenir. Asseyez-vous, ça ne devrait pas être long.

Nous nous installons donc, et laissons ces braves anglophones s'écouter parler. Trente minutes plus tard, "l'audience est levée", et après quelques obligatoires autocongratulations, le gros de la troupe se disperse. Le jeune BCBG échange quelques mots avec nous, histoire d'en savoir un peu plus sur nos modestes personnes et activités. Ponctualité anglo-saxonne oblige, la salle se remplit rapidement, et la séance va pouvoir commencer. L'assistance est pour l'essentiel composée de quinquagénaires aux visages rudes et austères. Excepté quelques professionnels du tourisme et autres "as-tu-vu ma cravate" s'étant mis sur leur trente-et-un pour l'occasion, on pourrait croire à une réunion de bûcherons (licenciés, vu leurs tronches d'enterrement). Chacun se présente tour à tour, et je sens d'emblée que ces gens ne sont là qu'exclusivement motivés par leur intérêt personnel.

Il est évident qu'ici, malgré toutes les bonnes intentions ostensiblement affichées, répétées, assénées avec force, on ne partage pas. On mange… Attitude pas vraiment efficace au plan du résultat commercial, mais indéniablement la meilleure pour rigoler un bon coup !

Et c'est parti pour les non-dits ! En termes on ne peut plus voilés il nous est expliqué que la nécessité de mise en place de cette association est la conséquence de carences passées et en amont. Une fois passé au décodeur, tous font semblant de ne pas avoir compris que les cibles sont les organismes locaux de développement qui n'ont pas fait leur travail. On ne s'attarde pas sur le sujet, personne ne souhaitant être accusé d'avoir dit du mal de qui que ce soit, mais le message a glissé comme une olive. Suite aux carences évoquées, les besoins sont énormes, et les intentions affichées, proportionnelles à ceux-ci. Il est vrai que la région s'est trouvée brutalement sinistrée suite à la fermeture d'une usine, source principale d'emplois. Une reconversion s'impose donc. Ce que personne ne dit, c'est que cette fermeture était aisément prévisible, l'usine en question ayant été mise en place pour une période de trente ans. Une fois ce terme des trois décennies atteint, les politiques ont fait en sorte de prolonger l'activité jusqu'à quelques semaines suivant les élections[111]...

La problématique est donc de métamorphoser ces hommes rudes, souvent peu instruits, mais âpres à la tâche, en gentils organisateurs. Autant dire que ça n'est pas gagné !

Face à l'assistance, un grand tableau sur lequel s'empilent des feuilles blanches. Trois intervenants se partagent courtoisement le micro. Une blonde replète en collants de couleur fluo est de loin la plus bavarde. Armée d'un énorme marqueur noir, elle nous assène dans les deux langues un classique des classiques connu de tous les patrons en herbe : opportunités, points faibles, points forts, concurrence... Le b.a.-ba de l'entrepreneur potentiel. Preuve irréfutable que cette réunion n'est qu'un air de flûte destiné à amuser la galerie : les points faibles auraient été victimes d'impasse si je n'avais pas jugé bon de ramener ma science. J'interviendrai donc au moins à trois reprises et, avec la franchise habituelle qui me caractérise, irai droit au but, sans fioritures.

- Le Canada a une image liée à ses grands espaces, son respect marqué de l'environnement. Or, dans la région, les forêts sont systématiquement massacrées. C'est du pillage organisé, et au final, vos espaces naturels sont des dépotoirs à ciel ouvert. Moi qui suis forestier de formation, qui ai longtemps travaillé en zone très touristique, j'ai été très déçu par ce que je vois ici. Voulez-vous balader des touristes dans un tas d'ordures ?

Pas de réponse, silence gêné. Ça doit être l'heure de la prière du soir, car avec un bel ensemble, tous les nez plongent vers le plancher et ne remontent à la surface que lorsque la blonde reprend la parole. Elle et ses poignées d'amour en viennent à évoquer la gastronomie locale, et vanter les mérites des nombreux restaurants de la région. L'allergique au fast-food et plus généralement à la malbouffe que je suis ne peut là non plus se retenir.

- Il n'y a aucun restaurant digne de ce nom au Pontiac, au mieux, quelques mauvaises cantines. Pour ma part, je n'ai jamais trouvé un établissement capable de faire ne serait-ce que des frites correctes, ce qui est un comble, le Canada étant le premier pays producteur de pommes de terre au monde. Vos frites sont bouillies dans l'huile, molles, dégoulinantes de vieille friture, souvent noircies à l'extérieur, quasiment immangeables. Le reste ? Des hamburgers à 49 centimes, nocifs à la santé...

Wow ! Je suis content de moi. Ça soulage toujours de dire ce qu'on a sur le cœur. En toute logique, suite à une telle déclaration, les futurs professionnels du tourisme du Pontiac entament une seconde apnée sous les dossiers de chaises. Et la grosse blonde de réchauffer une nouvelle fois le vent glacial laissé par mon intervention sur l'assistance.

---

[111] A la fois authentique et logique...

Inspirez...

Elle tente de faire preuve de dynamisme, gesticule comme une diablesse, arpente le plancher, passe du tableau au bureau. Propulsé par une cellulite plus remontée que jamais, le gros marqueur est de plus en plus nerveux et la blonde s'agite. On dirait presque un écureuil en cage... Elle continue de plus belle sur les points forts de la région, ne pouvant masquer cependant plusieurs regards vivement réprobateurs à mon adresse. Sont évoqués la grande quantité de lacs et de rivières, la richesse de la faune aquatique et forestière, la culture, le rythme des saisons, les sites naturels. Tout le monde acquiesce et je me garde bien d'intervenir de façon critique sur ces points "d'évidence" restant pourtant hautement discutables.

Étrange ambiance à cette réunion... Les masses de mauvaise graisse de l'oratrice obèse s'agitent sous son collant moulant, d'un mauvais gout évident... Pourtant, elle parvient à sautiller, et tartine force feuilles de son feutre. La grosse a beau appuyer ses interrogations d'un coup de double menton inquisiteur à l'attention de son public, celles-ci se heurtent à un silence borné. Rapidement, et comme ses questions ne trouvent qu'un rare écho chez cette assistance figée, la blonde est dans l'obligation d'y répondre elle-même. Ca ressemble de plus en plus à une classe de communale avec des enfants bien sages, version avant-guerre, et tourne pratiquement au monologue. Elle a retrouvé un zeste d'assurance, poursuit de plus belle sa démonstration. C'est alors qu'elle lâche, très fière d'elle tout en cherchant d'un regard appuyé un hypothétique soutien parmi les gueules d'enterrement vissées sur leurs inconfortables chaises :

- Nous sommes chaleureux !

Cette déclaration s'abat sur la salle, s'y écrase comme un postulat auréolé de certitude. Le compliment arrive au bon moment, secoue un brin de torpeur résignée. Quelques participants réagissent, pour un peu lèveraient le menton. De toute évidence ils se découvrent une qualité dont ils ignoraient être porteurs. Et pour cause ! Scène surréaliste que de voir une poignée de ces glaçons pétrifiés sur leurs dollars, hocher la tête et murmurer en chœur, museaux toujours rivés sur le carrelage comme à la messe :

- Oui, nous sommes chaleureux...

Sur un ton de présentation de condoléances, d'oraison funèbre... Ça tourne au gag ! Je dois faire des efforts incroyables pour ne pas éclater de rire. En cet instant précis je découvre pourquoi j'ai claqué cinquante dollars, et surtout comment je les ai amortis ! Nous sommes en plein burlesque. Je pourrais expliciter plus avant les attaques dont nous avons été victimes, mais ce serait peine perdue. Mon opinion est faite : C'est sans espoir à brève échéance. Sauf miracle ou peu probable changement drastique des mentalités, il faudra sans doute attendre la prochaine génération, l'arrivée de gens possédant à la fois un niveau d'instruction supérieur, et de meilleures dispositions pour que le formidable potentiel de cette région soit exploité de façon rationnelle. Pour l'instant, c'est râpé, et la poignée d'opérateurs actuels pourront continuer à truster sans risque de concurrence crédible.

Mais ici, on ne doit pas émettre de critiques. Tout baigne dans l'huile. Le ciel est toujours bleu. *Chez ces gens-là, on ne cause pas, Monsieur. On admet.* On écoute...

En ce qui me concerne, j'aurai été catalogué. J'en veux pour preuve que Maria et moi ne recevrons aucune invitation aux prochaines réunions. Pas plus qu'un remboursement des cinquante dollars investis... A plusieurs reprises des groupes demanderont à louer nos chalets. La quantité de personnes dépassant nos capacités d'accueil, c'est en toute logique que nous leur recommanderons un "collègue" ou concurrent. Nous attendons encore une communication de celui-ci, un simple remerciement, même hypocrite suite à cette attention.

Un banc de piranhas mal éduqués, et amateurs de hamburgers... Mais quelle crise de rire !

- Nous sommes chaleureux...
- Tu parles !

J'en rigole encore.

Et pourtant, comment arriver à en vouloir à ces gens ? Ne sont-ils pas victimes de leur histoire, d'un passé encore récent et conflictuel avec l'Anglais, d'un système bien content de les avoir trouvés, exploités, et continuant à les balloter entre deux cultures que tout oppose ? Ces bras furent bien utiles au temps de la drave[112], et pour construire ce pays. Que reprocher à ces hommes rudes ? D'avoir été formés, laminés par un capitalisme sans limite, bernés par l'illusion d'une croissance, et de ressources naturelles infinies ? De ne pas avoir vu arriver la formidable mutation technologique, et ses conséquences culturelles, humaines ? Si reproches il doit y avoir, ne devraient-ils pas être adressés plutôt aux politiques n'ayant pas su informer, préparer le terrain social, et nivelant par le bas ? Mais dans ce pays toujours neuf dans les consciences, au royaume du dieu dollar, et de l'intérêt immédiat, que pèse l'homme face aux profits possibles ?

La perfection n'étant pas de ce monde, je ne m'exempte pas de critiques. Ai-je toujours été à la hauteur lors de mes relations avec le public ou ma clientèle ? Après tout, n'ai-je pas manqué de jugement en m'installant dans cette région en devenir ? J'opterai donc pour rire de mes propres erreurs. Je me souviens d'une scène de ce film culte qu'est "Un singe en hiver" avec Gabin et Belmondo.

- *Votre pays, il est tarte ! En arrière, les Esquimaux ! Le soleil, c'est ça !*

Être chaleureux ?

C'est par exemple traverser un village d'Andalousie en été sur le coup de minuit et y trouver la population encore occupée à converser.

C'est descendre de voiture et être aussitôt admis à dialoguer. Naturellement...

C'est se quitter bien plus tard, à l'heure bleue, connaissant par cœur la vie de cet inconnu, noble propriétaire de quatre oliviers.

C'est voir son salut d'adieu dans le rétroviseur, c'est entendre encore son *"mi casa es tu casa"*[113].

Et dans mon esprit égaré entre deux sierras, claque soudain un accord de flamenco...

- Nous sommes chaleureux...
- C'est ça... Tu as raison...

---

[112] Appellation locale de ce travail de Romains que fut le flottage du bois.
[113] Ma maison est ta maison.

La presse s'en mêle et s'emmêle...

Une autre réunion relative à notre projet a lieu à Campbell's Bay. L'objet est d'interdire toute nouvelle construction et activité commerciale autour du lac Lawless. Nos ennemis sont déchainés et le "camarade Dutuyau" a revêtu pour l'occasion une tenue adaptée au combat à livrer : un short et une chemisette camouflage. Il gesticulera quelques instants face à l'assistance, assurant plus la ventilation de la salle qu'un réel intérêt chez le public.

Lac sans loi, *Litchfield, ce 05/05/2008*
6770657 Canada Inc.
41 Chemin du Lac Lawless
LITCHFIELD JOX 1KO
1 819 648 5363
http://www.lacsansloi.com
contact@lacsansloi.com
à
Monsieur le maire de Litchfield,
M.R.C. Pontiac.

Messieurs,

Nous nous sommes installés sur la commune de Litchfield en mai 2004 en tant que résidents entrepreneurs.
Notre choix fut motivé par le zonage de notre propriété classé récréotouristique. Il constitue la résultante d'une étude de faisabilité, fruit elle-même de plusieurs voyages au Québec à partir de la Guyane française. C'est sur la base de ce classement rendant possible la création de notre entreprise et après étude juridique de faisabilité que fut prise la décision d'installation au lac Lawless.
C'est encore sur la foi de ce zonage que nous nous sommes basés pour nous placer dans une dynamique de croissance de notre société commerciale et ce, tel qu'exposé préalablement et de façon constante dans tous nos courriers descriptifs de projet transmis aux différentes instances et services. D'ailleurs, en fonction des résultats d'exploitation, nous prévoyons la construction de nouveaux chalets via l'achat de terrains supplémentaires et la prise de parts sociales par nos enfants ou des amis afin d'assurer la pérennité de l'entreprise.
Notre société ne génère aucune gêne sonore ou autre. Carbone neutre, en phase avec les dernières normes de construction, elle est exemplaire au plan du respect de l'environnement.
Actuellement et plus de quatre ans après la prise de décision de notre installation, le bien-fondé de celle-ci apparaît nettement :
Des projets éco touristiques conséquents voient le jour dans la région du parc de la Gatineau.
Avec l'arrivée à l'âge de la retraite de la génération issue du baby-boom, des plus-values importantes quant à la valeur des biens immobiliers en Outaouais se manifesteront bientôt de façon sensible.

Plus près de nous, le projet d'aménagement des chutes Coulonge témoigne du caractère porteur de l'activité du tourisme vert.

La prochaine création du parc de la rivière noire abonde également dans ce sens.

La création d'une importante station de ski est en projet vers Calaboogie.

Des frémissements de développement à tendance environnementaliste sont nettement perceptibles et auront des conséquences bénéfiques pour notre municipalité et la communauté qui l'habite. Cette tendance porteuse s'avérera créatrice d'emplois et de nouvelles richesses. C'est dans ce cadre en phase avec la connaissance et le respect de l'environnement que s'inscrit l'activité de notre entreprise qui entend se positionner dans une synergie active avec les acteurs locaux du tourisme.

Paradoxalement, nous entendons dans le même temps s'exprimer la volonté de voir modifier le zonage du lac Lawless. Le but de la demande serait d'interdire toute activité commerciale sur au moins une partie de terrains actuellement classés en zone récréotouristique ! La formulation en est faite par une poignée de résidents - pour l'essentiel estivants, donc peu ou pas impliqués dans le développement de notre municipalité - et dont les motivations réelles ne nous apparaissent pas clairement.

Nous ne nous étendrons pas ici sur les divers ragots et commérages pour le moins fantaisistes, nullement fondés, dont nous avons été les cibles pas plus que sur l'acharnement mis à tenter de nous nuire.

Cette demande de modification du zonage est loin d'être formulée à l'unanimité.

Cette volonté de modification de zonage va à l'encontre de la judicieuse politique municipale, résolument positionnée dans une optique dynamique de développement permettant à tout un chacun de créer une entreprise. Il est tout aussi évident que l'interdiction d'exercer toute activité commerciale sur une zone s'y prêtant parfaitement constitue un non-sens économique, privera la proche région d'un outil de développement et hypothéquera de façon durable le devenir de la municipalité.

Dans l'hypothèse de l'acceptation de cette requête, il est clair que la valeur des propriétés concernées chuterait de façon conséquente. D'autre part et comme évoqué plus haut, notre entreprise s'est placée dans une optique dynamique de développement. Toute modification du statut actuel du zonage serait de nature à remettre en cause notre politique d'embauche tout comme les effets induits.

Attendu que sur le territoire de Litchfield, le lac Lawless reste un endroit idéal pour la mise en place d'activités touristiques, il serait dommageable de se priver de cette possibilité en s'enfermant dans un incompréhensible immobilisme.

Nous vous prions d'agréer messieurs, l'assurance de notre considération distinguée.

Le directeur

DEPLANQUE Joël

Fidèle à ma stratégie, je laisse les gens parler en premier et n'interviens que plus tard. Un journaliste anglophone est présent dans la salle. Il quitte la réunion avant que j'aie eu le temps de m'exprimer. Quelques jours plus tard, la feuille de chou locale s'empare de l'affaire et un article est publié, nous accusant d'avoir pollué le lac Lawless.

Je demanderai à ce journal un droit de réponse qui restera lettre morte. Pas grave ! Ma réponse, vous pouvez la lire ci-dessous…

Messieurs,

Ayant été mis en cause par votre journal, nous demandons à exercer notre droit de réponse par la publication de l'intégralité du texte ci-dessous (deux pages) qui vous a été préalablement adressé par courriel.

Salutations.

Lettre ouverte réponse à inquiétudes riverains du lac Lawless et article journal du Pontiac du 16/07/2008

DEPLANQUE Joël
Ecrivain.
Vice-président de Guyane Talents.
Président de l'ADEPFOM.
Directeur de Lac Sans Loi Inc.

Votre article est intitulé : "Au lac Lawless, une solution à la pollution".

Cette formulation faisant état de l'existence effective d'une pollution est de nature à porter préjudice à notre société commerciale et nuire à la fréquentation touristique de la région.

Relativement à la construction de nos chalets autour du lac, l'article insiste en ces termes "...et des dommages à l'environnement qui ont été causés lors de l'aménagement du site sur le bord du lac".

Vous affirmez donc de façon claire, répétée et non ambiguë l'existence d'une pollution, ce qui est inexact.

Selon votre article nous serions les seuls responsables des pollutions (actuelle et à venir).

Si pollution il y a (ou a eu lieu) nous vous demandons de bien vouloir en préciser la nature, l'ampleur, les dommages causés à l'environnement, les constats effectués, les amendes infligées, les solutions apportées.

D'autre part, ce même article oublie curieusement de faire état qu'à l'issue de ladite réunion, plusieurs personnes ont admis avoir été très mal informées relativement à notre projet touristique.

Cet oubli, tout comme l'intitulé et le second paragraphe de votre article n'est pas le reflet de la vérité, va à l'encontre de nos intérêts et peut nous causer préjudice. La réalité ? Nous vous l'exposons ci-dessous.

Notre projet touristique est basé sur la connaissance et la protection de l'environnement.

Le gravier temporairement déposé à l'intérieur de la bande des dix mètres fait suite à ma difficulté de communication en anglais. De retour de Gatineau, je me suis rendu compte de l'erreur et en ai aussitôt informé l'entreprise de terrassement (qui avait déjà retiré ses engins) ainsi que l'entrepreneur général responsable. Mon intention fut de procéder immédiatement à la réparation de cette méprise mais nous avons du attendre que diverses formalités administratives soient menées à bien. Les services du ministère de l'Environnement ont été informés en temps réel des correctifs apportés et pourront en attester.

L'habitat du poisson n'a jamais été touché et aucun dommage n'a été causé au milieu naturel.

La réglementation relative aux fosses septiques a récemment changée et nous nous y sommes strictement soumis. A titre indicatif, les travaux de terrassement ont nécessité un surcoût de plus de $ 40 000. Ce, pour respecter les normes en vigueur et réaliser un ensemble satisfaisant au plan esthétique.

Tous les permis réglementaires ont été demandés et obtenus, tous les règlements ont été respectés.

Les différents services de l'État ou municipaux ont effectués plusieurs visites n'ayant fait l'objet d'aucune remarque négative. Un courrier explicatif de M. l'Inspecteur Municipal a été adressé aux riverains.

Des réunions à notre sujet ont eu lieu sans que nous en soyons informés... A aucun moment l'association de riverains ne nous a contactés afin d'obtenir des informations sur notre projet. Des rumeurs fantaisistes circulaient : Ouverture de restaurant, bed and breakfast, bar, petzoo, etc. Le sommet du ridicule fut atteint lorsque deux personnes du ministère de l'environnement se présentèrent pour "Voir vos kangourous, vos tigres et vos anacondas"... Rapidement nous aboutirons à une situation cocasse pour le moins : Moi qui ai servi 22 ans dans le secteur des espaces naturels, en montagne puis en forêt amazonienne, moi qui ai risqué ma vie plusieurs fois pour l'environnement, me voici accusé de lui porter atteinte !

C'est ainsi que nous aurions détruit une aire de nidification du grand héron bleu !

Cet animal ne niche pas sur les pelouses mais dans des héronnières dument répertoriées et le lac Lawless n'est pas sur la liste. http://coo.ncf.ca/observations/Observations2005.htm par exemple. Nous ne pouvons qu'inviter certains de nos détracteurs à réviser leurs notions d'environnement avant de porter des accusations...

D'ailleurs, ne serait-il pas stupide pour une entreprise fortement engagée au plan écologique, se proposant d'exercer macrophotographie, digiscopie, birdwatching, de détruire la base de son activité ?

La peur du vandalisme est largement évoquée. Parlons-en !

Lors de notre arrivée en 2003, nous avons planté quelques végétaux sur la berge. Le lendemain, ils avaient été arrachés. Bonjour l'accueil...

Soucieux d'être "carbone neutre", nous avons procédé récemment à la plantation d'arbres près de nos chalets, reboisé la berge. Onze jours plus tard, plusieurs d'entre eux ont aussi été arrachés...

À la mi-mai 2008 le respect des propriétés privées par certains riverains n'a pas été vraiment assuré...

Un incendie volontaire a été allumé sous nos yeux près de notre domicile. Nous avons alerté les pompiers et la Sureté du Québec de Campbell's Bay qui sont intervenus. Plus tard, nous avons découvert une paire de petits départs de feu et plusieurs "accessoires" dont un spray utilisé en guise de chalumeau.

À plusieurs reprises nous avons constaté que les oiseaux en bordure du lac étaient pourchassés et tirés à la carabine. Nous avons été dans l'obligation d'alerter SOS braconnage.

Pratiquant la photo à longue distance, nous disposons de nombreux clichés haute définition en attestant.

Il est également fait état du risque de développement des algues bleues. Parlons-en aussi !

Ces algues ou cyanobactéries prolifèrent suite à des teneurs en nitrates et phosphates trop élevées. Les causes sont connues : fosses septiques non adéquates, utilisation d'engrais chimiques, tonte des pelouses au ras des berges. Déplacement à la campagne de comportements et modes de vie urbains. La pratique courante de feux d'artifices (Tel que tiré au lac ce 19/07/2008) est également un puissant facteur de pollution. http://fr.wikipedia.org/wiki/Feu_d%27artifice et autres sites :

"Les feux d'artifices contiennent aussi de nombreux produits classés toxiques et/ou polluants. Souvent tirés près de l'eau, leurs fumées pourraient avoir des impacts sur la santé des spectateurs et des écosystèmes, bien qu'il ne semble pas y avoir eu d'études poussées sur cette hypothèse, mais des indices sont apportés par les stations d'alerte et de mesure de la pollution de l'air. Par exemple, l'une des trois plus fortes concentrations horaires (le record) de particules fines (PM) mesurées à Montréal par le RSQA (162 µg/m3) correspondait à une soirée de l'été 2002, où (à 22h) le vent soufflant dans une direction inhabituelle a poussé la fumée d'un feu d'artifice tiré sur l'île Sainte-Hélène vers une station de mesure de la pollution de l'air située à l'Est de Montréal. Certains craignent que des tirs répétés sur les mêmes sites ne finissent par contaminer les sols ou milieux aquatiques. Hafner Rudolf a en décembre 1989 en Suisse déposé une motion devant le parlement, rappelant que certains composants des feux d'artifices appartiennent aux classes de toxicité 2 et 3 et polluent l'air et le sol et demandant des études et plus de précaution ou de réglementation notamment pour les usages de petits feux d'artifices par le grand public.

Les feux d'artifices sont aussi à l'origine de nuisances sonores en étant de plus en plus utilisés par des particuliers à d'autres occasions que les grandes fêtes nationales. Un spectacle de pyrotechnie relâche une quantité d'éléments traces tels que le baryum, le strontium et autres dans le cours d'eau près duquel il a lieu ce qui peut avoir des effets sur le milieu. Ainsi, une façon de mesurer l'ampleur de la toxicité sur le milieu est en utilisant un test d'inhibition de croissance d'algues."

Les solutions préventives existent et sont simples à mettre en œuvre !

Mise aux normes des fosses septiques ou filtre détruisant les phosphates contenus dans ces cuves.

Laisser croître la végétation naturelle sur les berges et reboiser celles-ci.

Ne pas utiliser d'engrais chimiques ou de produits d'entretien contenant des phosphates.

> *Contrairement aux rumeurs Lac Sans Loi Inc se comporte en responsable, respecte et va même au-delà des recommandations gouvernementales visant à sauvegarder les espaces naturels.*
> *Le souhait de procéder à des analyses régulières des eaux du lac Lawless a été émis et nous y sommes très favorables. La venue de cette mission d'expertise permettrait de préciser la nature et le niveau réels des menaces sur l'environnement. Ce serait l'occasion d'œuvrer dans le sens d'une modification de certains comportements. Un état des lieux exhaustif relatif aux installations septiques pourrait aussi être envisagé.*
> *S'il n'est pas entaché d'arrière-pensées, le souci de préserver le lac Lawless est parfaitement louable et une communication préalable aurait pu éviter nombre d'interprétations erronées.*
> *La demande de changement de zonage fait suite à diverses rumeurs et calomnies nullement fondées mais ayant pu influencer des personnes de bonne foi. Cette modification déboucherait sur une baisse sensible de la valeur des propriétés concernées et constituerait un non-sens économique.*
> *Nous nous sommes installés au Québec en tant qu'entrepreneurs animés d'intentions constructives. La notion de développement n'est pas forcément antinomique du respect des milieux naturels.*
> *De par nos compétences particulières nous sommes disposés à collaborer à toute initiative bénéfique à l'environnement et ne demandons qu'à entretenir de bonnes relations de voisinage. Il n'en demeure pas moins que celles-ci reposent aussi sur le principe de réciprocité et nous nous réservons le droit - le cas échéant - de donner à tout dommage qui nous serait causé la réponse légale adaptée.*
>
> *Recommandé avec accusé de réception.*

Il faut dire que le traducteur de l'article exploite un terrain de camping pas loin d'ici. Nous considère-t-il comme des concurrents ? Est-il jaloux ? En tous cas, pas très objectif…

Bref, il y aura bien un référendum étendu à toute la municipalité de Litchfield. Sur environ deux mille votants, neuf s'exprimeront, c'est dire l'engouement suscité par cette affaire. Six voix pour la modification du zonage et trois contre.

Tentative de meurtre[114].

Nous sommes le dix-sept mai 2009 et le ciel est gris. Maria et moi partons vers quinze heures trente récupérer un ami d'école venu se marier au Québec. Je ne l'ai pas vu depuis plusieurs dizaines d'années et les retrouvailles sont évidemment chaleureuses. Tout se passe comme si nous avions passé notre vie à nous éviter ! Cet ancien gendarme était en poste dans les Pyrénées, puis en Guyane. En même temps que nous ! Il vient chaque année en vacances au Québec, au lac des Loups, à une vingtaine de kilomètres d'ici, et c'est grâce à Internet que nous nous retrouvons…

---

[114] Tristement authentique !

Personne ne pourra dire que nous nous dérangeons souvent ! Nous voici donc attablés à évoquer des souvenirs communs, des anecdotes de la vie. Il faut croire qu'on ne peut pas être tranquille. Je décroche le téléphone et apprends que je suis convoqué au poste de police de Campbell's Bay.

Pour une affaire très grave...

Bigre ! Qu'ai-je donc encore fait ?

Je laisse Maria en compagnie de nos amis et fonce au poste, distant de sept kilomètres. Là, j'apprendrai de la bouche d'un jeune policier qu'une plainte a été déposée contre moi pour agression armée !

Qu'est-ce donc que cette connerie ?

Il m'est alors expliqué que j'aurais tenté d'écraser un gamin circulant sur la piste faisant le tour du lac à l'aide de ma Jeep ! Le policier m'invite à fournir des explications sur un imprimé.

- Qu'avez-vous à répondre ?
- Que voulez-vous que je vous dise ? Je n'ai rien fait de condamnable. Ce sont des mensonges se situant dans la logique du harcèlement dont nous sommes victimes depuis notre arrivée.
- Vous avez un avocat ?
- Non. Je suis trop honnête pour ça. Ce sont des gens comme Al Capone qui se baladent en permanence avec une bande d'avocats...

Et de m'expliquer sur notre emploi du temps de la journée. Je suis pris par surprise et n'ai que ma bonne fois à opposer à cette calomnie. J'arrive pourtant à me "regrouper". Cette nouvelle histoire me gonfle prodigieusement et je lance au flic médusé :

- Si je veux tuer un gamin en vélo, c'est facile. J'ai la puissance d'un moteur V6, la vitesse. Lui n'a que ses petits mollets pour m'échapper. Ca fait un peu léger... Je l'écrase et c'est marre. Vous allez faire quoi ? C'est un vulgaire accident de la circulation. Point barre !
- Il ne faut pas me parler comme ça !
- Écoute, je vis peinard derrière ma clôture, ne parle pas aux voisins. Pour moi, ils sont transparents. Quand ils passent sur la piste, je leur tourne le dos. S'ils parlent de moi, c'est mon cul qui les contemple. Ces gens, je n'en ai rien à foutre. Je viens d'un coin où on ne menace pas. On agit. J'ai été comme toi, porteur d'une arme de service. Je ne l'ai jamais dégainée. Si j'avais eu à le faire, ça aurait été pour tirer. J'ai presque soixante ans et ai passé l'âge des gesticulations. Ton papier, je vais y mettre que je n'ai rien à déclarer. C'est la vérité. Je vais te faire un rapport circonstancié que tu mettras au dossier.

C'est sans doute le frère de cet enfant qui avait mis le feu à la plantation voisine. Ce petit con de gamin, je l'avais évité la veille. Il venait en face et avait coupé la piste juste devant moi, m'obligeant à m'arrêter. Le vieux débris (son grand-père ?) ayant porté plainte a du utiliser ce non-événement, le travestir, pour essayer de me porter préjudice. Me voici donc officiellement accusé d'agression armée, équivalent d'une tentative de meurtre ! Ces gens habitent juste en face de nous, de l'autre côté du lac. Nous ne manifestons aucun intérêt pour eux et serions incapables de les reconnaître si nous venions à les croiser. Cet abruti congénital a du porter plainte comme il se lave les chicots, un geste inconséquent, juste pour faire chier...

Pauvre type ignorant sans doute les suites que pourraient avoir ses calomnies. C'est avec ce genre de geste que des camps se remplissent... Ces bien-pensants turgescents de médiocrité passent de bonnes nuits.

    Voici ce que j'écrirai dans mon journal concernant cette journée du dix-neuf mai : *"Docteur Fort Coulonge piqure anti tétanos. Carrière Z pour eau. Récupération X et Y au lac des Loups. Convoqué à GRC Campbell's Bay pour une soi-disant tentative d'écraser un gamin !!! (Le blond en vélo avec son chien !!!) Repas du soir avec X et Y".* Je préparerai ma défense, passerai plusieurs jours à réfléchir, prendrai des photos du lieu supposé de la prétendue agression, collationnerai souvenirs et observations. C'est ainsi que doublant des cyclistes, j'observerai leur comportement au cours du dépassement et noterai qu'entendant le véhicule arrivant dans leur dos, ils jettent toujours un regard sur leur gauche. Finalement, je constituerai un dossier récapitulatif relativement complet et mettant fortement en cause la véracité des accusations.

    - Dans la région, nous sommes hélas habitués à ce genre de plaintes... C'est le sport local. Ils passent leur temps à ça et c'est partout pareil, sur tous les lacs habités, avec une association de riverains... Ce type est un con.

    Ainsi s'exprimera au vu du dossier un avocat visiblement autant habitué que lassé. Il nous confiera que ce type de dénonciation constitue le gros de son travail. La tonte de leur pelouse ne doit pas occuper suffisamment ce genre de minables. Il faut qu'ils fassent chier le voisinage ! Tout-à-fait le genre de sécrétion de cauteleux fourbe, avec son vernis de parfait bienpensant, vulgaire cache-misère arboré sur la crasse de l'inconséquence. L'affaire sera classée sans suite. Outre l'éclairage peu flatteur apporté sur la mentalité locale, cet incident me poussera à m'interroger sur la nature possible de la prochaine attaque. Que pourront bien imaginer ces mange-merdes ? *"Un Con, ça ose tout. C'est d'ailleurs à ça qu'on les reconnait"*[115]. Quel sera leur prochain coup ? Je me perds en hypothèses. Aurais-je tenté de violer une de leurs bonne-femmes ? Inenvisageable, car aussi cons soient-ils, ils flaireraient d'emblée la faute de gout... Le truc d'enfer serait une agression sexuelle sur un gamin. C'est très tendance par les temps qui courent, la pédophilie...

    Oui mais, je n'aime ni les grosses à moustache, ni les gamins.

    Ici décidément, c'est le Québec profond. Très profond, même.

    J'aurais dû me méfier...

Vie de tous les jours.

    Dans un long premier temps elle fut surtout consacrée au travail. Aménagement des terrains, constructions diverses, etc. Nous étions alors surbookés, et ne voyions pas le temps passer. Accaparées par une boulimie de travail, les journées étaient bien trop courtes. Oh, nous allions tout de même taquiner brochets ou achigans[116], traquer le champignon et pratiquer la chasse photographique.

    Le Québécois se couche tôt. Le repas du soir a lieu vers seize heures trente ou dix-sept heures, après quoi, il grignote, il *snacke*... A dix-sept heures, il n'y a pas très longtemps que j'ai terminé mon repas de "midi". Quant à celui du soir, il débute

---

[115] Selon l'excellent ouvrage de Frédéric DARD, alias San Antonio "Les Con".
[116] Black bass.

généralement vers vingt et une heures. Beaucoup de Québécois sont déjà dans les bras de Morphée ou *watchent un mouvi sur leur tivi*[117]... Il est vrai que nous avons tendance à manger à l'heure espagnole... Ces différences d'horaires appelleront à négocier des compromis lors des invitations entre amis. Nous serons un jour invités au village voisin de Fort Coulonge à un *brunch*, appellation locale d'un solide casse-croûte matinal, de toute évidence inscrit dans les gènes des gens du coin. Se taper des tranches de poitrine de porc grillées, bien grasses, accompagnées d'épais pancakes dégoulinant de sirop d'érable, de fèves au lard et autres légèretés ? Pour le nerveux que je suis, habitué à un frugal café au lait non sucré, ça fait un peu lourd et, par politesse, je me contenterai de butiner. Que l'on ne s'y trompe pas, je ne suis pas bégueule pour un rond et il n'y a de ma part aucun mépris pour cette pratique. Cette coutume du casse-croute matinal est équivalente à celles que j'ai connues dans les campagnes françaises, et même jusqu'en Andalousie. J'ai tout simplement perdu cette habitude. Partout où l'on travaille fort physiquement, il faut bien faire le plein de la machine... Je sais qu'à l'époque de ce travail d'Hercule qu'était la drave, les repas prenaient toute leur importance. Aux chutes Coulonge toutes proches, une impressionnante vidéo explique aux visiteurs qu'une cuisine de campagne précédait les draveurs sur la rivière[118]. Des points précis de restauration étaient aménagés sur son cours. De lourdes cuisinières à bois étaient chargées sur des bateaux à fond plat. On y préparait des plats tenant au corps, régime bûcheron Canadien... Toute une épopée, écrite par des hommes rudes et âpres à la tâche et j'aurai l'honneur d'en connaitre plusieurs. Des anciens de la drave, qui revivent ces instants de dur labeur, le regard perdu vers le ciel, pensant sans doute à leurs compagnons disparus, l'un noyé, l'autre écrasé entre deux troncs. Ce sont parfois leurs descendants qui mangent ici. J'aurai bien aimé cette ambiance de gens unis dans la communion du repas en commun, cette salle de restaurant bondée, les plats abondamment garnis. Et, à la fin du repas, cette question de la patronne, un brin anachronique, mais traduisant à elle seule l'héritage du passé :

- Vous êtes bien remplis ?

Avec l'accent en prime.

Le Canada possède des lacs en quantité et une grosse partie de son énergie est d'origine hydroélectrique. Le Québécois bénéficie d'une énergie électrique bon marché et entend en profiter. Il consomme sans retenue, je dirai même sans respect. C'est ainsi qu'il la gaspillera sans compter. Souvent, très souvent, trop souvent à mon gout, les lumières, télévisions et autres appareils restent allumées en permanence, en plein jour, même en l'absence des occupants... Voir en rase campagne, en plein été, des ampoules électriques en service au-dessus des portes de taudis, ça, je ne le supporte pas. Pour le Québécois de base, une ampoule qui n'est pas allumée, ce n'est pas normal. Alors, le réflexe, c'est de presser le *switch*. Dans le même temps, la télévision que personne ne regarde parlera d'économie d'énergie, de réchauffement planétaire... Chaque automne voit l'arrivée de nouveaux modèles et types d'éclairage. Les étagères des supermarchés croulent sous les cartons. Pratiquement tout l'hiver,

---

[117] "Regardent un film à la TV" texte francisé dans le sabir local.
[118] Superbe vidéo visible sur le site des magnifiques chutes Coulonge. A voir absolument.

des centaines de milliers de kilomètres de guirlandes multicolores sont déployées autour des maisons, dans les arbres. Des cervidés en fil de fer, des pères Noël bouffis, des sapins croulants de boules, des attelages de rennes, jusqu'aux poteaux électriques... Tout ça clignote, flashe, scintille, en met plein la vue ! Cet étalage a pour moi quelque chose d'arrogant et témoigne d'une indifférence fortement teintée de mépris à l'égard de beaucoup de gens ne disposant même pas de l'électricité. Une forme d'acceptation globale, un besoin de combattre artificiellement cette nuit précoce, de donner de la joie à l'hiver, une griserie électrique collective. Et l'amateur de sirop d'érable de bomber le torse :
- C'est notre culture...
- Ah bon ? Si j'ai bien compris, avant l'invention de l'électricité, tu n'avais aucune culture ?
Et vlan ! Un nouveau copain !
Faut-il voir dans ce gaspillage l'origine d'une de ces expressions québécoises selon laquelle ne pas être une cent watts signifie ne pas avoir une intelligence remarquable ?
Et puis l'hiver me gonfle prodigieusement. Je constate que les Canadiens qui en ont les moyens, le fuient. Dès novembre, ils entament une migration vers le sud, abandonnant les moins fortunés d'entre eux ou ceux otages de leur emploi, aux congères. Ces chutes de neige à répétition suivies d'autant de séances de déneigement me sont de plus en plus pénibles. La célèbre blague du touriste hivernal venu au Canada passant du ravissement au dégout ne me fait plus rire. Le touriste, c'est moi. En France, quand on veut voir la neige, on se déplace, on monte à la montagne, on va skier. Quand on en a marre, on redescend. Ici, elle commence à te tomber sur la gueule en décembre et ne s'en va qu'en avril. Pendant tout ce temps, il faut la pousser en sachant que le stock sera renouvelé à plusieurs reprises. Ce travail répétitif sera accompli par des températures souvent polaires, amplifiées par une bise mordante, congelant ma barbe et rosissant mes joues, par ailleurs totalement invisible sur les photos. La nuance est loin d'être subtile ! Ah, le vivifiant du vent du nord, projetant sur le visage une mitraille de neige fraiche… Et pendant que je pousse, que je souffle la neige, cette question sans cesse plus lancinante : "mais que suis-je venu foutre dans cette galère ?". Si j'avais su, je serais venu en touriste, aurais acheté une carte postale, fait quelques photos et salut, les Esquimaux !
On sait que le printemps arrivera bientôt. Il nous tarde de revoir l'herbe verte. Il nous faudra attendre que le paillasson jauni vire à la couleur chlorophylle. La renaissance, le renouveau que ça s'appelle. Tu parles ! L'été passera rapidement et nous devrons nous dépêcher à préparer le prochain hiver…

Les espoirs et imprévus.

La crise financière mondiale…
Nous avions établi notre prévisionnel en partie sur une clientèle Européenne et Américaine. Nous proposions deux chalets hauts de gamme à louer à une potentielle clientèle de cinq-cents millions d'habitants. Cela ne nous semblait pas la mer à boire ! Les chalets furent opérationnels pour la saison estivale 2008. Ce fut cette année-là que débuta la crise financière mondiale et que dans le même temps le

prix de l'essence à la pompe connut des sommets jamais atteints. La clientèle Européenne ne bougeait plus ou allait sur des destinations bon marché telles que le Maroc, l'Egypte. La clientèle locale ne nous connaissait pas encore et de toute façon, réduisait également ses sorties. Les Américains étaient de leur côté confrontés à un taux de change défavorable par rapport au dollar canadien. Nos premiers clients furent des latinos de Toronto, venus l'espace d'une fin de semaine.

Comble de l'ironie, le lien de notre site Internet menant sur notre adresse courriel pointait vers une vieille adresse mèl abandonnée. Il nous fallut un an pour nous en rendre compte, et nous ne saurons jamais combien de clients cette erreur nous aura fait perdre.

Les surprises. Le parler français.

Selon la région du Québec où l'on se trouvera, le parler français sera différent, plus ou moins marqué. Au Pontiac, nous sommes tombés dans le comté le plus anglophone de toute la province (la bonne idée...). Il est vrai que nous avons acheté la maison sans échanger un seul mot avec nos voisins. La raison est on ne peut plus simple : nous étions en hiver et aucun n'était présent... Nous ne nous étions pas non plus trop renseignés sur la question : dans nos esprits de Français de France, nous étions au Québec, et au Québec, on est chez nos cousins qui parlent en français. C'est bien connu...

Montréal connait une importante diaspora Haïtienne. Il y a plus de cinémas en langue arabe à Montréal qu'en français. La ville de Québec, la région du lac Saint-Jean, sont majoritairement francophones et le revendiquent haut et fort.

A juste titre, merde !

Je suis allé une paire de fois assister aux festivités de la Saint-Jean, fête nationale du Québec. C'est émouvant de voir ces drapeaux à fleurs de lys, d'entendre ces discours parfois enflammés vantant la langue française, écorchant au passage l'Anglais, sa langue, ses coutumes. Les gens s'habillent à l'ancienne, redingotes, plastrons, bas et perruques. L'un d'eux avait fière allure et, menton et verbe hauts soulevait des applaudissements nourris par son vibrant discours. Je l'aurai acclamé. Quelques instants plus tard, je passe près d'une guérite aux couleurs du Québec et surprends mon gars drapé dans le drapeau québécois, en train de siroter peinard, un Coca-Cola !

Je n'ai plus jamais remis les pieds à la fête du Québec.

Que devient le Pontiac ?

À une heure de la capitale du second plus grand pays du monde, le comté du Pontiac est un mouroir à ciel ouvert. Comme déjà expliqué, les projets mirages s'y succèdent, mais en-dehors des fermetures des désormais rares entreprises, on ne voit rien de concret sur le terrain.

La récente création du parc industriel de Portage-du-Fort avait fait naitre quelques espoirs. La région pensait retrouver son dynamisme passé. Las ! Quelques mois plus tard, on arrache pour cause de non-rentabilité et non-respect des engagements de développement, les rails de la voie ferrée reliant le parc industriel à

Ottawa. Le blocage des dites voies, pas plus qu'un recours juridique n'y feront rien et le parc se retrouve sans accès à la capitale par chemin de fer. Autrement dit, non seulement de nouvelles entreprises ne viendront jamais s'installer dans ces conditions, mais une société comme Trébio, capable de fabriquer cent-cinquante-mille tonnes par an de granules de bois est condamnée à disparaitre et avec elle les cent-cinquante emplois. En effet, elle sera obligée de transporter sa production par la route, ce qui est beaucoup plus onéreux et porte un coup mortel à sa compétitivité.

Ainsi va le Pontiac.

QUELQUES ANECDOTES DE L'UNION SOVIÉTIQUE CANADIENNE...

Le grand tort du Français de France est de se croire investi d'une mission universelle, pratiquement à caractère divin. Il est d'ailleurs réputé pour ça sur toute la planète. Croyant arriver au Québec en terre linguistique conquise, il se gaussera parfois de l'accent de ses soi-disant cousins. C'est oublier un peu vite que Louis XIV & Cie parlaient avec quasiment le même accent que les Québécois contemporains !

"*Le roué, c'est moué*" affirmait le roi soleil ! Les immigrants n'ont pas laissé leurs différentes intonations en France, ne les ont pas oubliées en quittant le sol natal. Originaires pour la plupart de l'Ouest de la France, leurs patronymes fleurent encore bon le Poitou, la Bretagne ou la Normandie. Sur l'annuaire téléphonique québécois, les Tremblay, Gagnon, Girouard, Roy, Bouchard, Gauthier, Morin ou Fortin remplissent plusieurs colonnes ! Ils se sont livrés dès leur arrivée à un copier/coller de leurs parler et savoir-faire. Ce ne fut pas une entreprise facile, avec les hivers rigoureux, les insectes pendant la saison chaude, l'Anglais impitoyable, le sol à défricher. Vous qui chialez désormais pour un ongle cassé, on a connu ici des attelages de femmes occupées à labourer[119] !

Les langues sont belles, ce qui ne signifie nullement qu'elles soient figées. Elles évoluent, et lorsque séparées par un océan, elles changent chacune de leur côté. Alors, si le Québécois a conservé des mots, des tournures de phrases qui ne sont plus utilisées en France, il ne faut pas en conclure pour autant et hâtivement qu'ils parlent mal le français ! En fait, ce serait plutôt le Français de France qui a oublié ces mots tombés chez lui en désuétude ! Essayer de placer en France dans une conversation, le verbe *garrocher*, signifiant jeter sans précaution et regardez l'impact de son utilisation sur votre interlocuteur ! De la même façon, l'influence anglaise ne signifie pas que chaque vocable faisant penser à de l'anglais trouve son étymologie dans cette langue ! Le verbe canceller, signifiant annuler est typiquement français[120], tout comme labour et bien d'autres. C'est perdre de vue que l'anglais nous a emprunté bien des mots. C'est oublier aussi que la langue française peut s'enrichir de plein de mots d'origines diverses sans que cela soulève de contestation, sauf - vieux réflexe - si ce mot est anglais... Ah, les Anglais, nos plus intimes ennemis...

---

[119] Authentique !
[120] An 1293, chanceler "annuler un acte à traits de plume parallèles ou croisés" (Hug. de Bourg.).

Là encore le Pontiac où nous nous sommes installés, se distingue. La région possède un des taux d'analphabétisme le plus élevé du Québec. C'est donc en toute logique que les résultats des examens y sont les plus minables de toute la province. Il faut entendre parler les gens ! Un méchant sabir de franglais totalement imbuvable...

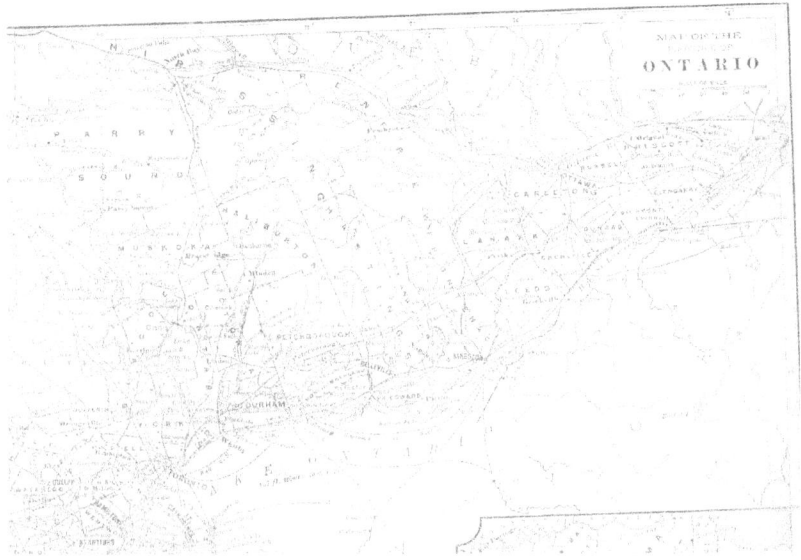

Le Pontissois pur sucre "*move* son char, en change le *winshield,* le *wiper* et les *tires,* y accroche son *trailor,* pousse avec le *bumper,* fait le plein de *gaz, plug* son TV pour *watcher* un *movie,* coupe son bois avec sa *chainsaw,* bricole avec sa *drill,* constate que son *fuse* a *blowé,* boit avec son *chum* une bière en *can* sur son *deck* tout *twisté* à cause du soleil. Son *cabin* est construit en *logs,* il y range son *boat* dans le *shade.*". Je conseillerai aux débutants de se munir d'un décodeur... Allez citer du Proust ou du Beaudelaire à ce genre de clients s'exprimant par ailleurs aussi mal en anglais qu'en français... Ce charabia pour le moins ridicule ne dissimule-t-il pas une inculture crasse ? Habitant à la frontière espagnole, je n'ai jamais entendu dire un local qu'il allait *beber* une *cerveza* dans son *coche* ! S'il peut apparaitre curieux, voire amusant au début, ce méchant baragouin devient vite pénible ! Je me suis quant à moi lassé très rapidement de ce galimatias sans queue ni tête. Le pire est que lorsqu'on parle à ces gens dans un français correct sans être pour autant littéraire, ils ne comprennent pas, ou alors répondent par de vagues "oui, oui..." sans conviction. Il faut savoir que le Pontiac était autrefois une partie de l'Ontario anglophone. D'ailleurs, une majorité de Pontissois seraient favorables à un rattachement à leur ex-province. La carte ci-jointe démontre qu'il est encore en Ontario, même si dans la pratique... Ne nous plaignons donc pas trop : après plusieurs siècles de colonisation, d'oppression anglaise, malgré les perfidies passées ou actuelles, le français est encore parlé dans la région. L'anecdote de l'évêque de Pembroke se demandant publiquement "si les francophones étaient des êtres humains" m'a été répétée plusieurs fois[121]. Tu aimeras ton prochain comme toi-même, n'est-ce pas ? Pauvre con de cureton obscurantiste !

Le français est la seule langue officielle du Québec. Pourtant, les réunions du conseil municipal local se font ici en anglais, ce qui mériterait largement un recours. Le maire lui-même parle un français plus qu'approximatif. Comme pour la plupart des emplois il est demandé d'être bilingue, les anglophones unilingues ne trouvent pas de travail et doivent quitter la région.

Tout près d'ici, le village de Shawville est l'adaptation anglaise du Babaorum d'Astérix. Lorsque nous sommes arrivés en 2003, l'immense majorité des habitants du patelin ne parlaient pas français ou faisaient semblant de ne pas le comprendre. Je me souviens de cette vendeuse d'un magasin de la place qui parlait un français impeccable en 2003, mais l'avait oublié l'année suivante... Je n'étais pas encore "*détropicalisé*" et cette attitude avait déclenché chez moi une ire foutrale[122]. Arrivé à la caisse avec deux caddies pleins à ras la gueule de matériel électroménager, je me heurte d'emblée à la blondasse amnésique. Pas de chance pour elle, je l'avais reconnue. Les caisses voisines étaient aussi anglophones... C'est là que j'ai été soudainement en proie à un caca nerveux et me suis mis à brailler :

- Il faut sucer qui dans ce magasin pour trouver quelqu'un qui parle français ? On est au Québec ici ou dans une annexe des chiottes du palais de Buckingham ?

A ces doux mots l'ombre de mon cousin[123] Bonaparte passe en silence entre les rayons. L'Anglais est estomaqué, louche sur les caddies qui débordent. Je commence à replacer leur contenu dans les rayons. Les clients comptent les taches sur la céramique. L'intendance s'agite en coulisse et une greluche arrive à fond la caisse, souriante.

- Je peux vous aider ?

- Oui. C'est quoi ce bordel ? Ta copine là, il y a un an, elle parlait un français impeccable. Aujourd'hui, elle veut me faire croire le contraire ! Ca va être du rapide, je benne tout en vrac dans les rayons et je me casse ! Vous commencez à m'emmerder, les *rosbifs* ! Si vous voulez mes dollars, il faudra accepter ma gueule, sinon je vais les dépenser à Gatineau. Là-bas, ils causent français, sont souriants... Tiens, pour vous apprendre le français, je me tire. Ce que je voulais acheter, essayez de le fourguer à la reine d'Angleterre... Vous êtes trop cons. Je ne remettrai plus les pieds ici.

Et nous quittons le magasin qui nous aura vu ce jour-là pour la dernière fois. Ce n'est pas que je sois rancunier, mais j'utilise ma mémoire... Nous fonçons jusqu'à Gatineau pour y effectuer nos achats dans notre langue. Cet incident m'aura marqué et je décide d'entrer en résistance. Comme le dollar est leur dieu, c'est sur ce terrain qu'il faut frapper. De retour à la maison, je collerai le texte suivant sur nos cartes de guichet et de crédit :

---

[121] Authentique.
[122] On se calme ! Foutrale est un terme de vieux français qui correspond à l'actuel "super". Donc ire foutrale = grosse colère.
[123] Ben oui, j'ai cinquante pour cent de sang Corse. Si si...

"*Only in french if upset*[124]".

Ce qui pour ma plus grande satisfaction, déclenchera les sourires radieux que l'on imagine. Eh bien, en peu de temps, l'apprentissage du français s'est fortement développé à Shawville[125] ! Il y a de cela quelques années, ce patelin était réputé en tant que fief d'orangistes. Ces braves gens pétris d'amour de leur prochain peignaient les sabots de leurs chevaux en orange, symbole du sang des catholiques massacrés dans lequel ils avaient pataugé à loisir. Je ne peux résister à citer ci-dessous un extrait d'article d'*Impératif Français* visible sur Internet et datant de 2007!

LOGE ORANGISTE DE SHAWVILLE
- Un moment de haine et de violence

Par une affiche aperçue sur la porte de la bibliothèque municipale de Shawville, j'ai su qu'il y a eu samedi 14 juillet dernier une cérémonie commémorative de la victoire des protestants de Guillaume d'Orange sur le roi catholique Jacques II, lors de la bataille de la Boyne, le 1er juillet 1690 (une date charnière dans la chaotique histoire de l'Irlande). Cette cérémonie a été organisée par la Loge orangiste de Shawville et a eu lieu au Centre récréatif de Shawville (Foire agricole du Pontiac).

De nos jours, on eut pensé que les orangistes du Pontiac avaient fait leur temps et qu'ils avaient presque tous disparus en raison de leur âge. Pas du tout, car il semblerait qu'ils aient réussi à se renouveler en recrutant de jeunes adhérents. Dans le Pontiac, il n'y avait pas eu de telle manifestation publique depuis fort longtemps, car pendant des années, les orangistes de Shawville se sont contentés de commémorer cette affreuse bataille dans l'ombre ou de se déplacer discrètement dans le comté de Renfrew, en Ontario, pour souligner l'infâme anniversaire. Ceux qui s'y connaissent en histoire, savent que cette bataille a engendré l'un des pires génocides culturels en Europe. L'Histoire nous apprend que cette bataille avait alors réduit les Irlandais catholiques à une classe sociale d'esclaves. Ils ont dû attendre la Grande Famine pour finalement se rebeller contre le régime d'apartheid de leurs riches seigneurs protestants. Malheureusement, ce vieux conflit a fini par devenir une guerre civile et diviser l'Irlande en deux, la République au sud et le Nord aux unionistes et loyalistes.

Aujourd'hui, la cérémonie de Shawville jette le discrédit sur les Pontissois, l'Outaouais et l'ensemble du Canada. Ces orangistes commémorent dans la joie un moment de pure haine et de violence que nous souhaitons tous pardonner et oublier... Pourquoi s'acharnent-ils encore aujourd'hui à nous rappeler cette lointaine bataille et ce malheureux génocide qui n'ont rien à voir avec l'histoire du Canada ou du Québec? Les loyalistes des Maritimes commémorent-ils fièrement aujourd'hui la Déportation des Acadiens ? Pourquoi certains protestants de notre région se pètent-ils encore les bretelles d'avoir gagné une bataille sanglante à laquelle ils n'ont jamais eux-mêmes participé ?

---

[124] *Seulement en français si contrarié*. Considérant qu'il s'agissait là d'un pur acte de résistance, j'avais vraiment collé ces textes sur toutes nos cartes.
[125] Authentique.

Savent-ils que ce conflit a été causé par un roi égoïste et assoiffé de pouvoir sous prétexte de convictions religieuses ? Croient-ils sérieusement que certains de leurs voisins se sentiront intimidés par leurs vestes oranges, leurs tambours et leur fanfare? Savent-ils que les véritables motifs de cette bataille sont aujourd'hui trop bien connus ? Savent-ils que Guillaume d'Orange poursuivait des ambitions comparables à celles de César et Hitler... Pourquoi perpétuer une telle haine ? À mon avis, la raison est fort simple, parmi les premiers colons protestants arrivés dans le canton de Clarendon (à Shawville), il y avait des soldats issus de régiments composés exclusivement d'orangistes ayant servi lors de la bataille de Waterloo, contre Napoléon. Il semblerait très important pour les nostalgiques orangistes de Shawville de rappeler leurs antécédents et leur patrimoine surtout en ce qui concerne leur lutte contre les catholiques et les Français... C'est on ne peut plus simple ! Il ne faut donc pas craindre de dire haut et fort que leur pseudo fête commémorative a un caractère tout à fait chauvin et arrogant. Cela me fait sérieusement penser aux rallyes du Ku Klux Klan aux États-Unis.

Comme c'est beau de se sentir aimé ! Et vous voudriez que j'aille claquer mon fric chez vous ? Vraiment pathétiques, ces reliques d'hostilité belliqueuses et traduisant on ne peut mieux une certaine faiblesse due au constat inavoué d'être dépassé, une espèce en voie de disparition. Cette bande de nazes impuissants savent-ils que la langue anglaise est en passe de devenir minoritaire chez leur voisin et idole yankee au profit de l'espagnol ? Pour s'en rendre compte, il faudrait qu'ils s'oxygènent et les yeux et le cerveau, sortent un peu de leur trou. Il n'y a pas que Shawville et Ottawa sur la planète ! Arrêtez de tourner en rond dans vos cuisines pleines de certitudes ! Leur date limite de vente est largement dépassée...

Qu'importe ! Il reste encore quelques attardés dans le quartier ! L'un d'eux élève des truites. Désireux d'ensemencer notre étang, je tente de le contacter, tombe sur le répondeur et laisse un message en français. Ne recevant aucune réponse de sa part, je rappelle et tombe sur un type hyper agressif.

- *You don't speak english ?*

Vu le ton hargneux de sa question, je lui réponds calmement qu'il risque d'y avoir un problème. Il m'est alors répondu :

- *Yes, its a problem* !

Tout aussi teigneux, et il me raccroche au nez. Un de ses coreligionnaires de Shawville me confiera que ce gars est vraiment *tough*[126], ce qui, venant d'un compatriote, en dit long sur le bonhomme. Allez donc développer tourisme ou autre avec de telles taches... Je m'attarderai sur le stand de sa femme au marché de Shawville, regardant longuement ses truites luisant sous le blister. Elle me sourira et je me fendrai d'un :

- *You are Mrs X ?*

- *Yes...- I'm a French living at Lawless lake. I called you up two times to get trouts for my lake. Your husband wasn't really pleasant. Then, could you tell him to keep his trouts. I just keep my dollars to buy at another place. Bye bye* [127]*!*

---

[126] Dur.
[127] Je suis un Français vivant au lac Lawless. Je vous ai appelés deux fois pour acheter des truites. Votre mari ne s'est pas montré très agréable. Alors pouvez-vous lui dire de garder ses truites ? Je garde mes dollars pour acheter ailleurs. Adieu.

Le sourire disparut en moins de deux et je tournais les talons, abandonnant la souris à ses "morues" francophobes. Mes truites, je les ai achetées à un couple de vieux Québécois, exploitant une pisciculture à Messines. C'est plus loin, ça coute un peu plus cher en essence, mais au moins on est sûrs de ne pas se faire mordre... Si tout le monde faisait comme moi, la langue française ferait un bond spectaculaire dans la région. Il m'est arrivé de quitter des restaurants sous prétexte que leur menu comptait de nombreuses fautes d'orthographe. Jamais au Pontiac, car il n'y a pas de vrais restaurants. Par contre, les fautes d'orthographe ou de français fleurissent partout ...

Il suffit de se promener dans les vieux quartiers de Québec ou Montréal pour se croire à Rouen, Reims ou n'importe quelle ancienne ville de France.

La députée locale.

Yvette Berger est députée du Pontiac, même si elle passe le plus clair de son temps à Québec, soit à plus de cinq cents kilomètres d'ici. C'est tout fiers de notre projet que nous lui rendons visite à sa permanence. Il nous semble en effet de la plus élémentaire correction de l'informer de nos intentions en tant que futurs acteurs du développement touristique de la région. Surnommée "la vache folle" par ses opposants et aussi une partie de ses électeurs, elle est mal fagotée, vêtue de couleur sombre et fait bien plus antique paysanne Auvergnate fin XVIII° que députée à l'heure d'Internet. Je me marre en pensant qu'elle aurait pu tourner dans "Le nom de la rose[128]", sans maquillage. Moi qui tutoyais une paire de ministres, je tombe de haut... Qu'à cela ne tienne ! J'embarque pour un retour dans le passé et lui expose notre projet.

- Nous allons construire deux chalets haut de gamme au bord du lac Lawless...

Elle hurle :

- Des chalets ! Au bord de l'eau ! Encore !

J'ai du mal à comprendre, mais je poursuis.

- J'ai élagué ma plantation, broyé les branches, ouvert une petite piste pour pouvoir passer en quad...

L'épouvantail continue à brailler de plus belle.

- Des chemins pour des quads ! Encore !

Je suis abasourdi par cette attitude, commence à me demander ce que je suis venu faire ici, mais j'insiste.

- Nous avons un petit élevage familial de volailles. Nous avons curé une mare. Nos oies et nos canards vont s'y baigner...

J'ai l'impression de déranger. "Boudin stupide" pète une durite et hurle.

- Des oies, des canards ! Il ne manquait plus que ça ! Pas des canards ! Ca pollue... Si vous saviez tous les problèmes que nous avons ici avec les questions d'environnement...

---

[128] Un thriller moyenâgeux respectant le mieux possible l'époque, réalisé en 1986 par Jean-Jacques Annaud, d'après l'œuvre de Umberto Eco. En l'an 1327, dans une abbaye bénédictine, des moines disparaissent. Un franciscain, aidé d'un jeune novice mène l'enquête. C'est l'époque ou l'Eglise, en pleine crise, se voit disputer son pouvoir spirituel et temporel. C'est aussi l'apogée de l'inquisition.

- Mais des oies et des canards, il y en a des millions au Canada... Rassurez-vous. Je suis un professionnel de l'environnement...
Elle est au bord de l'hystérie et continue à beugler.
- Et vous venez ici faire des canards !
Je me dis que non seulement elle est moche, mais qu'en plus elle est conne comme une huître. En outre, avec cette superbe, cette arrogance et cet air dédaigneux affichés sous la balourdise collante, j'ai l'impression d'être pris pour un bougnoule. Elle n'a même pas un langage correct, et je ne parle pas d'éducation. Son élocution agressive témoigne d'emblée d'une vulgarité crasse. J'ai connu des gardiennes de prison ou des mémés pipi[129] nettement plus avenantes et autrement plus éduquées que cette future députée ! Je n'insisterai pas et nous laisserons cette négligée à ses complications environnementales. Je me dis qu'après ce que la nature lui a fait, le zèle qu'elle semble afficher quant à sa protection tend à démontrer qu'elle n'est pas rancunière.. Quelques temps plus tard, nos amis Jacques et Nathalie nous confieront avoir rencontré le même accueil "chaleureux" relativement à leur projet d'élevage de cerfs rouges. Le verdict de la vache folle est on ne peut plus simple et définitif :
- On n'élève pas de cerfs rouges dans le Pontiac !
Une usine fermera ses portes, faisant du Pontiac une région économiquement sinistrée. Commentaire du remède contre l'amour :
- Ils n'auront qu'à planter des choux.
Pas un mot de soutien ni de propos réconfortants, pas d'encouragement, aucune compassion. Rien. Le jour où une voiture vide s'arrêtera quelque part, Yvette Berger pourra en descendre...
J'aurais dû réfléchir et me dire que les électeurs sont à l'image de ceux qu'ils portent au pouvoir. Pourtant, plusieurs années plus tard, j'aurais l'occasion de l'interviewer relativement à sa cessation de son activité politique. Ce ne sera plus du tout la même personne en face de moi. Affable, jetant un regard objectif sur sa carrière, reconnaissant ses erreurs. Je suis ressorti de cet entretien avec une idée complètement différente sur l'ancienne députée. Je m'en veux et regrette ma première impression. Peut-être une mauvaise nouvelle, un souci particulier avait-il pesé sur notre premier entretien ? Ou alors, le poids de la charge de sa mission ?
Là aussi, j'aurais dû me méfier. De moi-même...

Les écueils.

La fin du Vieux Broussard.
Au cours de la période de six mois pendant laquelle nous lui avions confié le magasin, Jean-Pierre s'était fort bien débrouillé. Les chiffres d'affaire mensuels étaient excellents. Ces bons résultats nous confortaient dans la confiance que nous lui accordions relativement à ses aptitudes de gestionnaire. Pour lui, vivement désireux d'acquérir notre société, c'était l'occasion de démontrer de ses capacités. Tout baignait dans l'huile, du moins en apparence... Jean-Pierre est tout mon

---

[129] Je n'ai rien, mais absolument rien contre ces personnes exerçant leurs difficiles professions avec beaucoup de mérite.

contraire : presque effacé, peu tenace, incapable de bluffer, préfère régler les problèmes par la diplomatie. Il est vrai qu'avec ses cinquante kilos, l'argumentaire musclé est relégué à la colonne rêverie...

En ville, il avait été surnommé "Deux de tension". C'est dire s'il respirait l'énergie ! Je me souviens de ce jour où j'avais braqué dans le magasin un voleur à l'aide d'un fusil à pompe, l'avais menotté à la première marche de l'escalier menant à l'étage avant de l'anesthésier proprement à coups de tonfa[130]. Oui, il y avait de l'hémoglobine... Les gendarmes avaient dû le transporter au garage de la caserne et le laver à l'eau sous pression. Jean-Pierre s'était fait discret, rasait les murs, tel un scalaire dans son aquarium.

- Je ne suis pas payé pour effectuer ce genre de travail.

Ce fut sa réponse - par ailleurs justifiée - et qui me rassura définitivement sur son potentiel de nuisance. En cas de coup plus dur, je ne pouvais pas compter sur ce tendron timoré.

Je suis bien conscient de son manque de tonus, d'esprit combattif. C'est bien cela qui m'inquiète le plus chez Jean-Pierre, mais je me dis que l'intérêt nouveau qui ne manquera pas de se manifester par le fait qu'il sera désormais à son compte viendra compenser cette apathie. Après tout, il a plus de trente balais et je ne vais pas continuer à le materner. Je me souviens de ses chagrins d'amour. L'abandon d'une quelconque pétasse le laissait prostré. Il passait des journées entières planqué derrière l'aquarium du magasin, mine défaite, à jouer sur son téléphone portable. Jusqu'à ce que je pousse une bonne gueulante, le bouscule un petit peu, juste pour le remettre sur les rails.

Jusqu'au prochain chagrin d'Amour avec un grand Q...

A Saint-Laurent du Maroni, ville fantôme du bout du monde, là où les gonzesses traquent plus le chéquier que le sentiment vrai, il ne faut surtout pas s'amouracher du premier piranha femelle venu. Les Brésiliennes au joli petit cul sont des spécialistes du genre et les exemples de chasses fructueuses ne manquent pas. Combien de vies de couples définitivement cassées, de familles brisées, d'enfants déstabilisés, de rêves anéantis ?

"*Pour une amourette qui passait par-là, j'ai perdu la tête*" chantait Lenny Escudero...

Combien qui sont tombés dans leurs griffes ont été largués comme de vieilles chaussettes aussitôt le pognon englouti ? Le principe est connu, pourtant la mine de proies est loin d'être épuisée.

"*Au suivant !*" chantait le grand Brel...

Je revois encore ces gamines de douze ou treize ans, salopes en herbe, assises sur un banc de la rue Victor Hugo, pattes largement écartées, occupées à se masturber intensément en duo ou trio, intentionnellement à la vue de tout le monde et s'activant dès que se sachant observées[131]. Franchement dégoutant !

À croire que la chaleur permanente joue sur le système hormonal ? J'avais été surpris au constat qu'en Guyane, lorsqu'on demande à un enfant de faire un

---

[130] Nightstick aux États-Unis. Bâton de combat. Sorte de matraque permettant un travail en percussion et/ou en rotation.
[131] Authentique !

dessin, c'est souvent qu'il trace une femme enceinte, s'efforçant de rendre le bébé bien visible ! Vertus cachées de l'industrie des allocations familiales...

J'ai beaucoup de peine à m'imaginer ce qu'aurait pu être ma vie de célibataire dans ce bled en rut permanent. Déjà, le taux de SIDA et de MST y est impressionnant, donc le "papillonnage" particulièrement risqué. Dans cette société de consuméristes effrénés, les femmes y sont autant faciles qu'intéressées. Pire de tous les maux, la pédophilie y est fortement répandue et les jeunes victimes sont parait-il, vendues par leurs propres parents ! La fidélité reste une notion perfectible et plus de quatre-vingt pour cent des naissances ont lieu hors-mariage. A Saint-Laurent du Maroni, en matière de filles, il faut être sélectif ou alors pour les couples, carrément blindé. Le pauvre Jean-Pierre, aveuglé qu'il était par le besoin moral de se trouver une âme sœur et de fonder une famille, lassé par des échecs successifs et démoralisants, a baissé la garde. Un enfant naitra de cette union.

Nous lui avions cédé le magasin via un prêt personnel privé étalé sur dix ans. Il était conclu que ses parents devaient se constituer cautions solidaires, qu'il devait prendre une assurance-vie, une autre couvrant les risques. Aucun de ces engagements ne fut respecté, malgré plusieurs rappels de notre part. Nous étions loin, étions très occupés, et lui faisions encore confiance... Pendant une paire d'années, tout se passa comme prévu au niveau des paiements, ce qui contribua à nous rassurer : mensualités intégrales et à l'heure. Il faut dire que le stock de marchandises que nous lui avions laissé était impressionnant. Cette sécurité nous permit d'entreprendre sereinement notre reconversion au Québec, permit aux banques de nous faire confiance.

Ce beau ciel bleu n'allait pas durer et les premiers nuages ne tardèrent pas à se pointer à l'horizon. Des amis de Guyane nous tenaient des propos inquiétants :

"Ton gars est peu commerçant. Il ne parle pas aux clients... Il est souvent fermé, ouvre à n'importe quelle heure... Il est en congés en Europe... Il a refusé de me commander un fusil..."

Tous ces commentaires négatifs allaient dans le même sens. Face à cette belle unanimité, nous commencions à nous piquer à l'angoisse. Trop tard : les chalets étaient construits, tout comme l'extension de la maison... J'appelais de plus en plus souvent le magasin et Jean-Pierre me tenait des propos rassurants, me conseillait de ne pas écouter les racontars. Je le conseillais, allais même jusqu'à intervenir auprès de fournisseurs, tentant de lui arranger un coup, lui obtenir quelque facilité. Jean-Pierre me donnait l'impression de ne pas se douter qu'il allait se planter. Je me doutais bien que quelque part, il me mentait. Soudain, j'eus le pressentiment qu'il se droguait. J'avais connu la famille d'un de ces toxicos qui m'avait expliqué de quelles prouesses en termes de mensonges était capable leur rejeton. Je me souviens alors des mains tremblantes de Jean-Pierre travaillant sur l'établi. On ne tremble pas de cette façon sans raison ! Nous apprenons de sa bouche qu'il allait se marier. Jean-Pierre allait épouser une locale, Bushinengué. De prime abord, je fus heureux de le voir enfin casé, le fait d'être deux ajoutant un plus en termes de gestion, de cohésion. Et puis, ça en serait terminé des chagrins chroniques... La cerise sur le gâteau se présenta sous la forme de la photo du faire-part de mariage. Elle était d'une naïveté crasse, tout comme le texte l'accompagnant.

"Il est foutu".

Voici quel fut mon commentaire quelque peu lapidaire à la vue de cet avis de mariage et de cette expression du parfait pigeon. Je l'avais pourtant prévenu sur ce sujet et il avait lui aussi des exemples qui auraient du le "vacciner". Non pas que j'éprouve quelque réserve que ce soit à l'encontre des Bushinengués, je compte de très bons amis parmi cette communauté et n'ai aucun a priori à l'encontre de personne. Mais parce que la photo envoyée témoignait de façon éclatante d'une naïveté insondable. Déjà, c'est Jean-Pierre lui-même qui se cherchait des excuses : elle fait des études de restauration, elle est sympa, etc.

L'amour est aveugle...

Je me rassurais à moitié en me disant que le fait d'être marié à une Bushinenguée attirerait au magasin les membres de son ethnie. Il n'en fut rien, ou l'impact fut faible. Et ce qui devait arriver arriva. Confondant vraisemblablement bénéfices et chiffre d'affaire, ce dernier commença à décliner. Je ne pense pas que son mariage ait été d'une quelconque influence sur la décrépitude du commerce. Les premières difficultés de trésorerie apparurent en même temps que des retards de paiement de nos mensualités. Les nouvelles n'étaient pas bonnes car un cercle vicieux était amorcé : plus Jean-Pierre s'enfonçait dans la crise et plus il était désagréable avec clients et fournisseurs. Je communiquais régulièrement avec ceux-ci qui ne m'apprenaient que de mauvaises nouvelles. C'est lors d'une conversation avec l'un de nos anciens fournisseurs que celui-ci me demanda :

- Le Vieux Broussard ? Ca existe toujours, ça ?

Dans le genre propos rassurants... Il fallait tout faire pour que ce commerce ne tombe pas. Nous avons dû nous résigner à réduire le montant des mensualités de plus de la moitié, les passant à mille huit-cents euros. Cela dura quelques mois, puis de nouveaux retards se manifestèrent. Vint ensuite le temps des paiements partiels, et enfin plus de virement du tout. Et comme on n'était pas passé devant notaire… De toute façon on ne peut pas sortir de jus d'une pierre. C'est ainsi que nous nous sommes retrouvés avec mille quatre cents dollars de retraite de revenus et plus de quatre mille de crédits divers mensuels. Pour s'en sortir, il fallait que les chalets tournent... Et ils ne tournaient pas vraiment...

La réalité touristique.

Si l'Amérique du Nord est liée à la notion de grands espaces, elle l'est aussi à celle de masse. Tout est grand et fait pour les grands. C'est le royaume de l'*american size*. Avec nos deux chalets bord de lac, plantés sur deux mille quatre cents M^2 de terrain, nous étions légers. Quelques petites structures existent, mais souvent un membre du couple exploitant doit travailler à l'extérieur, parfois les deux, le commerce ne pouvant assurer à lui seul la survie financière de la famille. Faute de véritable esprit de communication, la notion de petit nid chaleureux, Confortable, convivial, etc. n'est pas trop de mise dans le quartier. Le client arrive, paye et se casse sans trop causer, lassé qu'il est des phrases stéréotypées et convenues qu'il croit universelles. L'uniformisation, le nivèlement ont fait leur travail. L'Amérique du Nord semble avoir réussi là ou le communisme a échoué ! Sauf quelques exceptions, il ne dégainera pas une bière fraiche pour vous, pas plus qu'il sera sensible à ce qu'on lui en offre une. Nous parviendrons pourtant à dégriser quelques timides, au risque de passer pour des excentriques. Des Français, quoi...

Nous eûmes bien quelques clients qui se montrèrent tous satisfaits du niveau de confort des chalets et en attestèrent sur notre livre d'or, mais les taux d'occupation étaient très loin des prévisions. En hôtellerie les comptes sont équilibrés à partir d'un taux d'occupation de 63%. Nous arrivions péniblement à 10%. Il fallait se rendre à l'évidence : depuis les services de l'immigration jusqu'aux organismes dits de développement, on nous avait vendu des bobards ou au minimum, ne nous avions dissuadés en rien, nous laissant avec nos illusions, quitte à ce qu'on se plante. Le Pontiac est tout, sauf une région touristique ! Nous sommes arrivés ici en pionniers aveuglés par le "tout nouveau, tout beau", persuadés de réussir. La région est belle, mais loin des sentiers battus et a été oubliée pendant trop longtemps des instances nationales agissant dans le secteur du tourisme. J'en veux pour preuve que la route 148 Ouest reliant Gatineau (Ottawa côté Québec) au Pontiac, s'arrêtait sur les cartes et dépliants à Aylmer, soit à quelques kilomètres de Gatineau... Encore de nos jours, beaucoup de Québécois sont incapables de situer le Pontiac, en ignorant jusqu'à l'existence ! C'est dire si nous étions des pionniers... Il existait bien une paire d'entreprises de location de chalets ou de cabanes, mais rien de vraiment sérieux ou inspirant la confiance. Avec nos résidences de prestige quatre étoiles, nous espérions apporter du sang neuf et répondre à un besoin, comme affirmé par les organismes contactés. Or, de besoins au plan local, il n'y en avait pas. "L'indigène" ne viendra jamais louer ce genre de résidences près de chez lui. Il est généralement soit pauvre, soit radin et est satisfait de sa cabane en contreplaqué. De toute façon, nous ne comptions pas vraiment sur cette clientèle locale. Nous louerons à quelques Européens, mais la majeure partie de notre clientèle venait de Montréal ou Québec. Il y eu quelques chantiers de programmés et ceci occupa aussi nos chalets, pour de simples raisons de proximité. Contrairement aux scribouillards des organismes s'échinant à justifier du maintien de leurs postes, nous étions très loin d'être surbookés !

Comble de malchance, une usine locale importante plia boutique et la région se retrouva économiquement sinistrée. Déjà qu'elle ne brillait pas vraiment... De toute façon, fermeture d'usine ou pas, la clientèle n'était pas au rendez-vous. Les parasites divers, amateurs de butinage monétaire, oui...

Nous aurions dû nous méfier...

Les mirages permanents…

Régulièrement il est fait état de projets mirifiques. Piscine municipale, prison, houblon, vignobles… Ils coulent tous aussi vite qu'évoqués.

Et puis un jour, dans ce mouroir vainement égayé d'une pépinière de bureaucrates branle-bouillies qu'est le Pontiac, un grand projet tombe soudain d'un ciel désabusé. Un célèbre et richissime Ricain aurait jeté son dévolu sur la région. La presse s'emballe, les langues se délient aussi vite que monte la valeur des terrains. Les maires de la M.R.C. se réunissent et décident que rien ne doit filtrer. C'est la chape de plomb dans la plus grande tradition stalinienne, parfumée au sirop d'érable… Déjà que les réunions de conseil municipal se font généralement à huis-clos, en violation du règlement, la promesse d'un avenir radieux ne débouche sur aucune transparence. Au Pontiac, progrès ou pas, les décisions se prennent toutes toujours dans le secret et sur un coin de table ! Le projet P.T.C.R. avait trait aux biotechnologies. Il devait installer un bon nombre de scientifiques qui, avec familles et emplois induits représentait une arrivée d'environ 30000 personnes au Pontiac. Inutile de préciser que le profil économique de la région allait être profondément modifié. La sociologie également...

Alors, les culs terreux se mettent à rêver tout haut et en couleurs. Commencent alors les calculs fumeux et que s'ourdissent les combines vaseuses... Un mot revient sans cesse : dollar. Précédé comme il se doit d'un gros chiffre suivi d'un nombre maximum de zéros. C'est qu'en ce royaume de la consommation, on ne se refait pas. Les rumeurs vont bon train et l'une d'entre elles se fait persistante. Des valises d'argent auraient circulé, des centaines de milliers de dollars. D'autres font état de terrains revendus trois fois leur prix d'achat, une triple boucle piquée en six mois. Dans le même temps s'affirment les premiers doutes, spécialité des mauvaises langues, mais aussi de la grande masse des échaudés. C'est que le Pontissois de base, il en voit passer, des projets... Chez ce dubitatif blasé, l'arrivée impromptue de cinq milliards de dollars n'arrache qu'un sourire, vite suivi d'un haussement d'épaules.

Le projet est pourtant d'envergure et semble cohérent ! Sur plusieurs milliers d'hectares, une centaine de sociétés viendront s'installer, intervenant dans le secteur des biotechnologies et du tourisme. On parle de terrain d'aviation, d'hôtel de luxe. De casino.

Et de blanchiment d'argent...

Un fraudeur employé à la MRC Pontiac

JOËL DEPLANQUE
(ÉD. FF)

Daniel Labine n'est plus employé de la CDE (Corporation de développement économique) du Pontiac depuis janvier dernier, à la suite d'une « entente conjointe » mettant fin à son contrat. M. Labine avait été embauché fin 2009 en qualité de Commissaire en développement stratégique par la CDE qui ne pouvait se douter des antécédents de cette personne. Une enquête menée par le journal Le Droit révèle que M. Labine aurait été condamné à deux peines de prison pour fraude et escroquerie au cours des dix dernières années. Qualifié dans un article de fraudeur notoire, D. Labine aurait été proche de mettre en danger le gros projet de 5 milliards de dollars proposé par l'homme d'affaires Michael Bartlett. D. Labine est donc resté à l'emploi de la CDE plus de deux années. Quelques semaines après son départ de la CDE, plusieurs intervenants impliqués dans le dossier PTCR ont appris, de manière fortuite, la vraie nature du personnage. Selon le directeur général de la MRC Pontiac, Rémi Bertrand qui avait pourtant participé au comité de sélection responsable de l'embauche de D. Labine, suite aux agissements de ce dernier, le projet PTCR devrait subir un

Suite en p. 52

Fraudeur *de la p. 2*

un retard de plus de six mois par rapport au calendrier initial, admet M. Bertrand. « Après le départ de M. Labine, beaucoup de gens sont venus me voir personnellement pour se plaindre du traitement qu'ils avaient reçu. Bien des gens se sont fait promettre des choses qui ne se sont jamais matérialisées. Ce que nous avons appris sur M. Labine par la suite nous a aidés à comprendre ce qui était en train de se passer sur le terrain. » M. Labine n'a commis aucune fraude et n'a volé personne au cours de son passage à la CDE. Pour autant, au moins deux entrepreneurs sont allés jusqu'à signer des ententes pour céder la propriété intellectuelle sur leur invention. Cette mésaventure oblige maintenant toutes les organisations publiques de la MRC Pontiac à procéder à une vérification des antécédents des gens qu'elles comptent embaucher, quel que soit le poste.

Une autre presse (*LesNews*) n'y va pas par quatre chemins et titre carrément : Michael Bartlett : SAUVEUR OU FUMISTE ? Et d'écrire « Michael Bartlett ne manque pas de vision ou d'ambition pour réaliser son projet de 5 G$ à Mansfield-et-Pontefract, mais il manque sûrement de capital. Il s'est décrit lui-même comme très riche dans une entrevue accordée au Droit, mais si ce patrimoine existe, il est privé, voire secret, car les placements publics de Michael Bartlett ne valent que quelques dizaines de milliers de dollars. *LesNews* a révisé les documents déposés par des entreprises associées à Michael Bartlett à la Security & Exchange Commission (SEC) et ils témoignent d'investissements qui sont à bout de souffle. Par l'intermédiaire de la société de portefeuille Centerpointe Investments. M. Bartlett contrôle 45 millions d'actions de la société de biotechnologie Clearant». Or, les titres de Clearant s'échangent à 0,0 $ sur le marché en vente libre (Pink OTC), et la société a cessé de déposer des documents à la SEC en 2009 et de produire des états financiers vérifiés en 2006. Selon cette même source. les trois autres entreprises de Michael Bartlett sont Creative Presentations. Las America Cultural et Leisure Capital & Management étant essentiellement servant à solliciter des mandats de consultation.

Quant aux supposés intérêts que Michael Bartlett détient dans le secteur minier, ils se résument à un siège au conseil d'administration de Wealth Minerals, une société minière junior de Vancouver affichant un déficit de 4,9 M$ en 2011 et lui ayant versé 7 500 $ en jetons de présence à sa dernière année financière.

Évidemment, la spéculation suit les rumeurs, s'en nourrit. Parmi les bruits qui courent il est souvent fait état de calculs se croyant élaborés. Celui de la concubine du directeur de la M.R.C. qui "curieusement" fait l'acquisition d'une maison sise pile poil au cœur du projet ? Et celui de ce propriétaire de terrain de golf qui réinvestit l'avance touchée sur la vente de ses terrains en achetant d'autres terres autour ? Sans vouloir insister sur le fils d'un maire investissant lui aussi dans une maison se trouvant également sur la zone concernée par le futur développement ? Ça n'est pas du délit d'initié, ni du conflit d'intérêt, mais ça en a tout de même l'odeur. En tout cas, les jalousies font raconter bien des choses…

La population depuis longtemps échaudée accueillit la nouvelle par un haussement d'épaules et un flot rentré de sarcasmes.

Lorsque fut publiquement évoqué ce qui fut qualifié de mégaprojet, personne ne s'inquiéta de savoir ce qu'étaient les biotechnologies. Au cours des nombreuses réunions sur le sujet pas une seule question relative à la manipulation du vivant ne fut posée ! Le sujet principal était l'augmentation des prix des terrains. Le Canadien de base est toujours à la recherche de profits et les vieux rapaces du coin virent une opportunité se présenter à eux. Les prix montèrent en flèche et en peu de temps furent multipliés par trois. Une carte de l'implantation du projet fut publiée dans le Journal du Pontiac. Signe d'un niveau élevé de communication, certains propriétaires ignoraient que leurs terrains étaient dans le périmètre... Quelques achats "judicieux" furent rapidement effectués par des personnes au nez creux ou "bien informées". Délit d'initié ? Des rumeurs persistantes faisant état de valises pleines d'argent circulaient.

Un employé de la M.R.C. se vit confier des pouvoirs élargis de négociation. Avant d'être viré avec quelques égards, car "sachant peut-être des choses"... Cet individu étant en probation... Mais ceci ne remit point en question le poste du directeur qui resta donc directeur.

Première présentation publique du mégaprojet

Nancy Hunt (tr. L.T.)

MANSFIELD — Plus de cent personnes s'étaient déplacées pour assister à l'assemblée semestrielle de la Chambre de commerce du Pontiac, le 16 février dernier à la ferme Lavoisia. Plusieurs participants étaient des nouveaux membres de la Chambre, recrutés grâce au travail de la nouvelle coordonnatrice au développement de la CdC, Congea Finan.

Mais la raison principale de cette affluence était certainement la présentation officielle du mégaprojet de la compagnie Centre technologique de villégiature du Pontiac (Pontiac Technology Center &

Resort) qui a été faite par le directeur général de la MRC Pontiac, M. Rémi Bertrand.

Celui-ci a présenté un survol du projet, qui fait l'objet de discussion avec M. Michael Bartlett, le promoteur du projet, depuis 2009.

M. Bertrand s'est dit assuré de la solidité du projet estimé à cinq (5) milliards de dollars d'investissements. Il a aussi tenu à clarifier certains points qui ont fait l'objet de rumeurs depuis un certain temps.

"Il n'est pas question d'exploitation minière dans ce projet", a-t-il précisé. "Notre région a été choisie parce que le prix des terrains est abordable, nous sommes à

proximité d'Ottawa et le Canada est une des meilleures places au monde pour des investisseurs".

Selon M. Bertrand, M. Bartlett "affaire présentement à trouver des investissements, à partir de ses capitaux propres. Il fait des démarches auprès de compagnies de technologie en démarrage, de partout dans le monde, d'établir dans le Pontiac".

M. Bertrand a aussi tenu à clarifier certains points qui ont fait l'objet précise l'échéancier du développement proposé. 2012 sera l'année des opérations sur le terrain alors que PTCR entend ouvrir un bureau local et commencer des travaux de réseautage avec les gouvernements.

On y retrouve deux ter-

rains de golf de calibre international, une école primaire et secondaire privée, un aéroport, un hôtel pour gens d'affaires et la création de 8 000 nouveaux emplois. "Les travaux pourraient commencer dès 2013, avec la possibilité de la création de 8 000 nouveaux emplois. Une fois que le projet est en marche, les développements seront très rapides", prévoit-il en parlant du plan quinquennal de la compagnie.

Une ébauche non officielle des aménagements prévus par la compagnie a été présentée au public. Cette ébauche du plan de développement, baptisé "Blue Sky Vision Plan", présente les aménagements qui seront prévus, à l'intérieur de grandes surfaces de terres dans Mansfield, entre la rivière des Outaouais et la rivière Coulonge.

Les bureaux principaux de la plupart des futures compagnies seraient concentrés autour des terrains du moulin à scie de Davidson.

On a aussi mentionné l'acquisition possible d'environ 1 000 acres de terres agricoles sur l'Isle-aux-Allumettes pour y installer un centre de recherche et de développement de techniques d'avant-garde pour la production et la récolte de produits agricoles".

M. Bertrand a aussi parlé des discussions qui ont été entreprises avec le ministère des Transports (du Québec) pour élargir un tronçon de la route 148 et en faire une voie à quatre voies. "On envisage aussi de relocaliser une partie de la piste cyclable PPJ afin de rendre possible le retour du service ferroviaire", déclarait-il.

À un membre de l'assemblée qui s'inquiétait de la possible augmentation fulgurante de taxes foncières, M. Bertrand a répondu "Ce sont les lois du marché qui s'appliquent à partir de maintenant".

Mégaprojet – *suite de la page 2*

"Et à partir de maintenant, ce sont les agents d'immeuble qui vont entrer en contact avec les propriétaires terriens". Il ajoutait: "Certaines des propriétés (montrées sur l'ébauche) font déjà l'objet d'options d'achat, mais toutes les transactions relèvent des décisions des vendeurs et des acheteurs". Selon lui, il n'est pas question d'expropriation de terrains privés.

En conclusion, M. Bertrand a promis qu'un porte-parole officiel de la compagnie PTCR serait nommé au cours des prochaines semaines et s'est dit convaincu que ce mégaprojet peut se réaliser " parce que nous avons vu les faits et les états de service de M. Bartlett sont éloquents.

La compagnie a présenté un plan d'affaires de qualité et nous avons vu le montage financier. Il ne faut pas s'en laisser imposer par l'ampleur du projet, mais continuer à prendre en main les rênes de notre avenir", concluait-il.

Et puis un jour, le mirage P.T.C.R. disparut des écrans radar... Les prix des terrains retombèrent et fouillant un horizon à nouveau vide, les vautours se tétanisèrent sur leurs perchoirs. Le Pontiac résigné retomba dans sa torpeur dans l'attente du prochain mirage. Dans les bureaux des organismes de développement le rêve vira au cauchemar chronique et comme d'habitude l'imagination débordante milita activement au profit des maintiens en poste. Un motif permettant d'esquisser un sourire demeurait : la question de savoir comment les éventuelles valises d'argent au noir allaient être remboursées ! Messieurs les possibles arroseurs arrosés, allez donc essayer de réclamer en justice des dessous de table...

Pour nous, la fin du projet P.T.C.R. mit un terme à nos ultimes espoirs. La possibilité de louer -et donc de pouvoir faire face à nos engagements bancaires- à de nouveaux arrivants disparaissait. Aucune chance non plus de récupérer quoi que ce soit en Guyane. La famille et les amis nous avaient aidé financièrement, mais chacun a ses problèmes et une fois ces limites atteintes, une fois vendus quelques meubles, matériels divers, nous nous retrouvions à sec et jonglant avec des chiffres de plus en plus petits. Nous avions cessé de louer officiellement les chalets et y logions "gratuitement" des "amis". Il fallait donc se résoudre à vendre avant de se faire saisir.

L'arnaqueur.

J'avais placé une annonce de vente de nos propriétés sur un site de chasse et consultais les statistiques de fréquentation lorsqu'un message entra. Nous communiquons aussitôt et cet acheteur potentiel semble vraiment très intéressé. Au fur et à mesure des conversations, nous apprendrons qu'il était un de nos clients en Guyane ! Nous nous découvrirons de multiples connaissances communes et évoquerons cette époque. Après bien des péripéties, notre acheteur finira par arriver, passera une semaine dans notre chalet Pinewood quatre étoiles, chauffé et princièrement nourri à notre table. Nous remarquerons rapidement que tout l'emballe. Il étale une richesse impressionnante et pour l'instant virtuelle, veut acheter voiture et terrains. Nous sommes obligés de le raisonner ! Il repartira le 29 janvier, promettant d'envoyer documents et attestations aux banques afin de finaliser son dossier avant son retour prévu pour le mois suivant. L'argent promis à la banque n'arrive pas. Le compte ouvert à Fort Coulonge est englué dans un solde de quarante dollars et un chèque de cent cinquante mille supposé payer une facture de meubles s'emmerde ferme sur mon bureau. Une date de retour nous est communiquée. Surprise ? Il s'avère que cette personne n'est qu'un vulgaire escroc. Il ne nous manquait plus que ça... Le courrier ci-dessous[132] relate par le détail cette invraisemblable "épopée".

---

[132] Authentique. Seuls les noms ont été modifiés ou supprimés.

DEPLANQUE Joël et Maria. LITCHFIELD, le 5 avril 2011
41 chemin du lac Lawless
LITCHFIELD
JOX 1K0 QUEBEC / CANADA
01 819 648 5363
contact@lacsansloi.com
http://www.lacsansloi.com

A

M.
Procureur Adjoint de la République
Tribunal de Grande Instance
Place du
xxxxxx

Objet : Plainte à l'encontre de Louis Pascal.
Référence : Vente de nos propriétés au Québec.

Nota : Toutes les pièces jointes annexées au présent document sont numérotées (P.J. x) au feutre rouge et référencées comme ci-après indiqué. Les pièces jointes nous ont été pour la plupart transmises par courrier électronique. Nous procédons à leur impression à l'aide de notre matériel personnel. Par conséquent, les dimensions des documents concernés et qui sont joints à la présente peuvent ne pas correspondre à celles du document d'origine. Nous certifions sur l'honneur ne pas avoir procédé à quelque modification que ce soit de nature à en changer la signification. Exceptés quelques réglages ayant trait à l'exposition et/ou la netteté, ces documents sont imprimés tels que nous les avons reçus.
    Chaque page du présent document est numérotée et signée par nous.
    Attendu que le présent document et ses pièces jointes sont susceptibles d'être produits en justice, nous y insérons copie de nos passeports.

Rappel des faits :

    Fin 2009 nous mettons nos propriétés en vente contractuellement via Michel xxxxx, agent immobilier à Gatineau (Québec), ainsi que sur plusieurs sites Internet, dont xxxx.fr, xxxx.com, autres sites au Québec, Espagne, France et Chili.
    Ces propriétés se répartissent sur deux lots distincts, à savoir :
    Un terrain bord de lac Lawless sur lequel sont construits en 2008 deux chalets quatre étoiles, à but locatif au 44 A et 44 B chemin du lac Lawless à LITCHFIELD JOX 1K0 (QC/CA).
    Une maison d'une surface supérieure à 400 M² sise au 41 chemin du lac Lawless à LITCHFIELD JOX 1K0 (QC/CA) sur environ cinq hectares de parc d'agrément clôturé à 2,5 mètres, avec dépendances, étang privé, accessoires, matériels divers, œuvres d'art, etc.

Premier contact avec Louis Pascal alias xxxx via annonce sur Internet en début d'année 2010. Copie ci-dessous :

Q : Bonjour, nous avons regarde plusieurs fois votre annonce et nous avons un coup de coeur certes mais plusieurs questions nous viennent a l esprit: resident en FRANCE nous avons un projet avec mon epouse de faire l acquisition d un terrain de camping sur la cote budget assez consequent si l on veut de la qualite et une rentabilite financiere imediate.Puisque vous parler dans votre annonce de 2 chalets puis de l environnement feerique notre idees est: ne serais t il pas interressant a moindre couts de quitte la FRANCE et d exploiter votre domaine dans la meme idees certe differente de conception mais peu etre aussi rentable a moins cher de toutes evidences.POURRIEZ VOU.S. NOU.S. TRANSMETTRE D AUTRES PHOTOS VOTRE OPINION QUI SERAIS CERTAINEMENT TRES INTERESSANTE PUISQUE DEJA VOU.S. ETES SUR PLACEet egalement nous donner quelques infos sur les demarches a suivre si l on veux venir s installer chez vous au QUEBEC j'avoue tres honnetement que ce serais un reve fabuleux pour nous et toutes la famille. D ans l attente de vous relire nous vous adressons nos plus respectueuses salutations et une bonne et heureuse annee 2010 abientot j espere cordialement L Pascal
Question de xxxxx

Des contacts réguliers s'établissent alors entre nous et M. Pascal qui se montre de plus en plus intéressé. A sa demande, plusieurs DVD d'images et documents scannés lui sont expédiés par voie postale. Nous nous découvrons quelques points communs dont le fait de s'être entrevus en Guyane française dans les années 1990. En ce qui nous concerne ces souvenirs sont très flous, mais nous connaissons et évoquons certaines personnes, lieux et évènements de Guyane. Des relations cordiales commencent à prendre corps. Nous échangeons de nombreux courriels (Perdus en grande partie suite à problème informatique) et appels téléphoniques.

M. Pascal se présente comme une personne aisée (Il affirme être imposable sur la fortune), chargée d'importantes responsabilités : gestionnaire d'itinéraires de convois hors-gabarit, loueur d'entrepôts, gérant d'une société de vente de mobil homes, puis responsable d'une équipe chargée des opérations de secours consécutives aux inondations en Vendée. Ce, via un document à entête de la Préfecture, document qui s'avérera être un faux (PJ 1).

Nous faisons état de l'existence de ce client potentiel à notre agent immobilier, en l'occurrence M.

M. Pascal s'efforce de camper un profil de personne financièrement aisée afin de gagner notre confiance et se positionner en tant qu'acheteur fiable. Il nous transmet par courrier électronique son CV (PJ 4) dont je lui indique avoir corrigé les fautes d'orthographe avant de le scanner. Le CV de son épouse nous sera également adressé (PJ 5). M. Pascal se montre littéralement emballé par les milliers d'images que nous lui avons transmises et le faible montant du prix de vente comparativement à une propriété de même type qui serait sise en France. Quelques semaines plus tard et compte tenu du fait que plusieurs clients potentiels se manifestent, M. Pascal signe une première promesse d'achat pour l'ensemble de nos biens immobiliers (2 documents PJ 2/A à PJ2/J ET PJ 2/1 à PJ2/10) qui nous sont transmis par courrier électronique) qu'il transmet à notre agent immobilier. A la suite de quoi il s'engage à se rendre rapidement au Québec afin de visiter les dites propriétés. A partir de ce moment, nous sommes tenus par cette promesse et respecterons scrupuleusement nos engagements.

Commence alors une longue série de reports de sa visite :

M. Pascal prétend être chargé des secours attachés au plan ORSEC mis en place suite aux inondations survenues en Vendée. Pour attester ses dires, il nous communiquera le document à entête de la préfecture du xxxx et qui s'avérera être un faux (PJ 1 évoqué ci-dessus).

Après les inondations, le prétexte invoqué - pour repousser son voyage et parfaitement plausible - est l'éruption du volcan Eyjafjöll en Islande.

Vient ensuite l'excuse d'une réunion avec François FILLON, premier ministre venant faire le point des secours en Vendée. Le voyage est annulé 48 heures avant la date de départ prévu.

La prochaine excuse évoquée sera une hospitalisation due à un surmenage au cours de laquelle il prétendra avoir perdu *"plus de vingt kilos"*.

Une autre fois, ce sera le déménagement de sa fille qui provoquera un nouveau report.

Viendra ensuite la perte de son portefeuille et des documents qu'il contenait.

Il est à signaler que tout au long de nos nombreuses communications téléphoniques, M. Pascal se dit particulièrement affairé. Je note une insistance particulière visant à la mise en place d'une forme de partenariat entre lui et nous. M. Pascal souhaite être accompagné dans la prise de possession de nos propriétés (Ce que nous acceptons sur une période limitée à quelques jours afin de l'informer sur le fonctionnement et la gestion quotidienne) et parle même d'association, proposition que nous déclinons.

C'est au cours de l'été 2010 qu'il nous parle d'un projet pouvant nous impliquer : Possesseur d'un catamaran (Le xxx) de soixante pieds aux Antilles, il nous expose l'idée d'un produit touristique haut de gamme : Activités au Québec en phase avec les saisons, suivies d'une croisière aux Antilles avec plongée et pêche au gros, puis pour terminer, une immersion en forêt amazonienne. Compte tenu de mes compétences particulières, je serais chargé de cette mission en jungle (J'ai servi 22 ans à l'O.N.F., ai une bonne connaissance de la forêt guyanaise et suis l'auteur d'un gros ouvrage technique sur ce milieu naturel). L'aspect immersion ponctuelle en forêt amazonienne me séduit et je donne mon accord de principe à M. Pascal pour ma participation à ce segment d'activité. J'élabore avec sa collaboration un document projet d'activités (PJ 3). Les détails de cette participation ne seront pas finalisés et de toute façon il ne pouvait être question d'association. Dans le même temps et mesurant les difficultés pratiques liées à l'organisation, je recherche des personnes compétentes et dument déclarées, déjà sur place en Guyane et susceptibles de me remplacer. C'est ainsi que je prends un premier contact avec les gérants du Camp Voltaire à Saint-Laurent du Maroni pour la partie hébergement et proche disponibilité d'une forêt primaire et de sites naturels remarquables.

Un projet finalement baptisé TRIANGLE est élaboré qui prend en compte les saisons des pluies et des cyclones (PJ 3). Nous faisons état de l'avancement des discussions aux services locaux de développement (S.A.D.C. et C.L.D. de Campbell's Bay). Le temps passe et la promesse d'achat devient caduque. Au moins deux acheteurs potentiels ont abandonné leur projet d'achat ou trouvé autre chose. Un couple de Français résidents au Québec visitera les lieux, se montrera intéressé. Informées de l'existence d'une promesse d'achat en cours de validité au nom de Mme et M. Pascal, ces personnes ne donneront pas suite à leur projet. Dans cette situation et toujours intéressés par le projet TRIANGLE nous nous engageons auprès de M. Pascal et lui maintenons une priorité postérieurement à la fin de validité de cette première promesse d'achat. Certains détails font naître une légère suspicion, mais qui n'entame pas suffisamment notre confiance. Néanmoins, le temps passe et les diverses annulations de voyage s'accumulant, une certaine lassitude commence à s'installer.

Curieusement, M. Pascal nous demandera d'acheter des terrains jouxtant notre propriété et s'engagera à nous les rembourser lors de l'achat. Il tentera aussi de négocier l'achat de son billet d'avion par nous-mêmes au motif de rapidité, car il est *"surbooké"*. Quelque peu ébranlés par ces demandes, nous leur donnerons une réponse négative.

A plusieurs reprises nous avions calé des rendez-vous en fonction des dates d'arrivée prévues par M. Pascal. Les partenaires locaux et services se lassent également de ces reports permanents. Le doute s'installe quant au sérieux de cet investisseur.

J'adresse donc à M. Pascal un courriel assez ferme et dans lequel il lui est demandé de préciser clairement quelles sont ses intentions. Plusieurs semaines passent sans réponse de sa part jusqu'au courriel dont copie ci-dessous :

Le 30/12/2010 14:06, Louis Pascal a écrit :
Un petit coucou de Mireille et Louis, et non ont es pas mort, mais la vie nous a pas gâté depuis quelques temps, enfin mille fois pardon pour ce temps passer sans nouvelles, nous avons énormément de choses a régler, familial, santé, et bien d autres, après cette un certain temps nous avons enfin pris la décision de quitte la France , soit chez vous la bas au Canada, ou sur le bateau, la première option est vous dans la mesure ou votre propriété est toujours a vendre, et que vous acceptiez notre candidature, en tout état de cause nous vous adressons tous nos vœux pour la nouvelle année et j'avoue attendre votre réponse, notre adresse mail a changer notre tel également ainsi que plein de choses bisous ont attend de vos nouvelles....
Louis et Mireille

L'orthographe et le style de M. Pascal m'interpellent depuis le début de nos relations. Je me rassure en me disant que toutes les personnes aisées ne sont pas forcément lettrées. M. Pascal continue à nous assurer que dans tous les cas de figure il achètera nos propriétés, ce dont nous sommes convaincus. Nous notons qu'il s'efforce d'étaler sa richesse et nous donne l'impression d'être très occupé. Sans cesse sur la route, il est assez difficile à joindre. Il nous parle de voyages en camion, en camping-car ou en voiture de tourisme. Nous notons que beaucoup de ses voyages sont à destination d'Andorre, mais aussi de Bayonne et Montpellier. Fugace, la pensée d'un trafic quelconque me traverse l'esprit. M. Pascal affirme gérer le camping des Chênes à Combo les Bains dans le département des Pyrénées Atlantiques. Il dit gérer un parc de *"2200 mobil-homes, un restaurant, une discothèque et plus de deux-cents employés"*. *"Une usine à fric"* pour reprendre ses termes.

Nous lui parlons de notre parc d'agrément, de nos animaux de compagnie ? *Il dit avoir suivi "deux ans d'école vétérinaire".*

Il nous envoie une photo de son catamaran alors dans la région de Tahiti. Plus tard, il avouera ne jamais être allé en Polynésie. Bizarre, mais il dit avoir acheté ce voilier d'occasion. Je me rassure, pensant que la photo est donc antérieure à l'achat...

Le 22 janvier 2011, en compagnie de notre ami Jacques X, nous prenons en charge M. Pascal à l'aéroport d'OTTAWA. Le soir même nous le présentons à nos amis chez lesquels nous fêtons mon 61° anniversaire (M. et Mme X rue Y à Z). Conformément à nos engagements nous hébergeons M. Pascal dans un de nos chalets (Gratuitement en cas de vente effective). Nous le raccompagnerons à l'aéroport le 29 janvier 2011.

Nous transporterons Monsieur Pascal qui participera partiellement aux frais de carburant et de restaurant.

Une nouvelle promesse d'achat sera signée par M. Pascal le 27 janvier 2011 au bureau de Y à Gatineau. Une demande de prêt sera également déposée auprès de la banque xxxx, via Mme L. Les documents nécessaires à la constitution du dossier lui sont demandés et nous seront également envoyés. Outre les pièces d'identité (passeport PJ X) et permis de conduire international (PJ Y/A et PJ Y/B) il s'agit d'attestation de patrimoine établie par notaire, de bilans comptables (Liasse de quinze pages PJ 6/A à PJ 6/O) à l'entête de SCP xxxxx et attestations de patrimoine (PJ 7/A et PJ 7/B) à entête de Maitre BDM. Pascal produira également une attestation de biens patrimoniaux et de revenus (PJ 8). Malgré le fait que nous lui déclarerons ne pas être normalement destinataires de ces documents, M. Pascal insistera pour nous les transmettre par courrier électronique, ce qu'il fera.

Mon épouse et moi-même organisons le calendrier de sa visite au mieux de ses intérêts d'investisseur et l'emploi du temps sera chargé, prenant une semaine de notre temps. Au cours de son séjour du 22 au 29 janvier, il aura été notamment procédé à :

* Une visite exhaustive et approfondie des lieux (bâtiments, terrains) faisant état de quelques petites améliorations à apporter, tout comme l'état des divers meubles, articles ménagers, objets d'art et/ou matériels inclus dans la vente.
* Une discussion sur le prix de vente au cours de laquelle plusieurs réductions portant sur les améliorations à apporter ci-dessus seront intégrées. M. Pascal accepte le prix demandé.
* Présentation au relationnel.

* Notre agent immobilier offrira une visite guidée d'OTTAWA d'une journée à M. Pascal, visite au cours de laquelle l'accent sera mis sur le bassin clientèle et les perspectives économiques.

* Visite à M. DG, inspecteur municipal pour faire le point sur la légalité des projets compte tenu du zonage des terrains concernés.

* Visite à la municipalité de LITCHFIELD.

* Visite de site naturel remarquable (Chutes Coulonge).

* Signature d'une promesse d'achat (Liasses PJ 9 et PJ 10).

* Visite chez un entrepreneur général (M. MJ) à Fort Coulonge auquel il est demandé un devis pour la construction de ce restaurant.

* Entretiens avec services locaux de développement économique (S.A.D.C., C.L.D., Groupement Forestier) avec visite sur le terrain. Étude du niveau de subventions possibles.

* Visite de marchand de véhicules (E. J. à PEMBROKE). M. Pascal souhaitera y acheter un DODGE RAM LARAMIE d'occasion d'une valeur d'environ 37000 $ + taxes (PJ 11 A à PJ 11 C) et profiter du premier paiement à six mois. Non résident, il lui sera demandé quelques milliers de dollars comptant, ce qui déclenchera sa colère ! Nous précisons que ces échanges de correspondance ont comme d'autres été réalisés via notre adresse électronique.

* Parcours d'un terrain jouxtant notre propriété et à vendre par M. H. B.. M. Pascal dit vouloir y installer des tipis et des yourtes, mais en fait souhaite y construire un restaurant de 300 places. Un document sera établi (PJ 12/A et PJ 12/B) et signé par les deux parties et nous-mêmes en tant que témoins, sur lequel M. Pascal s'engage à verser dix mille dollars fin mars 2011 pour arrêter la vente.

* Visite de plusieurs commerces et grands magasins.

* Ouverture d'un compte bancaire auprès de la banque xxxx de Fort Coulonge (PJ 13) moyennant dépôt d'une somme de cent dollars je crois. M. Pascal se fera instantanément délivrer une dizaine de chèques et signera une procuration sur ce compte en faveur de DEPLANQUE Joël.

* Entretien avec partenaires financiers et dépôt d'une demande de prêt auprès de la Caisse Populaire de X (Contact Mme L.).

* Visites diverses liées à l'environnement local.

M. Pascal nous déclare se porter acquéreur de nos propriétés pour un montant de six cent soixante-six mille et quatre cents dollars canadiens. À cette somme il convient d'ajouter une facture (PJ 14/A à PJ14/G) de mobilier, bibelots, œuvres d'art et matériels divers pour un montant de cent cinquante mille dollars canadiens. M. Pascal nous signe un chèque d'un montant de cent cinquante mille dollars (PJ 15) et nous demande d'attendre pendant quelques jours après son retour en France pour que son compte soit approvisionné en conséquence.

Plus tard, ce sera copie d'un ordre de virement (PJ 16) d'un montant de trente mille euros tirés sur un compte au nom de son épouse. Ce virement qui ne sera jamais honoré est supposé constituer un premier approvisionnement permettant à terme d'honorer le chèque (PJ 15) de cent cinquante mille dollars en notre possession et payant la facture de matériels divers. Le motif évoqué est "*Jean-Jacques mon ami notaire ne veut pas que j'envoie de l'argent avant d'avoir signé la vente définitive. Il bloque le virement. Mais je vais passer outre"*. Un second virement sera évoqué sans que nous ayons connaissance qu'il soit crédité. Le CCP Lille réputé centraliser les virements, aurait déclaré *"n'avoir rien reçu"*.

La demande de prêt de M. Pascal est acceptée par la Caisse Populaire Desjardins sous réserve d'un apport de 40% et du respect de certaines conditions (PJ 17/A et PJ 17/B) (Rectification erreur de numéros civiques de l'adresse des deux chalets et évaluation par homme de l'art). Au départ, il n'était question que d'un apport personnel d'un montant de 30%. M. Pascal déclarera nécessiter un délai de quelques jours supplémentaires afin de collecter la somme d'argent additionnelle.

A son retour en France M. Pascal prévoit un second voyage au Québec en compagnie de son épouse et de sa fille, afin de signer la vente en l'étude de Maitre B. H., notaire à X. De nouveaux reports sont constatés, venant encore bousculer les rendez-vous. Finalement, la date du 22 mars 2011 semble être retenue et confirmée. Le vendredi 18 mars M. Pascal est intercepté à la frontière espagnole (PJ 18), transportant une grosse quantité de cigarettes destinées à la revente. Son épouse parle d'accident de la circulation (Enregistrements audio disponibles). Jugé en comparution immédiate, il sera condamné à dix mois fermes. Nous apprenons par la presse consultable sur Internet qu'il s'agit d'un récidiviste déjà condamné pour escroquerie (PJ 18).

Au même moment, nous recevons deux courriels destinés à M. Pascal alors supposé être arrivé au QUÉBEC et faisant état de menaces de poursuites (PJ 19 et PJ 20). En ce qui nous concerne, le stade du doute quant à son sérieux est désormais dépassé.

A partir de cet instant, nous entrons en contact avec différentes instances susceptibles de nous fournir des informations (Préfecture du Z, cabinet comptable et étude de notaire, à savoir celles figurant sur les documents communiqués). C'est ainsi que nous apprenons que les documents fournis par M. Pascal pour étayer sa crédibilité, dans le but de gagner notre confiance et/ou obtenir des prêts bancaires sont des faux (PJ sus-référencés). A cette fin, et outre différents courriels, nous disposons de plusieurs enregistrements téléphoniques étayant les faits.

Vu le comportement de M. Pascal et ne voulant pas être soupçonnés d'être mêlés de près ou de loin à ses agissements, nous nous rendons le jeudi 25 mars à la banque x de Fort Coulonge et renonçons à la procuration signée par lui en notre faveur (PJ 21). Même si aucune opération n'a été réalisée sur le compte en question, nous remettons à la Caisse tous les documents bancaires en notre possession. Il s'agit de divers courriers adressés par la Caisse à M. Pascal à notre adresse postale mais aussi de carnets complets de chèques, d'une carte de guichet non activée et des articles habituellement remis par la Caisse lors d'une ouverture de compte.

Compte tenu du fait que la vente n'est pas conclue et conformément aux engagements préalables, une facture d'un montant de mille trois cent onze dollars et soixante un cents, correspondant à sept nuitées d'occupation d'une de nos résidences de tourisme est établie à M. Pascal aux fins de paiement. (PJ 22). Conformément à la Loi, les intérêts légaux en cas de non-paiement pourront être facturés.

Nous considérons que M. Pascal agissait en parfaite connaissance de cause et que ses buts étaient entachés de malhonnêteté. À cette fin, il a fabriqué ou fait fabriquer et utilisé de faux documents, nous a menti ainsi qu'à nos partenaires sur ses intentions, tout comme sur sa situation économique et ses activités réelles. Nous considérons qu'il y a *a minima* tromperie. Toutefois, nous ne sommes pas compétents pour qualifier juridiquement la ou les infractions ou délits dont M. Pascal pourrait s'être rendu coupable à notre encontre. Nous estimons néanmoins avoir été victimes d'un plan échafaudé en conscience et à l'aide de faux créant les conditions propices à l'acquisition de nos propriétés.

Visiblement, M. Pascal souhaitait également exploiter mes compétences particulières (Projet triangle) et/ou ma réputation sans que je puisse à ce jour affirmer quoi que ce soit sur le caractère frauduleux de son dessein. Nous précisons qu'à aucun moment son épouse Mireille n'a apporté quelque démenti que ce soit quant aux affirmations ou documents qui nous ont été communiqués et qu'elle a toujours confirmé les dires de M. Pascal Louis.

Notre confiance a été abusée en grande partie grâce à de faux documents et nous subissons un préjudice moral. Notre réputation est susceptible d'être entachée de soupçons de complicité, ce qui nous serait préjudiciable.

Le séjour de M. Pascal en nos résidences nous a occasionné une charge de travail supplémentaire (Administrative, intendance, déplacements, etc.).

Parce que via des documents faux, susceptibles de constituer tentative d'escroquerie, nous avons été abusés par de vaines promesses d'achat, nous avons manqué des opportunités de vente, perdons des acheteurs potentiels, avons engagé des frais et subissons un préjudice financier :

Nous déposons donc plainte auprès de Monsieur le Procureur de la République de Rouen. Plaise au tribunal de nous accorder une indemnisation d'un montant de cent mille euros au titre de compensation de préjudices subis. Un total de cinquante pour cent de cette somme sera versée en parts égales (Chacune 25% de l'indemnité) à des œuvres de bienfaisance dument reconnues, l'une française, l'autre Québécoise. Le choix de ces œuvres de bienfaisance reconnues sera laissé aux autorités compétentes.

Nous demandons également - si cela n'est pas déjà fait - que nous soit expédié (conformément à l'engagement de Mme Pascal) le clavier AZERTY de marque Logitech que nous avons payé, fait livrer à son adresse et que la famille Pascal s'était engagée à nous porter lors de sa venue (PJ 22).

Nous demandons que nous soit intégralement payée la facture d'hébergement établie au nom de M. Pascal Louis (PJ 23).

Nous demandons à fin de publicité que soient communiquées aux divers organismes et personnes du Québec concernées par cette affaire (Banque, agent immobilier, S.A.D.C., C.L.D., entreprises) les décisions de justice qui pourront être prononcées à l'encontre de M. Pascal

Nous soussignés, DEPLANQUE Joël et Maria certifions sur l'honneur l'exactitude des faits ci-dessus relatés. Fait le présent document comptant sept pages numérotées de 1 à 7 et signées par nous ce cinq avril deux mille onze, pour faire, servir et valoir ce que de droit.

DEPLANQUE

Le pire dans cette affaire est qu'un acheteur Français sérieux nous avait contactés pendant que nous négocions avec notre escroc. Mon bon sens paysan et le respect de la parole donnée m'ont joué un sacré tour. Ayant déclaré à cet acheteur que nous étions engagés avec une autre personne, il a à regret laissé tomber le projet d'acheter nos biens et investi à Québec. Grrr… Même si l'honneur est sauf.

À noter également que les organismes locaux auxquels notre escroc a été présenté n'ont à aucun moment manifesté quelque réserve que ce soit quant à la nature optimiste du projet. Ceci plaide en faveur de ma thèse considérant que ces organismes sont plus là pour capturer des investisseurs que pour les conseiller efficacement. Ces gens au salaire assuré, ne sont nullement concernés par l'échec ou la réussite de l'entreprise venant s'installer. Leur but principal semble être de trouver des payeurs de taxes. Il est surréaliste de constater que c'est nous vendeurs, qui par souci d'honnêteté avons été dans l'obligation morale de modérer notre "acheteur". C'est ainsi que nous avons conseillé à cette personne d'attendre de voir le fonctionnement et la rentabilité d'une table d'hôte avant de se lancer dans la construction d'une salle de restaurant de trois-cents places ! Face à son entêtement, nous sommes tout de même parvenus à lui faire ramener la capacité d'accueil à deux-cents places. Extensible toutefois...

Le plus comique dans cette affaire reste que si ce douanier n'avait pas arrêté cette voiture, notre ami Sanchez arrivait deux jours plus tard. Nous aurions signé la vente, attendu de toucher notre argent avant de filer plein sud, là où le soleil aide à faire oublier le sirop d'érable. Ne restait à la banque qu'à se débrouiller avec cet investisseur... Il est clair que son idée était extrêmement simple : soit il trouvait ici un emploi lui permettant de payer les crédits, soit il passait chaque mois une semaine en France à traficoter ses sucettes à cancer. C'est d'ailleurs ce qu'il avait prévu, nous ayant fait part à plusieurs reprises de ce projet d'allers et retours France/Québec. Une sorte de multinationale de la masturbation intellectuelle...

"Pour gérer mes affaires", qu'il disait... Tu parles ! Il comptait tout simplement payer ses traites avec les revenus de ses trafics de cigarettes ! La mythomanie peut parfois prêter à sourire. Ce type qui prétendait disposer d'un patrimoine dépassant les six millions d'euros campait avec sa grosse au quatrième étage d'un HLM. Sa grosse... Elle me confia un jour qu'il ne lui restait que trois dents. Curieux pour quelqu'un affirmant posséder une superbe demeure à Grasse, des entrepôts, un catamaran... Pas les moyens d'investir dans un râtelier pour sa bonne femme ? N'empêche que, prétendre vouloir financer un projet de cette ampleur, débarquer dans un pays étranger avec un plan foireux de ce calibre (et qui marche !) il faut le faire ! Passer une semaine en France, trafiquer, ramener le fric au Québec pour faire sourire le banquier ignorant de la vraie nature de ce placement à haut risque, quelle bonne idée ! *Un con, ça ose tout. C'est d'ailleurs à ça qu'on les reconnait.*

Dans cette affaire, s'il y en a un à qui je pense souvent, c'est bien cet enfoiré de douanier qui ne saura jamais quelles lointaines conséquences aura eu sa décision d'arrêter cette bagnole ! Pourquoi lui, là, maintenant ? S'il l'avait laissée passer, nous aurions quitté le Canada avec une bonne somme en poche, direction le soleil et les banques se seraient débrouillées avec M. Pascal. Comme quoi, il n'y a rien de plus dangereux qu'un fainéant qui travaille !

Je pense aussi que si nous nous sommes faits berner de la sorte, c'est en partie à cause d'un état psychologique perturbé par nos difficultés financières.

OF du 08/03/2012

L'embrouille canadienne d'un petit escroc angevin

Hier, le tribunal correctionnel d'Angers l'a condamné à deux ans d'emprisonnement ferme. Il avait utilisé de faux documents pour tenter d'acquérir deux chalets et une propriété dans la région d'Ottawa.

Malgré la volonté de son avocat, M° Patrick Descamps de vouloir le faire passer pour « un pigeon », les juges d'Angers lui ont infligé la peine plancher. Avec quatre condamnations précédentes pour escroquerie et faux, l'Angevin de 52 ans s'est présenté, hier, comme un piètre manipulateur plutôt qu'un grand professionnel de l'embrouille. « Tout le monde s'est vite aperçu que ses faux étaient grossiers. Et qu'il n'avait pas un sou devant lui ! »

Alors qu'il vit du RSA avec sa compagne, il décide, en mars 2011, d'acquérir une vaste propriété près d'un lac au Canada. Une maison de 400 m² sur un terrain de cinq hectares avec deux chalets. Coût de l'opération : 660 000 dollars. « Son Eldorado », reprend M° Patrick Descamps. « Sa cabane au Canada », précise le substitut du procureur, Lionel Ascensi. Celui qui signe ses mails « Aston Martin 49 », fournit une attestation de patrimoine, usurpant le nom d'un notaire, pour montrer sa solvabilité. « Et personne n'est dupe, s'écrie l'avocat, lorsqu'il mentionne une villa avec piscine d'une valeur de 2 500 000 €...à Grace de Monaco. »

Pourtant le vendeur va mordre à l'hameçon. L'escroc angevin, ancien transporteur, condamné dernièrement pour un trafic de cigarettes avec Andorre, s'envole pour le Québec. « C'est vrai, je n'avais pas d'argent, mais le vendeur me promettait que les banques canadiennes pouvaient me suivre. Et l'achat du domaine fournissait un emploi à ma femme et à ma fille. » Sidération des magistrats. Le prévenu semble sincère. Sur une autre planète. « C'est une escroquerie qui n'a fait mal à personne, plaide son avocat. Regardez-le, il n'a pas d'allure. Tous ses mails étaient truffés de fautes d'orthographe. Au premier coup d'œil, on voit tout de suite qu'il n'y a pas de villa, ni de catamaran aux Antilles. » M° Patrick Descamps plaide la relaxe pour escroquerie. « Il ne reste plus que des petits faux ! »

Auparavant, Lionel Ascensi, substitut du procureur, avait lui aussi reconnu que l'homme était « plutôt d'un aspect sympathique ». Mais, le magistrat s'est ensuite longuement attardé sur son casier judiciaire. « Depuis 2007, c'est un enchaînement. Malgré ses condamnations, il recommence toujours dans l'espoir de se refaire. » Alors l'embrouille canadienne mérite désormais la peine plancher de deux ans !

Des réquisitions confirmées par le tribunal, ne retenant que les faux.

Yves LAUNAY.

Le Maine-et-Loire en bref

Repartir ?

Oui, parce que le bonheur sous cellophane, ça n'est pas mon truc. Les sourires commerciaux et la course effrénée au dollar, non plus. Je repense à ce qu'aura été ma vie avant le Québec, aux cimes Pyrénéennes, à l'accent catalan, à ces isards. Il y avait plus de vraie vie sur ces pentes brûlées par la neige et le soleil que dans tous leurs blisters ! La Guyane, sa forêt, ses insectes, ses reptiles et araignées géantes... Cet "enfer vert" craquait, chantait, feulait. Le danger était sous chaque branche, derrière chaque tronc, devant, derrière, au-dessus, au sol, dans l'air ou dans l'eau. La forêt semblait hostile, on y connaissait des trouilles bleues, mais c'était le prix à payer pour en toucher l'harmonie véritable du doigt, en déguster les saveurs cachées. J'aurai eu la chance de vivre dans ces deux milieux que tout semble opposer. Ils étaient typés, avaient du caractère, s'opposaient à toute intrusion de profane ne détenant pas les codes d'accès. Le premier avec ses pentes, son accent rocailleux, le second avec l'envoutement, cette nécessaire initiation. On y était bien.

Ici au Québec, c'est la vie aseptisée à tous les étages, avec une xénophobie inavouée, mais bien présente. Les rayons qui dégueulent dans les centres d'achat, le tout au service du dollar. La compétition y fait oublier le partage. Les notions de bénéfice et productivité y balayent sans vergogne celles de convivialité et de solidarité. Tout est à l'avenant : discours stéréotypés et convenus, tendance générale à embellir les réalités, surévaluation des diplômes, course effrénée au dollar déifié, enfants rois, pillage des ressources naturelles, hypocrisie généralisée... Un seul mot d'ordre : consommer, tout et n'importe quoi ! En Guyane, le gilet pare-balles était en passe de devenir le vêtement à la mode, mais nous y sommes restés plus de vingt ans. Il est vrai que là-bas, l'individu avait encore le droit d'assurer sa sécurité, de palier à certaines défaillances des autorités. Nous avons ainsi réglé quelques affaires "à l'amiable", "en famille", histoire d'éviter paperasses et amnisties de rigueur. Plus de vingt ans passés en Guyane "sauvage"... Il nous aura suffi d'y vivre un septennat pour envisager de quitter le Québec ! Ici, malheur à l'inconscient qui osera élever la voix sur le garnement venu le vandaliser ! C'est le royaume de l'enfant-roi et donc des coups de pieds au cul qui se perdent.

Ras le bol du politiquement correct, de payer des taxes scolaires et municipales, des cotisations, des permis de ceci ou cela...

Ras le bol d'être pris pour une vache à lait, de payer la vaseline pour me faire sodomiser par un gang de gratte-papiers planqués passant leur temps à se prétendre surbookés, ultime technique pour conserver leurs postes. Je suis fatigué de leur publicité mensongère, du tout est beau permanent, de leur auto-satisfecit de rigueur, de leur allergie à la moindre remarque. Je suis outré par les nombreuses fautes d'orthographe et de français sur leurs sites officiels, par leur manque de respect, par leur arrogance nullement de mise. *Asinus asinum fricat*[133]...

Ras le bol de voir leurs tronches de cakes prétentieux encombrer les colonnes des feuilles de chou locales, pour des événements souvent payés avec l'argent du contribuable et dont la futilité et l'insignifiance feraient pisser de rire la première couvée de singes venue...

Ras le bol des non-dits, des messes basses, des regards fuyants, des coups en douce, des faire-valoir, des fourberies, des cancans, des petites magouilles entre amis, des décisions prises sur un coin de table, des rétropédalages artistiques...

Votre culture, on en a d'autant plus vite fait le tour que nous sommes une société décadente et que vous avez oublié d'où vous venez. Vos ancêtres, nos ancêtres étaient payés au lance-pierre, mais construisaient des cathédrales. Vous palpez de bons salaires pour fabriquer des cabanes en contreplaqué ! Vos ancêtres, nos ancêtres allaient guerroyer un peu partout, leurs femmes attelées labouraient ! Leurs petits-enfants pointent au B.E.S.[134] ou s'emmerdent ferme dans un bureau quelconque... A moi grognards, grenadiers de la garde, fils de paysans, partis à pied jusqu'à Moscou à pied pour botter le cul aux Russes ! Votre descendance vous a oubliés, a fui la rudesse supposée de la vie en campagne et s'est réfugiée en ville, croyant y trouver le confort, un meilleur niveau de vie. Contemporains, vous ne savez plus ce qu'est un champignon "sauvage", êtes incapables de différencier une poule d'un canard... Alors, je te demande où sont passées ta gloire, ta grandeur ? Rêves-tu encore ? Quels sont tes désirs de conquête, tes envies d'en découdre, tes soifs de découvertes ?

> *Ce dindon a toujours béni sa destinée*
> *et quand vient le moment de mourir il faut voir*
> *cette jeune oie en pleurs, c'est là que je suis née.*
> *Je meurs près de ma mère et je fais mon devoir.*
> *Elle a fait son devoir c'est à dire que onques*
> *elle n'eut de souhait impossible. Elle n'eut*
> *aucun rêve de lune, aucun désir de jonque*
> *l'emportant sans rameurs sur un fleuve inconnu*[135].

---

[133] L'âne frotte l'âne. Les imbéciles se congratulent entre eux.
[134] Bien Être Social. Équivalent du RMI ou du RSA.
[135] Selon le magnifique poème "Les oiseaux de passage" de Jean RICHEPIN, chanté par Georges BRASSENS.

Existe-t-il un horizon au-delà de vos séries TV à la noix, de vos quatre roues[136], de vos trucks, de vos matchs de hockey ?

C'est la société hamburger ! Je me suis amusé à demander à un amateur de cette malfaçon "culinaire" d'imaginer ce que pourrait être sa vie s'il prenait la décision d'arrêter de consommer ces saletés. Quelle question idiote ! Mon interlocuteur a froncé les sourcils, signe de colossale surprise. Je lui aurais demandé ce que serait la vie de nos sociétés sans pétrole que ça ne lui aurait pas semblé plus saugrenu ! Je lui ai donc suggéré quelques réponses. D'emblée, il lui faudrait plus de temps pour se préparer un vrai repas, ce qui ne pourrait ne pas être sans conséquence sur sa productivité (?). Ensuite, il découvrirait d'autres saveurs, le plaisir de manger et verrait son esprit critique se développer. Il comprendrait alors qu'un hamburger n'est pas, ne peut pas être un repas. Un hamburger, c'est le fruit d'une pensée réductrice, réduisant la notion de repas complet à celle de vulgaire coupe-faim. Quelque part, ça ramène à la notion de rapport qualité/prix et me fait penser à ces savants calculs de l'école d'agriculture, où l'on calculait comment équilibrer la ration des vaches : comment mettre le minimum nécessaire dans un minimum de volume, de façon simple et à moindre cout ?

Cale-toi ça dans le gésier, paye et oublie-moi !

Dans ce simple calcul économique, où est la notion de qualité, de "mijotage", de savoir-faire culinaire, de fumet ? Il n'y en a pas. Certains m'ont rétorqué qu'en n'utilisant que des bons produits, il est certain que l'on obtiendra un bon hamburger ! Hé hé, tu vas où avec ta malfaçon à étages ? Ca ne changera rien au concept ! Rien à voir avec un mets amoureusement préparé, décoré, encore fumant dans une belle assiette ! Et cette ambiance de bonne table, ce plaisir de manger, cette joie de partager un bon de repas, cette convivialité... Tout ceci est simplement inaccessible au malheureux devant se contenter de ce méchant assemblage de tranches ! Le hamburger est un produit industriel standardisé. On a estimé quelque part que ça suffisait à combler les besoins énergétiques du travailleur de base et surtout, en satisfaisant aux impératifs économiques. Et tant qu'on y était, on a cloqué entre ces deux tranches de mauvais pain, des feuilles de salade hydroponique, de la viande hachée de récupération avant date limite et du fromage plus ou moins chimique. C'est dire si le rapport qualité/prix est à l'avantage du con-sommateur... Je ne me souviens plus quand j'ai pris la décision de ne jamais manger de hamburger. Ce que je sais, c'est que je la respecte scrupuleusement.

Quitte à accabler un peu plus la tambouille de la zone, -et il y a de quoi- j'ai constaté à mon grand regret et à maintes reprises que ces gens ne sont même pas foutus de faire des frites à peu près correctes ! Ce ne sont pourtant pas les cabanes en proposant qui manquent ! Je n'ai jamais trouvé au Canada de ces belles frites dorées, croustillantes à l'intérieur, bien cuites à l'intérieur, préalablement lavées et essuyées, fruits de deux bains successifs, ne collant pas entre elles. Non, pour ces soi-disant professionnels, les frites, ce sont des morceaux de patates trempées dans de l'huile, sans être lavées, encore moins séchées dans un linge. Point barre. Un peu comme si un aquarium se limitait à un bac avec un peu de flotte, des trucs rouges à nageoires

---

[136] Quads, VTT.

qui gigotent à l'intérieur et remuent la queue quand on s'approche avec la boite de nourriture. Absolument incultes ! Et ces tocards osent appeler leurs mauvaises frites "*french fries*" ! C'est une insulte à notre drapeau national ! Il faut voir ces méchants blocs de patates collés, noirs, mal bouillis dans une vieille huile dont ils dégoulinent encore ! C'est du grand n'importe quoi dont les clients de toute évidence aussi incultes que le pseudo cuisinier, semblent se satisfaire. Comment pourrait-il en être autrement, puisqu'en cette matière comme en bien d'autres, ils sont dépourvus de tout antécédent culturel ? L'important reste de remplir sa panse de jean-foutre ignorant à moindre frais. Mission accomplie !

    On nous serine avec les famines et disettes du Moyen-âge ! C'est pourtant de ces époques lointaines que nous viennent les mots de ripailles, banquets et festoyer ! Oui, le repas était une fête et l'est resté malgré la poussée sournoise d'un prétendu progrès au parfum de facilité. Le four micro-ondes, le surgelé, les plats cuisinés et le prêt à cuire ont tué le bien manger au profit de l'inodore et sans saveur. Il n'y a qu'en Amérique et chez nos ennemis intimes Anglo-Saxons que se nourrir est ramené à la notion de mal nécessaire. C'est bien chez ces hyper vitaminés aseptisés que l'on rencontre le plus d'obèses (y compris chez les plus jeunes), de maladies cardiovasculaires ! C'est aussi chez eux que l'inculture culinaire - sans parler de l'inaccessible notion de gastronomie - est de loin la plus minable de toute la planète ! L'illustre Rabelais et son Pantagruel n'auraient jamais pu voir le jour sous la statue de la Liberté éclairant le Monde à la lumière tamisée ! Pourquoi les peuples Européens ont-ils su ériger des monuments, construire des cathédrales, traverser des océans, soumettre des peuples, à faire tourner la tête ? Il n'est de richesse que d'hommes[137]. Le gros des troupes ignorait l'hygiène, était analphabète, croupissait sous la férule de l'obscurantisme religieux et ne serait sans doute jamais arrivé à quoi que ce soit de grand s'il n'avait pas eu de chef, des vrais meneurs d'hommes. Les premiers arrivants au Canada étaient de cette trempe ! Ils durent guerroyer, défricher et leurs femmes attelées labouraient ! Eux aussi et en peu de temps, érigèrent des châteaux, mirent des milliers d'hectares en culture, s'illustrèrent dans la drave et autres travaux de titans ! Leurs descendants incolores, inodores et sans saveur font la queue dans les services sociaux, en sont réduits à mendier une prime, une indemnité, fayotent un max pour se planquer dans le fonctionnariat. Ils n'ont plus d'idéal. Leurs dirigeants leur ont subtilisé le pouvoir avant de les trahir. *Du passé faisons table rase*[138]... Le capitalisme aura réussi là où le communisme aura échoué. Occidentaux, vous êtes désormais esclaves chez vous et faute de repères, perméables à toute culture exogène ! Pire, parce que considérant votre système comme le meilleur, vous cherchez à l'imposer partout. Vous vous considérez comme un exemple à suivre. Mais savez-vous que des milliards de gens sur cette planète n'en ont rien à foutre de notre prétendue démocratie et de ses sous-produits la plupart du temps largement décadents ? Avant que de vouloir donner des leçons aux autres, fouillez dans le passé récent, recherchez-y les vraies valeurs ! Après quoi, bande de ploucs

---

[137] Ce mot de Jean Bodin est plus représentatif de la pensée des princes de l'époque que de l'auteur, plus intéressé, comme son contradicteur Machiavel, aux questions de politique que de population.
[138] De l'Internationale, hymne communiste...

américanisés, vous pourrez peut-être apprendre à faire des frites potables et oser jeter un regard critique sur votre petite condition.

Le hamburger et ses équivalents sont pour moi un des plus explicites symboles de la dégénérescence nord-américaine. J'ai rencontré une nana limite obèse travaillant dans un hôpital. Cette très rondelette souris exerçait la profession de nutritionniste... Je l'ai laissée me baratiner sur les bienfaits du beurre d'arachide, après quoi je lui ai parlé de nos magrets de canards, de nos foies gras. Sa seule réponse fut d'évoquer une certaine "exception française".

T'as raison, gros sac. Je suis exceptionnel...

Nous essayons tous de communiquer notre culture, de faire état de nos modes de vie, et pour nous Français, la bonne chère est incontournable. C'est cela aussi, le partage ! Plusieurs fois, nous avons invité des Québécois autour d'une bonne table, avec de délicieux plats du genre magrets de canards, foie gras truffé à l'armagnac. Ces jean-foutres ont englouti ces merveilles sans les savourer. J'aurai alors compris -une fois de plus- qu'il est vain d'essayer de faire le bonheur des gens contre leur volonté. C'est au cours d'un de ces repas de fin de chantier qu'un duo de travailleurs occasionnels grands amateurs d'*astie*, de *calice*, de *calvaire, ciboire, tabarnak* et *saint sacrifice*[139] se livra sans gêne aucune à un concours de pets et de rots ponctués de "s'cusez" automatiques et annonciateurs d'une prochaine rafale... Se fondant sans doute sur le vieux principe populaire affirmant que faute avouée est à moitié pardonnée ! Ça gazait... Enfin, ils étaient de gros bosseurs et c'était là l'essentiel, mais ce fut l'unique repas pris en commun...Oui parfois, certains Québécois amateurs de joies simples et rustiques, ont su rester un peu rudes !

Évidemment amateurs de *hot dogs* et hamburgers, et en plus, grands fumeurs...

Par son concept et les comportements qu'il génère, le hamburger est donc un frein à la critique, une lobotomie rampante. Le gars est désormais sans repère ! Dans le même temps, on lui a dit que sa nana devait se libérer, s'émanciper. On lui a fait[140] quitter ses fourneaux pour aller trimer à l'extérieur contre un salaire inférieur à celui d'un homme occupant le même poste. Ce faisant, on en a fait une consommatrice souvent esclave des modes et tendances. Oubliée la cuisine ! La femme libérée s'étale fesses à l'air dans les revues spécialisées ou pas, sur les affiches. Impossible de nos jours de vendre une bagnole ou la moindre brosse à dents sans le cul nu de service et dans une pose suggestive ! C'est ça, la femme libérée[141] ! Désormais déculturée, à peine capable de faire des œufs au plat, cette adepte d'hamburgers n'est plus en position de critiquer. Tout va donc pour le mieux dans le meilleur des mondes et le capitalisme moderne, empereur du nivèlement par le bas peut crier (temporairement) victoire.

J'aurais dû me méfier...

Tout est loin d'être négatif et je ne voudrais pas me limiter à une diatribe un brin caricaturale risquant de faire passer le Québec pour un vulgaire élevage de poulets industriels en plein air.

---

[139] Exemples de jurons québécois, ponctuations incontournables de la plupart des dialogues...
[140] Je n'ai pas la naïveté de croire que les femmes se sont "libérées" toutes seules !
[141] Je caricature (?).

Au marché d'Ottawa, il est possible de trouver une foule de produits "exotiques" dans une multitude de petites échoppes fort sympathiques. En fait, on trouve de tout, des spécialités espagnoles aux italiennes, en passant par les asiatiques, indiennes, etc. Sur ce secteur d'exception, il y a une foule permanente et cosmopolite. L'ambiance y est agréable et on circule parmi les senteurs d'une bonne partie de la planète. On y oublie vite l'atmosphère sclérosée du Pontiac.

Plusieurs magasins sont spécialisés dans les fromages. On y trouve de vrais camemberts, fabriqués en France ! Ca hume bon et change du Cheddar en barres inexpressives que je ne consomme pas et dont la vente - à mon humble avis - devrait être réservée aux commerces de matériaux de construction. Comme les Québécois n'apprécient pas beaucoup les fromages à odeur forte, je pallie à leur "allergie" en achetant force morceaux dégageant un fumet à couper au couteau, quitte à passer pour un sauvage amateur de puanteur. De plus, les prix de ces fromages sans doute considérés comme passés de date sont bien en-dessous du même frais ! Comme quoi, parfois, le mauvais gout n'est pas sans avantage... Nos amis Jacques et Nathalie s'y sont mis ! Il faut dire qu'au début, la moustache de Jacques frémissait au passage des lourds "embruns" d'un vieux Munster... Son nez n'était pas fait, nullement préparé à ces senteurs, pas plus que celui de Nathalie. Alors, on a commencé à les "civiliser" en leur faisant gouter des fromages pas trop forts. Et puis, nous nous sommes enhardis... Plusieurs petits producteurs locaux fabriquent d'excellents fromages, mais la distribution de leurs fabuleux produits est pour eux difficile compte tenu des faibles volumes concernés. Ils ont beaucoup de mérite à lutter sur un marché trusté par quelques grosses boites. Ces gens doivent être encouragés. Leur effort mérite d'être salué et la qualité de leurs productions le vaut bien. Un exemple parfait avec le fromage Evanjules, une somptueuse pâte molle à l'arôme tenant bien en bouche !

On trouve d'excellents vins dans les monopoles d'Etat que sont les SAQ[142] et L.C.B.O.[143]. Là aussi, les produits rencontrés sont originaires de toute la planète. Petit détail ayant son importance au royaume du dieu dollar : acheter ses alcools en Ontario coute moins cher qu'au Québec et permet de bénéficier d'air miles ! Si l'on trouve à peu près de tout, les vins sont relativement chers et le pire des bas de gamme côtoie les bons crus. Il faut compter environ douze dollars en 2011 pour un Castillo de Almansa, le double pour un Saint-Emilion moyen... Faute de gout affirmé, le snobisme se balade aussi entre les rayons et Monsieur Atuvumacanette confondra trop souvent tarif et qualité ! Le Québécois paye son vin extrêmement cher. Il existe néanmoins quelques vrais connaisseurs, au premier rang desquels un des fils de nos amis Jacques et Nathalie. Lui rêve d'un "voyage d'étude" en Bourgogne et Bordelais... Les alcools sont très bien représentés avec beaucoup de whiskies canadiens, vodkas, et même l'indispensable Ricard à peu près au même prix qu'en France ! Curiosité locale, on peut aussi fabriquer sa propre vinasse ! De nombreux kits sont vendus, intégrant une poche plastique de concentré de moût de raisin, quelques sachets de chimie, étiquettes qui en jettent, bouchons, etc. Après avoir agité la mixture à l'aide d'une chignole[144], on embouteille et on laisse vieillir...

---

[142] Société des Alcools du Québec.
[143] Liquor Control Board of Ontario (LCBO). Équivalent Ontarien de la S.A.Q.

Il est ainsi possible de se concocter un stock de Bordailles, de vin "d'Alsace" ou autre cru réputé dont on travestit le nom... Beaucoup de Québécois se livrent à cet exercice et extraient de leurs sous-sols des bouteilles de cette piquette, accompagné des précautions et du respect dus à un grand cru ! J'ai même découvert un aspect sacrificiel dans la gestuelle de l'instant...

Force est de reconnaitre qu'au niveau nourriture on est dans la pire région du monde. L'Amérique du nord avec l'Angleterre remportent haut la main la palme de la pire malbouffe que l'on puisse rencontrer. Je n'ai jamais trouvé au Canada des frites correctes alors que ce pays est le premier producteur mondial de patates ! Ce qu'ils osent appeler sans honte *french fries* est une horreur mollasonne, bouillie dans l'huile, dégoulinante, noire à l'extérieure et non cuite à l'intérieur. La viande est généralement aux hormones. Une pièce qui passera une nuit au réfrigérateur aura perdu une bonne partie de son volume et baignera dans une mare de sang bien peu ragoutante. Les O.G.M. sont présents en quantité. D'ailleurs dans ces régions, il est bien connu que ce que produit la nature ne peut pas être bon sans intervention humaine. Il est impensable de proposer des produits non améliorés par la rassurante technologie ! Alors on met tout sous un blister protecteur (y compris le bonheur), et on rajoute force colorants et autres stabilisants ainsi que divers produits chimiques. Saint Thétique, priez pour nous pourrait être le slogan de la ménagère. Rares sont les agriculteurs disposant d'un petit élevage familial. Ils préfèrent la volaille congelée et les plats cuisinés... Avec notre fermette version France au temps de la polyculture, nous passions pour des extraterrestres. Et comme en plus, nous ramassions force champignons sauvages... Il n'y a pas de restaurant digne de ce nom au Pontiac tout simplement parce qu'il n'y a pas non plus les amateurs de gastronomie. En-dehors des hamburgers, barquettes de mauvaises frites et pizzas chimiques, c'est le désert culinaire dans toute sa tristesse. Je me souviens avoir conseillé la moins mauvaise des cantines à un ami de Guyane en visite chez nous et arrosant son anniversaire. Par précaution, je l'avais prévenu de la médiocrité de la nourriture et n'oublierai jamais le "Effectivement..." désabusé dont il gratifia la qualité du repas. Ajoutons-y un service déplorable, une misère intellectuelle crasse et le tour du Pontiac est pratiquement achevé.

Comment ne pas être empli de stupéfaction face à des gens affirmant sans crainte du ridicule "ne pas manger d'oie, parce que ça a gout de canard" et "ne pas manger de mouton, car ça goute la laine"[145] ? On ne peut que rester sans voix. C'en est désespérant de médiocrité, d'inculture sans fond. L'espoir de subtiles saveurs a été définitivement englouti entre les tranches de ces malfaçons que sont ces méchants hamburgers industriels aussi toxiques qu'insipides.

Il n'y a qu'au Pontiac que j'ai vu rajouter des glaçons à un vin rouge déjà bien frappé ! Il s'agissait d'une méchante vinasse concoctée au Pontiac, insipide et sans saveur, bien pire qu'un de ces vins synthétiques, amoureusement fabriqués à la chignole et vieillis en quatre longues semaines en bidons de plastique. C'était lors d'une séance de dégustation, montée en grande pompe pour lancer cette pisse d'âne sans âme, issue des "coteaux des Laurentides" longeant la rivière des Outaouais. Et

---

[144] Authentique ! J'ai pratiqué !
145 Absolument authentique !

ces grands œnologues de pissotières, glumant un néant de saveurs, yeux clos par l'extase, se délectant des subtils arômes de tanins imaginaires... Et de humer à pleins naseaux vers le plafond avec de grands airs d'amateurs éclairés... Tristes chevaliers du taste-vide singeant la gestuelle des plus grands tastevins... Ah, Pauvre ramassis de sombres crétins pompeux, surpris une fois encore en flagrant délit d'étalage de cette spécialité qu'est votre niaiserie ampoulée...

Il y a aussi la bière ! On en trouve partout et la publicité tarifaire s'affiche bien visible en vitrine de tous les dépanneurs[146] et autres magasins. Les bières locales sont généralement des pauvres bibines tristounettes, sans relief et faibles en degrés. Les plus grosses parts de marché sont contrôlées par Molson, Coors, Labbath, pour ne citer que quelques marques. À noter que les anglophones ont un gout plus marqué pour Molson. De même que pour les fromages, de nombreuses micro brasseries locales fabriquent d'excellentes bières (Saint Hubert, etc.). Elles sont également commercialisées par les S.A.Q, L.C.B.O. et en Ontario par les "*beer store*" offrant une large gamme internationale à des prix corrects. A l'instar du vin, il est aussi possible de fabriquer sa propre bière, ce à quoi je me suis essayé après avoir investi dans un stock de bouteilles de plastique vertes, obtenant un produit d'assez bonne qualité. Dans le même ordre d'idée, j'ai fait de la bière d'épinette[147] sur la base d'une recette trouvée sur Internet, et là aussi, obtenu une boisson au gout curieux, mais agréable à boire et rafraichissante.

Les dépanneurs ou petites épiceries... Ces commerces de proximité méritent parfaitement leur nom et nous n'y allons que très rarement. Pourtant, dans les jours suivant notre installation, soucieux de nous intégrer, nous nous efforcions d'acheter local. Vu la qualité de l'accueil reçu, le sourire remplacé par une crispation chronique, nous ne nous sommes nullement entêtés et avons rapidement opté pour l'anonymat supposé des centres d'achat. Généralement bien plus chers que les grandes surfaces, ils n'offrent qu'une gamme d'articles très limitée, n'ont que peu de débit et la fraicheur de leurs produits peut en pâtir. De toute façon, à Campbell's Bay, la qualité de l'accueil des clients laisse beaucoup à désirer. C'est d'ailleurs ce qui nous sera confirmé par la grande majorité de nos locataires. Comme je l'ai dit à la directrice d'un organisme local "vu leur enthousiasme, l'éclat de leur sourire, je ne sais toujours pas si ces commerçants ont des dents...". Vous n'appréciez pas nos gueules, mais acceptez nos dollars ? Optimistes, va ! Alors, nous abandonnons ces zombies à leur grisaille et faisons nos emplettes comme tout le monde dans les grandes surfaces. Nous faisons une liste des produits à effectuer et nous prenons une journée en ville pour y magasiner[148] souvent en gros, notamment chez Costco à Gatineau, spécialiste du genre. Là-bas au moins, on peut plaisanter avec les caissières ! Il est vrai que la mentalité est radicalement différente, le Pontiac semblant être le comté regroupant la plus forte densité de peine-à-jouir et autres constipés chroniques de tout le Québec. Beaucoup affirment que le Pontiac n'est pas du tout représentatif du Québec. Plusieurs membres des organismes de la région nous ont confirmé ce fait, à titre privé bien sûr[149]. Même s'ils ne peuvent pas le dire

---

[146] Appellation des petites épiceries de village.
[147] Appellation locale de l'épicéa.
[148] Formulation québécoise. Je sais. Parfois, je me laisse aller...
[149] Authentique.

officiellement, beaucoup s'interrogent sur les perspectives d'évolution de la région. C'est tout de même un comble de trouver plus de convivialité dans les grandes surfaces que chez les petits commerçants ! Ça en dit long sur la mentalité de nos autoproclamés chaleureux locaux...

J'ai conscience d'avoir jeté les gants trop jeune. À soixante-et-un ans, j'ai encore envie de reprendre la route. Oh, je ne jetterai pas la responsabilité de mon besoin de bouger sur le Canada ! C'est un pays magnifique, mais hélas habité. La vraie question est de savoir si nous sommes venus au Québec pour visiter ou pour rester scotchés sur notre propriété ! Tant qu'il y avait un combat à mener, à savoir aménager la propriété, construire étables, ateliers, extension, chalets, clôture, etc. ça allait. Nous étions occupés, avions un œil sur un objectif. Nous étions obnubilés par la perspective de voir nos maigres retraites améliorées par les revenus générés par la location des chalets. Or, en l'état actuel, ils nous coutent plus chers qu'ils ne rapportent, d'où la décision d'arrêter toute location prise le 30 juin 2011. Voici une copie du courriel adressé à différents organismes[150] :

>LAC SANS LOI Inc
>41 Chemin du lac Lawless
>LITCHFIELD J0X 1K0
>QUEBEC CANADA
>1 819 648 5363
>http://www.lacsansloi.com
>contact@lacsansloi.com

Bonjour,

Les exigences légales relatives aux résidences de tourisme imposent la souscription d'une assurance responsabilité civile à hauteur de 2 000 000 $. Compte tenu de notre chiffre d'affaires, il est économiquement suicidaire de souscrire un tel contrat dont l'absence ne permet pas la délivrance de la certification nécessaire pour pouvoir opérer. Rien de dramatique à priori, un calcul rapide démontrant que ne pas travailler générera moins de déficits que persister dans l'acharnement thérapeutique en continuant à écouter les chants des sirènes parfumées à une Arlésienne embellie. Un peu comme l'histoire du gars se frappant la tête à grands coups de marteau, ayant constaté que lorsqu'il s'arrêtait, ça lui faisait du bien...

Vous voudrez bien trouver ci-dessous - et en guise de sondage - un résumé rapide de ce premier semestre 2011 en termes de locations de résidences de tourisme quatre étoiles, quatre saisons, bord de l'eau, censés répondre à une forte demande locale, etc. etc..

Premier semestre :

Du 1/01/2011 au 30/06/2001, nous avons loué en tout et pour tout un seul de nos deux chalets pendant 2 nuits. Cerise sur le gâteau, ce couple de clients, excédé par les passages incessants d'une moto sans plaque, décide de faire un tour de lac à pied. Au cours de leur promenade, ils seront manqués de peu par un tir de carabine. La sagesse populaire affirme qu'on n'attrape pas les mouches avec du

---
[150] Authentique.

vinaigre. Elle ne parle pas de l'attrait éventuel du plomb sur les touristes. Au Pontiac peut-être...

Nombre de demandes de réservation pour le premier semestre 2011 : 1 ("Clients cibles " évoqués ci-dessus).

Nombre de demandes de réservations sans suite donnée : ZERO. (On ne peut être que satisfaits avec un rapport demandes effectuées/réservations confirmées de 100%). Qui dit mieux ? A intégrer dans vos statistiques ?

Chiffre d'affaires du semestre : 399 $. Ce sera donc notre chiffre définitif (de mauvaises) affaires 2011. À comparer avec la montagne de taxes et parasitages divers. Et nous, qui dans le pire des scénarios catastrophes, et sur la foi des vifs encouragements reçus, d'une prétendue bonne information, n'escomptons pas faire de bénéfices, mais que nos chalets se payent seuls... On a bonne mine !

Nous sommes à des années lumière des prévisionnels établis (Industrie de l'immigration, services divers) lors de notre installation, et n'ayant fait l'objet d'aucune "modération". Pourtant, des statistiques devaient être disponibles !

Nous avons suivi les conseils des professionnels.

Nous ne nous posons plus la question de savoir où sont les besoins, les clients. Pas plus que les taux d'occupation faramineux ayant servi de base à nos calculs. Ont-ils jamais existé ? Nous voulons bien croire dans un prévisionnel à l'inévitable existence d'un différentiel, mais à celle d'un abime ?

Nous n'avons pas démérité, avons construit nos chalets 4 étoiles, aménagé notre parc, assuré la promotion.

D'emblée, des taxes très dissuasives nous sont tombées dessus "à pieds joints".

Nous avons proposé la pratique de la digiscopie, ayant eu connaissance de l'attrait du public pour la photo et l'observation des oiseaux. Un petit prix nous a même été décerné pour cette activité innovante et Hi Tech.

Nombre de clients ayant demandé à pratiquer cette activité : ZERO.

Nombre de clients ayant évoqué cette activité : ZERO.

Niveau de fréquentation de notre site Internet : Bon.

Second semestre :

Nombre de réservations pour location au second semestre, ayant versé un acompte : 1. En cours de remboursement.

Nombre de demandes de renseignements pour location second semestre : 2.

Puisque nous évoquons la notion de "bonne information", je relègue désormais celle-ci au rang de simple propagande, genre mauvaise publicité pour lessive. Sur la forme, je ne suis pas le seul à avoir remarqué que cette soi-disant "bonne information" excluait généralement toute critique (Un peu comme à Cuba, et autres "démocraties"), se limitant au positif. Cette forme de censure explique en grande partie la situation économique régionale. En effet, au moment même où la majorité des indicateurs font état d'une nouvelle année noire pour le tourisme au Québec, et par conséquent au Pontiac, canard boiteux de ce domaine aussi, il se trouve encore un amateur de "bonne information" pour prétendre le contraire - en mauvais français[1] -, et voir une embellie (Cf Bulletin rural du Pontiac printemps 2011). Je cite : "*...la fin du printemps a été excitante! Et les activités qui auront lieu cet été dans le Pontiac continueront de faire en sorte que les Pontissoises et*

Pontissois se rassembleront pour fêter et continueront à accueillir les touristes, de plus en plus nombreux à chaque été"... Ben voyons... Qui croire ? À qui faire confiance ? Beaucoup de violons mériteraient d'être accordés, à défaut de changer d'instrument...

Mon père m'a dit un jour sur le ton de l'humour qu'il existait trois moyens de se ruiner : "Le jeu, c'est le plus rapide. Les femmes, c'est le plus agréable. L'agriculture, c'est le plus sûr." De toute évidence, il ignorait l'existence du Pontiac et de son prétendu besoin en résidences de tourisme...

L'avenir ? En dehors de la fuite, il n'offre guère de solutions. Nous n'espérons aucune amélioration notable à brève échéance. Nonobstant les dires de certains bureaucrates s'affirmant surbookés sous la charge de projets (souvent abandonnés), nous ne voyons pas grand-chose se matérialiser sur le terrain. Quand on examine le ratio des dépenses budgétaires (54% de frais de fonctionnement, 3% pour le tourisme, 7% d'aide aux entreprises, on se demande ce qu'on est venu faire dans cette galère. D'autant plus que de nombreux économistes annoncent pour le second semestre la possibilité d'une crise financière systémique sans précédent, et qui devrait mettre tout le monde d'accord. Autre problème...

Alors, se penchant sur le passé récent et faisant un bilan rapide, on ne peut que constater qu'on s'est bien fait avoir, (doux euphémisme). *"J'étais riche. Le Pontiac m'a ruiné"* serait-on tenté de dire, pour parodier Blaise Cendrars.

Si la faillite du repreneur de notre ex-société en Amérique du Sud nous prive de la plus grande partie de nos revenus et réduit à néant notre trésorerie, elle est évidemment sans influence sur les taux d'occupation. D'ores et déjà, nos propriétés sont toutes en vente. Le but est de quitter cette région, véritable - selon un client Québécois - "antichambre de la mort".

En quittant la dangereuse Guyane, nous avons eu le grand tort de baisser notre garde, tombant ainsi de Charybde en Scylla. Ce fut notre pire erreur, fortement inspiratrice toutefois pour une écriture croustillante ! Se faire avoir de la sorte après être passés par où nous sommes passés est un pur nectar.

À l'instar des Asiatiques confrontés à une situation difficile, nous avons pris le parti d'en rire en visionnant par exemple :

http://www.youtube.com/watch?v=T5WdpSPeQUE

Deplanque Joël, entrepreneur en "chômage économique".

L'oligarchie[151] **et les ploutocrates**.

Dans ma grande naïveté, je pensais que le Canada était un pays libéral au sens économique du terme. Force est de constater qu'il n'en est rien. L'incroyable quantité de services divers, associations, organismes, officines, inutiles ou non, mais tous budgétivores, est à mes yeux une plaie béante pour le Québec. Non seulement ces gens ne produisent pas grand-chose, mais leur nombre constitue un frein à tout développement, notamment au Pontiac. Il faut payer tous ces employés, de là le niveau ahurissant des taxes et impôts divers. Le fardeau est d'autant plus lourd qu'il est aggravé par l'existence de deux niveaux de décision : le provincial et le fédéral. C'est à peu de choses près le même mode de fonctionnement qu'aux États-Unis. Des organismes complètement distincts font exactement le même travail à chaque niveau. Les compétences et attributions s'y emmêlent donc allégrement les pinceaux. Ceci se traduit donc par une perte de temps, d'énergie, d'argent et un gain de complications. Si on ajoute qu'au Québec, les transactions se font dans les deux langues, on aboutit à un magma administratif du genre pas triste... C'est également la porte ouverte à toutes les combines, conflits d'intérêts et délits d'initiés potentiels.

Par exemple, à Campbell's Bay, nous "bénéficions" de deux services prétendument chargés du développement de la région, à savoir le C.L.D.[152] et le S.A.D.C.[153]. Le premier intervient au niveau provincial, le second à l'échelon fédéral. Ils participent très vaguement à la promotion du tourisme local via un distributeur de prospectus et un bureau d'accueil officiellement chargé d'orienter le touriste ou l'égaré. Ces locaux à l'atmosphère confinée semblent être l'aire de répartition naturelle du virus de la réunionnite aiguë paralysante. L'ambiance y est faussement studieuse. Chaque gratte-papier se voit attribué un bureau et un ordinateur, signe extérieur et ostentatoire de hautes compétences techniques. Nul besoin d'être un fin limier ni de disposer d'avions renifleurs pour détecter la présence cachée de chromosomes de tonton macoute - version boréale - dans l'air ! Entre deux graphiques en couleur et des plaquettes sur papier glacé, ces braves bureaucrates passent leur temps à tenter de justifier de l'impérieuse nécessité du maintien de leur poste.

De là l'exigence de projets, réels ou non...

De là, l'évocation permanente de frémissement...

De là, le réflexe conditionné et de type pavlovien[154] d'une affirmation récurrente de *surbooking*...

De là en partie, l'absence de réalisations sur le terrain... Parce que cette vacuité atteste également du bien-fondé du maintien de ces services au Pontiac, région sinistrée économiquement ! C'est bien ce qui ressort de ce projet d'abattoir, sans cesse remis aux calendes pendant trente longues années, ayant généré plus que "nécessité" environ huit cent mille dollars de frais d'études diverses, pour être

---

[151] On emploie également le terme d'oligarchie pour désigner un groupe de personnes influentes ou puissantes. Oligarchie financière, par exemple.
[152] Centre Local de Développement.
[153] S.A.D.C. : Société d'Aide au Développement des Collectivités. Il existe 57 bureaux de S.A.D.C. CAE pour la seule province du Québec !
[154] Réponse acquise et entretenue.

finalement abandonné. Il s'agissait pourtant là d'un beau projet au service de ces forces vives que sont les agriculteurs !

De là aussi, cette frénésie accueillant tout projet d'installation d'entreprise. Face à l'entrepreneur potentiel, ces gens sont tout sourire, frétillant d'aise, disponibles, déploient tout un arsenal d'atout, embellissent la région, démontrent d'une bonne volonté faisant plaisir à voir. Venant de France ou pire, de Guyane, la tête encore pleine d'illusions, on se sent bien en leur rassurante compagnie. Souvent lassé du carcan administratif français, l'entrepreneur se sent enfin épaulé, compris. La médaille a son revers, car derrière l'écran de fumée, le gang des conseillers se transforme vite en horde de chasseurs de têtes. Les conseils techniques et juridiques qu'ils sont chargés de prodiguer aux investisseurs s'effacent au profit d'une sorte de démarche proche de la captation d'investissements. Peu leur importe que l'entreprise soit rentable ! Le but réel est qu'elle s'installe, quitte à y laisser des plumes.

Mais ces ploutocrates en surnombre encombrant ces bureaux, sont-ils vraiment compétents ? Il est sérieusement permis d'en douter ! Recrutés jeunes sur place, souvent par copinage, voire népotisme, parfois suite à l'examen de leur tour de poitrine, de quelles expériences en entreprise peuvent-ils se targuer ? Il suffit pour s'en convaincre de comparer les compétences exigées des offres d'emploi avec celles du candidat ou de la candidate choisie. Cousins, cousines ou copines et copains semblent posséder bien des talents… Sur quelle base, quel étalon de pratique et réalisations leurs conseils peuvent-il s'asseoir ? Je me souviens qu'en Guyane, un des conseillers financiers de la Poste était un indépendantiste notoire, ennemi juré du capitalisme. C'est à lui qu'était supposé s'adresser l'investisseur en quête de placement juteux. La notion de cohérence emprunte parfois des chemins pour le moins curieux... Le Québec n'échappe pas à cette règle.

Ici, une fois bombardés du titre ronflant et peu couteux de commissaire, ils s'installent rapidement dans le confort douillet d'un fonctionnariat. Là, une fois la soupe assurée, ils oublient définitivement la notion de prise de risque. D'ailleurs, l'ont-ils jamais connue ? Qu'ont-ils investi d'autre que du vernis à ongles ou une cravate en solde, néanmoins signes extérieurs de respectabilité et objectifs ultimes de la réussite ? C'est leur moyen à eux de se distinguer du bouseux de base... Les commissaires... Ils sont tellement nombreux dans l'organigramme de la M.R.C.[155] du Pontiac que je l'ai ironiquement surnommée "*Kommandantur*". Parmi eux, il en est une officiellement chargée de la communication. Cette adepte de la méthode Coué n'a que le mot bonne information à la bouche. Tout ce qui ose émettre la plus petite réserve sur les actions de la M.R.C. est taxé de désinformation. Elle devrait pourtant s'assurer de l'orthographe de ses sites Internet, truffés de fautes. J'avais rédigé un court texte indirectement à son intention et que je cite ci-dessous.

Ayant commis l'erreur d'investir dans le secteur du tourisme au Pontiac, je me permets de donner suite à la réponse de la directrice du C.L.D. publiée dans le numéro précédent.

Tout d'abord, les mises en place d'infrastructures appellent quelques commentaires lorsque la laborieuse réalisation d'un petit sentier de quatre

---

[155] Groupement de municipalités.

kilomètres a exigé trois longues années ! On pourra se consoler en observant que la non-construction d'un abattoir dure depuis trente ans, mais a généré +/- 800 000 $ de frais d'études (?). Combien de personnes se sont baladées sur ce chantier et à quel cout pour le contribuable ? Vous parlez de la création d'une image de marque. Pourquoi ? N'y en avait-il donc pas avant, malgré l'existence de services supposés chargés de cette mission de promotion ?

Vous dites soutenir les entreprises intervenant dans l'offre touristique. Peut-on savoir lesquelles ? Nous avons récemment sollicité une aide et avons reçu une réponse négative, à la suite de quoi nous avons interrompu nos activités. Avec 54% de frais de fonctionnement, faut-il voir dans le maintien de vos postes la vraie priorité de vos actions ?

Il faut arrêter de rêver en couleur ! Beaucoup d'eau passera sous les ponts avant que le Pontiac ne devienne une destination touristique reconnue. Actuellement, je remarque que plusieurs entreprises de ce milieu d'affaires, dont la nôtre sont en vente, faute de rentabilité. Où sont les taux d'occupation faramineux évoqués lors de notre installation et jamais nuancés ? Où sont les statistiques ? Où sont les besoins et clients ? Au cours des six premiers mois de l'année, nos résidences quatre étoiles ont été louées deux nuits ! De plus, ces clients, lassés des pétarades d'une moto sans plaque, décident d'effectuer un tour de lac à pied. Au cours de leur balade, ils seront manqués de peu par un tir de carabine. Chaleureux Pontiac... Voici la triste réalité d'entrepreneurs soumis à l'obligation de résultats, contrairement aux bureaucrates ! Vous me permettrez donc d'émettre quelques réserves quant à votre discours d'autosatisfaction.

Vous parlez de vos sites Internet. Il n'y a pas là non plus de quoi pavoiser ! Ils sont truffés de fautes d'orthographe grossières, d'impropriétés, de répétitions, de lourdeurs, rédigés dans un mauvais français. Cela participe à en décourager la lecture par des visiteurs légitimement en droit de s'offusquer de ce manque flagrant de respect. Combien d'agents ou de commissaires œuvrent dans les secteurs de la culture et de la communication au C.L.D. ? N'y en a-t-il donc aucun pour s'émouvoir de ces graves carences donnant une image de marque déplorable à cette belle région qui mériterait plus d'attentions ? Dans un esprit constructif, j'ai signalé ces faits, fourni bénévolement une correction, et n'ai reçu pour toute réponse que le silence (méprisant ou gêné ?). Regardez ce panneau révélateur installé à l'entrée du magnifique site des chutes Coulonge : cette agression orthographique, insulte à la langue française et au lecteur n'interpelle donc personne ? En cinq courtes lignes on y relève quatre fautes d'orthographe et d'accord, une impropriété ! Une passe au parc... Avec ce vocabulaire emprunté aux maisons closes (autre appellation des maisons de passes ou bordels), pensez-vous que ce genre de texte - digne de figurer dans un bêtisier - soit de nature à promouvoir l'image de la région ? C'est du grand n'importe quoi et tout simplement pathétique. Je me permettrai donc respectueusement de vous conseiller de revoir vos copies !

Au royaume de l'embellie et du doux sirop d'érable, ce style détonne. C'est le moins que l'on puisse dire.

Le gouvernement Québécois fait aussi appel à de la main d'œuvre étrangère pour garnir les étagères accueillant ses fonctionnaires bibelots. Dans ce bâtiment de la M.R.C. Pontiac, ilot supposé de compétences sur un océan d'ignorance toute aussi supposée, on roule sa caisse ! Comment pourrait-il en être autrement pour un jeune trou du cul tout juste sorti des écoles et qui se retrouve immédiatement propulsé au grade de commissaire chargé de développer une région ? Notre superbe pâlichon ne se sent plus pisser ! Ce tendron malléable ne se rend même pas compte, aveuglé qu'il est par le caractère divin de sa mission, qu'il est réduit à une forme d'esclavage[156]. De telles embauches, c'est du tout cuit pour n'importe quel pouvoir ! Un jeune est par essence souple, on peut le faire travailler contre un faible salaire. Si en plus il lui est attribué un statut précaire, le nouveau commissaire n'a d'autre choix que de marcher dans les clous en évitant de ramener sa fraise. Il servira donc la cause qui lui sera imposée. Monsieur le commissaire enfilera sans s'en rendre vraiment compte son uniforme de mercenaire. Cette technique éculée participe au "tout va pour le mieux dans le meilleur des mondes" constituant l'argument massue destiné à établir l'attractivité du pays.

    Cette accumulation de fonctionnaires aboutit à la formation d'un État dans l'État et au phénomène de caste, avec en prime des comportements témoignant d'une absence de scrupules et assez proches de ceux d'une mafia. Au sein de cette meute déconnectée des réalités, on ne doute plus de rien ! On en arrive même à prendre ses désirs pour des réalités, quitte à mentir effrontément. C'est bien ce qui ressort des extraits d'un courriel ayant pu être écrit par Madame Sans Gêne et auquel j'ai répondu (texte en italique).

    La Direction générale des xxxxx vous invite à vous inscrire dans le répertoire électronique des tarifs préférentiels hôteliers pour la période du 1er janvier au 31 décembre 2012. Ce répertoire s'adresse au personnel des ministères, des organismes gouvernementaux, du réseau de l'éducation, du réseau de la santé et des services sociaux, de toutes les villes et municipalités de la province de Québec. *On sait s'organiser, hein ?*
Le répertoire est disponible en version électronique sur notre site Internet pour toute la clientèle susceptible de se déplacer dans l'exercice de ses fonctions. C'est dans le but de réduire les dépenses publiques que le personnel est invité à privilégier les établissements offrant des services de qualité au tarif le plus avantageux.
    C'est ça... À d'autres, mais pas à moi. SUPPRIMEZ DES POSTES !
    1. TYPE DE CHAMBRE SIMPLE OU DOUBLE ET SERVICES REQUIS
Les établissements hôteliers offrant des services et des chambres ayant les caractéristiques suivantes pourront être inscrits :
    1.1 -ameublement et aménagement adéquats :
    -bureau ou table de travail;
    -éclairage près de chaque lit, table et fauteuil;
    -fauteuil Confortable;
    -téléphone;
1.2 chauffage, climatisation, insonorisation et système de sécurité adaptés;
    1.3 lit Confortable, literie de qualité, produits d'hygiène et serviettes en quantité suffisante;

---

[156] Terme volontairement excessif dans ce contexte.

       1.4 salle de bain à l'intérieur de la chambre (à l'exception des gîtes de moins de cinq chambres);
       1.5 stationnement accessible;
       1.6 accès pour les personnes handicapées (facultatif).
       Pour l'édition du 1er janvier au 31 décembre 2012, les frais d'inscription sont de 39,87 $ par établissement incluant la TPS et la TVQ.
       Parce qu'en plus, il faut payer pour avoir l'insigne honneur de pratiquer des tarifs préférentiels ?
       Des tarifs préférentiels... Ben voyons ! Et puis quoi de plus ?
       En pratiquez-vous sur les différentes taxes, prélèvements, etc. ?
       Pour votre bonne information, nous n'acceptons plus de clients. Pour cause de dynamisme effréné, de rentabilité excessive, de réussite totale, mais surtout, de grosse et incurable fatigue... Nous restons cependant persuadés que le confort haut de gamme de nos désormais vacants chalets 4 étoiles, bord de lac, super équipés, etc. vous aurait comblés, surtout à des tarifs préférentiels ! Nous vous remercions de nous rayer de la liste de vos destinataires. Si toutefois vous désiriez investir, nos résidences sont à vendre (à tarif non préférentiel). Vous pourriez tenter de les amortir moyennant un tarif préférentiel, gage de fréquentation accrue, de fidélisation de la clientèle, le parfait bonheur, quoi...

       Voici donc de quoi rêvent les membres de cette oligarchie ! Salle de bains à l'intérieur de la chambre... Fauteuil Confortable... Eclairage près de chaque lit, table et fauteuil... Bigre ! Que j'aurais aimé pouvoir être vulgaire, répondre à cette grognasse d'aller se faire téter par les canards qui louchent ! Nous pourrions leur offrir tout ceci, avec nos chalets quatre étoiles. La vraie question est de savoir si ce niveau de confort et de prestations est nécessaire à de simples missions de travail. Quel incurable candide va gober le prétexte fallacieux évoqué et selon lequel leur démarche aurait pour seul but de réduire les dépenses publiques ? On ne me la fait pas ! C'est uniquement pour le confort de leur précieux postérieur que ces macoutes militent avec notre argent ! Ces gens ne doutent de rien, n'ont peur de rien, même pas du ridicule ! Rien n'est trop beau pour cette nomenklatura otage consentante de son petit Sam Suffit meublé Louis Caisse ! Pourvu qu'elle soit à tarif préférentiel, ces pingres ronds de cuir s'accommoderaient d'une suite présidentielle. Je les vois déjà avec leurs tronches de parvenus, ces bons à rien, mais néanmoins perfectionnistes, se pavaner dans nos quatre étoiles, tout en s'échinant à rechercher le moindre détail qui cloche, mégoter pour le plus petit service. Parce qu'en plus, ils sont radins ! J'en veux pour preuve le résumé d'une de ces réunions ne débouchant sur rien et qui m'a été rapporté :
       Nombre de membres des services : une dizaine.
       Nombre de personnes intéressées et ayant fait le déplacement : une.
       A la vue de ce ratio, on peut déjà se poser la question de la rentabilité de l'affaire... La réunion s'est déroulée dans un restaurant de la place, évidemment aux frais des contribuables. Non contents de se goinfrer à l'œil, nos scribouillards ont envahi la cuisine de l'établissement et y ont rempli force sacs de nourriture pour leurs prochains repas. Et ce sont ces charognards des temps modernes qui osent demander un confort maximum à tarif réduit ! C'est cela, la réalité de votre mentalité

! Mesdames, Messieurs, vous n'avez aucune dignité, vous ne respectez pas le travail d'autrui. Vous semblez oublier que c'est vous qui êtes au service des citoyens, et pas le contraire. C'est donc bien à une mafia organisée et exerçant des pressions que nous avons affaire. Je vous le dis, je vous l'écris : allez vous faire foutre !

Les Personnels de la M.R.C. du Pontiac n'échappent pas à la règle. Ils rêvent tout haut d'un nouveau local qui serait construit au bord de l'eau, avec vue imprenable sur la rivière des Outaouais. Ce caprice d'employés favorisés, équivalent local de la cathédrale de Yamoussoukro a été fort sagement refusé par le conseil des municipalités du Québec, l'ayant sans doute jugé trop couteux en ces temps de crise. Qu'ont donc fait dans la foulée, nos braves bureaucrates prétendument surbookés ? Un comité militant en faveur du projet ! Dés qu'il s'agit de leur confort égoïste, de la satisfaction de leurs lubies, ils savent se bouger le cul et dans ces cas impérieux, leur vitesse de propulsion évolue dans des proportions insoupçonnées !

La mendicité d'État.

Cette course au fric, ce recours au bénévolat sont solidement ancrés dans les mœurs. Tant et si bien, à un niveau tel que le bon Samaritain se trouve rapidement découragé. Des quêtes ont lieu constamment un peu partout, que ce soit à l'entrée des grands magasins, ou dans les hôpitaux, et pas seulement à l'occasion de grandes catastrophes humanitaires. Toutes les opportunités sont saisies et exploitées. Nous sommes sollicités en permanence par d'illustres inconnus en faveur de telle ou telle cause, toujours plus noble que l'autre. Pour démontrer que ces pratiques sont gravées dans le marbre, on se plait à répéter que le Québécois aime donner. Ca donne bonne conscience et ça participe à l'accoutumance du public. Je serais enclin à penser que celui-ci aime plus recevoir qu'offrir... C'est dans cette disposition que je me suis placé. Ayant donné une vingtaine de dollars à un service de protection de la nature, nous avons reçu en retour plusieurs pages de fort jolis timbres à notre adresse, à coller sur notre courrier. Ce don a été suivi d'une ribambelle de nouvelles demandes toutes accompagnées de nouvelles étiquettes. Jusqu'à lassitude de l'organisme en question et atteinte du non-retour sur investissement...

Si les boites à lettres débordent de publicités papier, les appels téléphoniques à but commercial ont lieu jusqu'à tard le soir. Il est possible de signaler à la Poste notre désir de ne plus être destinataire de ces publicités, mais pour ce qui est du démarchage téléphonique, j'ignore quel recours est possible. J'ai remarqué que la fréquence de ces appels est proportionnelle au niveau de notre compte et en suis tout naturellement arrivé à douter du niveau du secret bancaire ! Il s'agit le plus souvent de sondages sur des sujets ne m'intéressant en rien. Et quand bien même ils attireraient mon attention ? Dans ce cas précis, je répondais par des absurdités, histoire de fausser leurs statistiques. Et puis, comme les sondeurs doivent se passer le mot, les appels devenaient plus fréquents, tant et si bien que j'envoyais les gens se balader. Je me souviens précisément de l'un de ces questionnaires, relatif à nos rapports à la publicité. Le colossal piège à cons, permettant aux publicistes de mieux cibler encore leurs proies. Ravi de constater mon acceptation de participer, le sondeur note nos coordonnées et commence aussitôt sa série de questions. Dés le départ, c'est la panique.

- Je boycotte systématiquement tous les produits faisant l'objet d'une publicité intrusive.
- ...
- Je traduis. Je n'achète pas de produits lorsqu'ils sont présents dans les publicités.
- Comment ça ?
- Écoute-moi. Si tu fais de la publicité pour la lessive de marque Kipu, je ne l'achèterai pas.
- ... Lessive qui pue ?
- C'est un exemple...
- ... Lorsque vous recevez vos sacs de publicité, quels sont les types de produits qui vous intéressent prioritairement ?
- Aucun.
- Comment ça, aucun ? Je dois cocher une case, moi. Vous êtes intéressé par l'électronique, le bricolage, l'électroménager...
- Rien. Les paperasses de publicités contenues dans le sac, je m'en sers pour allumer mon poêle à bois...
- Oui mais, lorsque vous êtes dans une grande surface...
- Je te dis que je boycotte...

Le pauvre gars ne comprend plus et ne sait que faire. Il a un questionnaire à remplir sur le comportement du client face à la publicité et au bout de la ligne, un inadapté social qui refuse toute publicité. Je mets fin à son calvaire.

- Écoute, tes sondages à la con, je les boycotte aussi. Alors, tu notes mon numéro de téléphone et tu l'oublies. Ne me rappelle plus.

Lui aura eu de la chance. J'avais envie de rire ce jour-là. Ces intrusions dans notre vie privée sont perturbantes et j'y réponds généralement de façon très désagréable. Nous avons été contactés par courriel aux fins de participer financièrement au rodéo annuel de Fort Coulonge. L'organisatrice de cette manifestation découvre notre existence à cette occasion et n'hésite nullement à demander des dollars aux inconnus que nous sommes. En lieu et place de chèque, elle a eu droit à un couplet sur les notions de culture et de convivialité qui l'a définitivement dissuadée de nous contacter à l'avenir.

La pub est présente partout. C'est l'agression permanente. A la télévision, n'en parlons pas ! Je suis incapable de dire de combien de chaines nous disposions avant de supprimer notre abonnement. Huit cents ? Neuf cents ? Je suis également incapable de dire laquelle était la plus débile ou la plus tarte. Quoiqu'il en soit, non content de devoir payer un peu plus de soixante dollars par mois, nous devions subir la pub à répétition. Sur à peu près toutes les chaines, chaque dix minutes, nous avons droit à cinq minutes de pub d'un niveau intellectuel trop souvent consternant; "votre publicité" qu'ils disaient, comme si c'était naturel et que nous en étions demandeurs. "La météo vous a été offerte par les biscuits pour chiens Machin, les informations internationales par les couches culottes Truc"... Et merde ! Si l'on compte les espaces publicitaires, un film d'une heure trente se regarde en plus de trois heures. Les pubs sont plus longues et moins espacées au fur et à mesure que l'on s'approche de la fin de l'intrigue. C'est une pression permanente et ça finit par rendre l'espace audiovisuel imbuvable. Payer pour voir de bons films, pourquoi pas ? Mais devoir cracher deux dollars par jour pour subir leurs publicités à la con, niet ! Renoncer à l'abonnement télévisuel fut pour moi une victoire de mon esprit résistant et contestataire, une libération. Vive Internet et le téléchargement, illégal ou pas !

En Ontario et plus précisément à Pembroke, nous nous rendons à l'hôpital pour que Maria subisse un examen oculaire. C'est un spécialiste que nous devons consulter. Celui-ci nous a été préconisé par un autre oculiste exerçant dans un centre d'achat de cette ville située à une cinquantaine de kilomètres de chez nous. Première action incontournable, payer soixante-dix dollars en cash... Maria ne parlant pas plus l'anglais que le type le français, je traduis questions et réponses. Petit examen de routine aboutissant à la prise d'un autre rendez-vous trois semaines plus tard, cette fois, à l'hôpital de la ville. Nous débarquons donc et sommes d'emblée frappés par les tarifs du vaste parking. La quantité de panneaux rappelant l'exigence de s'être acquitté des frais de stationnement dépasse l'indécence ! Il y en a partout ! Par contre, aucune signalisation n'indique le cabinet où sera fait l'examen... Pour échapper à ce racket organisé, nous garons notre véhicule quelques rues plus loin. Après avoir gagné un tour d'hôpital gratuit, nous entrons dans une pièce et nous renseignons auprès d'un docteur. Très sympathique, celle-ci abandonne son cabinet et nous conduit au lieu de l'examen. Aucune indication sur la porte, pas de panneaux de signalisation, rien. On se fout de la gueule des patients; pardon, des clients... Juste après avoir dit bonjour à la souris de l'accueil, et en guise de formalité, nous devons lui cracher cent-vingt dollars en cash. Le docteur note l'accent de Maria.

- Vous êtes Espagnole ? Je connais bien l'Espagne. J'ai passé trois mois à Madrid...
- *Handa* ! Vous devez connaître l'Escorial[157] ?
- Euh... Non...

Passer trois mois à Madrid et ne pas être allé admirer un tel monument ! Pauvre tarte ! Encore un qui a tout compris de la culture Ibérique... L'évocation de l'Espagne s'arrêtera là et j'abandonnerai le carabin à son contreplaqué. L'examen appellera une nouvelle consultation plus pointue qui aura lieu un mois plus tard dans un petit local situé à quelques pâtés de maison de l'hôpital. A la date convenue, nous débarquons et tombons sur la même souris et le même docteur que la fois précédente! Quelle coïncidence ! Le monde est vraiment petit... Je ne peux m'empêcher de penser que ce mec est vachement futé et qu'il s'envoie des clients à partir de l'hôpital (?). Bref, on recrache une centaine de dollars en cash et Maria repasse des tests. Ceux-ci s'avèrent très pointus car ils aboutissent à une conclusion sans appel : Maria devra se rendre dans un centre d'achats et acheter une paire de lunettes de vue contre une vingtaine de dollars... La plaisanterie nous aura fait perdre trois jours, claquer plus de trois cents dollars, sans compter le carburant. Tout ça, pour s'entendre dire qu'il suffit de changer de binocles. Le plus comique est que ce cirque est enrobé dans un cérémonial de courtoisie genre barbe à papa plaçant le patient en confiance. Les gens sont accueillants, souriants. Ils savent y faire...

---

[157] San Lorenzo de El Escorial) est un grand complexe (monastère, musée, collège bibliothèque, et palais) situé à 45 kilomètres au nord-ouest de Madrid. C'est une ancienne résidence du roi d'Espagne. Il est inscrit au patrimoine de l'Unesco en 1984.

Administration fiscale honnête?
Trop bon, trop con. Par souci d'honnêteté, je commets l'erreur de déclarer ma retraite de l'Office National des Forêts au services fiscaux Canadiens. Quelques jours plus tard, je reçois un avis d'imposition d'environ mille cent dollars soit à peu près quatre-vingt pour cent du montant de ma retraite mensuelle. Pour une pension du même niveau et pour deux parts, je ne suis pas imposable en France. Contrarié par ce que je considère de la voracité, je fais des recherches sur Internet et tombe sur le texte d'une Convention salvatrice. C'est donc avec une joie non dissimulée que je rédige le courrier ci-dessous :

DEPLANQUE Maria & Joël   *Lac Lawless, le*
15 décembre 2009
41 Chemin du lac Lawless
LITCHFIELD J0X 1K0
QUEBEC CANADA
(00) 00000000000
contact@lacsansloi.com
A
Fisc QUEBEC

Objet : Demande de paiement.
Référence : Votre courrier en date du 04/12/2009
Numéro de dossier : xxxxxxxxxx

Messieurs,

Nous faisons suite à votre courrier en date du 04 décembre 2009 cité en référence et nous réclamant une somme de 1185,52 $ au titre d'impôts sur le revenu.
Soucieux de la légalité de notre situation, nous nous sommes renseignés sur les démarches à accomplir en matière fiscale relativement à nos revenus de pension. Or, les premières informations obtenues étaient erronées. C'est donc par erreur que nous avons déclaré ces revenus aux services fiscaux du Québec. Nous nous sommes ensuite rapprochés du Consulat de France relativement à notre position administrative fiscale. Il s'avère que nous sommes régis par l'article 18 de la convention France / Canada qui, afin d'éviter erreurs et double imposition, stipule de façon claire et non ambiguë :
"Pensions et rentes : Les pensions et autres allocations similaires, périodiques ou non, provenant d'une Partie contractante et versées au titre d'un emploi antérieur à un résident de l'autre Partie contractante <u>ne peuvent être imposées que dans la Partie</u> contractante d'où elles proviennent."
http://www.impots.gouv.fr/portal/deploiement/p1/fichedescriptive_2098/fichedescriptive_2098.pdf
Cette pension versée par la France constitue nos seuls revenus au Québec et n'est donc pas fondée à y faire l'objet d'une déclaration, ce que confirme notre Consulat. Suite à cette bonne information nous nous sommes immédiatement mis en

règle auprès des services fiscaux français. Vous voudrez bien trouver ci-joint copie des déclarations de revenus communiquées chaque année par mon administration.
 A toute fin utile, nous adressons copie du présent courrier au Consulat de France à Montréal.
 Nous vous prions d'agréer, Messieurs, l'assurance de nos salutations distinguées.

 Ce courrier restera sans réponse. Je ne recevrai plus de lettre des services fiscaux Canadiens relativement à cette retraite. On est en droit de se demander ce qu'il serait advenu de la somme demandée si je l'avais payée. Comme j'avais bien précisé dans un courrier antérieur qu'il s'agissait d'une retraite et que celle-ci était versée par la France, les impôts Canadiens ont donc agi en pleine connaissance de cause. Je suis en droit d'imaginer qu'ils ne pouvaient ignorer l'existence de l'article 18 de la convention France/Canada. Par voie de conséquence, je m'autorise à croire en la possibilité que l'avis d'imposition produit soit entaché de malhonnêteté. Je ne saurai jamais si ces services auraient reconnu le caractère non dû de cette imposition et si j'en aurais été remboursé en cas de paiement.

 Bouger... Nos animaux de compagnie sont enfermés dans leur grand parc clôturé à deux mètres cinquante de haut ? Nous aussi ! Nous sommes esclaves du jardin, des bestioles, du téléphone qui ne sonne pas. Et surtout, je me suis mis un sacré fil à la patte avec ma notion de l'honneur ! Après les magouilles de l'O.N.F. Guyane, il me fallait rebondir, réussir, ce que j'ai fait. Mais la balle ne comptait pas s'arrêter ainsi ! Lancée qu'elle était, elle espérait d'autres rebonds au Québec. Nous avions pris des engagements auprès des services de l'immigration et devions les respecter. Je me devais de montrer au Canada ce que le rural que je suis resté savait faire. Maria et moi nous y sommes employés. La réussite économique n'est pas au rendez-vous. Pourtant, nous n'avons pas échoué dans notre projet. Nous avons démontré de nos capacités, n'avons nullement démérité. Je ne dirai pas que c'est la faute aux autres, mais force est de reconnaître que la faillite de Jean-Pierre porte un coup plus que sévère à notre entreprise. Je me dis maintenant que tout est de ma faute. Pourquoi avoir voulu travailler, réussir une fois encore, alors que nous pouvions dès l'âge de cinquante-quatre ans, ne rien faire d'autre que nous balader ? J'étais sans doute trop jeune, trop en forme physiquement pour poser mes valises ! Mais, pauvre con que je suis, est-il nécessaire d'être grabataire pour arrêter d'entreprendre, se promener, continuer à voir le monde ? Non, il valait mieux s'attacher à une magnifique maison, quatre poules, une ânesse et cinq lamas, défricher, aménager, construire, investir...

 Oui, j'aurais dû me méfier ! De moi-même...

 Une des choses qui m'aura le plus frappé dès notre arrivée, est le défilé pratiquement ininterrompu des camions de bois, lourdement chargés. Ca n'arrête pas, de jour comme de nuit ! Il est difficile de ne pas envisager un pillage organisé des ressources. Parfois, les grumiers transportent des brins de très faible diamètre. En compagnie d'un ami journaliste, je me rends sur une coupe et découvre un spectacle de désolation qui m'inspirera l'article suivant qui paraitra dans la presse de la région :

Mon avis est sollicité ? Je le donne ! La décision de m'installer et d'investir au Québec fut volontaire, motivée par la propagande officielle et largement étalée, vantant ses grands espaces, son image en phase avec le respect des milieux naturels. Une fois sur place, quelle ne fut pas ma surprise face au cortège des grumiers ! Quel ne fut pas mon étonnement au constat du peu de cas généralement accordé au respect de l'Environnement ! En la matière, ma déception reste à la hauteur de mes espérances. Pour compléter ce tableau, il suffit d'y intégrer l'idolâtrie accordée au dieu dollar, idolâtrie confinant parfois au grotesque. Des chantiers d'exploitation forestière, j'en ai vus, suivis et contrôlés. Lorsque je me suis rendu sur les lieux de la désolation fraîchement réalisée et visible par quiconque sur le terrain ainsi que sur les images illustrant cet article, j'ai rapidement été envahi par l'incompréhension puis l'écœurement. J'ai dû me pincer et me suis alors demandé s'il s'agissait là de sabotage, de pillage, de saccage ou d'une association de ces trois calamités. Après quoi, je me suis demandé quel pouvait bien être le but sylvicole d'une telle opération. Faute d'avoir trouvé une réponse, j'avoue m'être surpris à penser à ces farfelus se demandant sans rire si la disparition de l'espèce humaine serait un vrai malheur pour la planète. J'ai aussi pensé à la création d'un terrain d'aviation, mais la zone est bien trop vallonnée et le bassin clientèle plus que limité... Bref, je n'ai rien vu dans cette dévastation de nature à susciter une quelconque approbation. Faut-il voir dans ce décor sinistre la triste résultante de la seule loi du profit placée au-dessus d'une saine gestion ? L'intérêt financier immédiat supplante-t-il la cause au service de la forêt ? Le respect du milieu naturel dans tout ça...En quoi ce site est-il en accord avec les règles les plus élémentaires de la sylviculture, du respect de l'environnement ? Une forêt de ce type, sur un terrain vallonné, pentu et présentant de nombreux affleurements rocheux, ne pourrait-elle pas, ne devrait-elle pas être classée de protection ? Le risque de ravinement d'un sol déjà "maigre" existe, avec l'appauvrissement d'un futur peuplement ! Si l'on avait voulu détruire la forêt s'y serait-on pris autrement ? Beaucoup d'arbres ont été coupés très haut : douleurs lombaires chez les bûcherons ou tronçonneuse je-m'en-foutiste ? Peut-être est-il prévu de replanter ? Quelle rupture avec la formation forestière reçue ! Il m'a toujours été enseigné que sauf catastrophe naturelle, maladie, incendie, création de forêt, le recours à la plantation était le plus souvent la conséquence d'une erreur sylvicole. Non, je ne suis pas l'écolo baba-cool de service pleurnichant pour une branche cassée, mais un technicien forestier ayant servi pendant 22 ans en montagne pyrénéenne et en forêt équatoriale sud-américaine. De toute ma carrière, je n'ai jamais eu l'occasion d'observer un tel "chantier" et serais curieux de savoir quelle - certainement fumeuse et à la pointe de la technique - méthode sylvicole fut employée ici. Merci d'éclairer ma lanterne sur des aspects que l'on devine hautement technologiques et ayant pu échapper au croulant, issu de l'ancienne école forestière que je suis et revendique. Je dis bien ancienne école ! Office National des Forêts, établissement issu de l'ex administration des Eaux & Forêts, "jeune boutique" fondée en 1291 par Philippe le Bel, remaniée par Philippe de VI de Valois en 1346 (Premier Code Forestier) puis par Colbert sous Louis XIV. J'ai l'honneur d'avoir comme illustre collègue un certain Jean de la Fontaine, fabuliste réputé du XVII° et membre de l'Académie française. C'est grâce au travail permanent de plusieurs générations de vrais forestiers que la pérennité des massifs fut assurée.

C'est grâce à des gens de notre trempe que la célèbre série Colbert est encore sur pied en forêt de Tronçais. Notre devise était et demeure "Imiter la nature et hâter son œuvre". Nous parlions de bel ouvrage... Alors en exercice, je sais que si j'avais toléré un tel travail de sagouin, j'aurais été viré avec perte et fracas. Nous ne sommes donc pas tombés de la dernière averse et comme toute personne attachée au respect minimal du milieu naturel, ne saurions nous contenter de vagues explications et propos laconiques. Le grand-père que je suis n'est pas dupe et ne se fait point d'illusions : La parution de ce court article dans le Journal du Pontiac sera sans influence sur le cours du hamburger, pas plus que sur la "sylviculture financière" semblant prévaloir (?). Il y aura sans doute encore des horreurs boréales du même tonneau. Pas d'amalgame pourtant : il existe ici des propriétaires de forêt privée sachant la traiter avec d'autres égards. Finalement, il vaut mieux en rire. Néanmoins, je ne peux que vous remercier de m'inspirer et de participer au plein d'acide de l'encrier dans lequel je compte bien tremper ma plume. Pour le moment, je choisis le camp de la dérision en pensant à Albert Einstein, père des relativités restreinte et générale qui affirmait "Le peuple Américain est un peuple qui est passé directement de la barbarie à la décadence sans connaitre la civilisation". Sacré Albert ! Il a toujours aimé plaisanter. Amis forestiers, mes chers collègues, si vous aviez des observations à formuler, téléphonez-lui donc ! Ça lui fera plaisir. Pour la bonne bouche, une paire de citations, la première est une pensée d'un Sioux inconnu :

"*Quand vous aurez coupé tous les arbres, pollué toutes les rivières, enfermé tous les animaux, alors peut-être comprendrez-vous que l'argent ne se mange pas*".

Et la seconde d'un autre anonyme :

"*La forêt précède l'homme. Le désert le suit.*"

Du blabla, du baratin et des airs de flute, on en entend ! Il paraît que les choses changent beaucoup. Mais sur le terrain, elles restent un peu les mêmes, non?

Cette parution suscite d'emblée la réaction gênée d'une ingénieur forestier. Ingénieur, mais pas très ingénieuse, la pauvrette se prend les cannes dans les branchages et ne convainc personne. En tout cas pas moi. Réponse du berger à la bergère :

Je lis dans ce journal la réponse du ministère à l'article du 18 mai dernier "Des coupes justifiables ?". Une lecture rapide et en diagonale me laisse un vague sentiment de gamin pris les doigts dans un bol de confiture.

Première "explication" : le coup de la consultation publique à laquelle une seule personne a assisté. Si les gens se présentaient "en plus grand nombre, les coupes pourraient leur être mieux expliquées". Si je comprends bien, il n'a pas été jugé utile de fournir des explications à cette personne de toute évidence motivée, et ayant fait l'effort de se déplacer. Je ne pense pas que ce qui peut apparaitre comme une attitude désinvolte puisse susciter un intérêt plus marqué de la population pour son environnement. Quand bien même personne ne se serait déplacé, cela ne constituerait pas une excuse pour aboutir au spectacle lamentable visible sur le terrain. Rien n'interdirait-il donc de comprendre que le niveau de dégâts autorisé serait inversement proportionnel au nombre de personnes assistant aux réunions ? Diantre ! Le beau critère sylvicole que voilà !

Le second "argument" fait état de peupleraie. Au-delà de 80% de peupliers, c'est une peupleraie... 20% de peuplement mixte, c'est une vulgaire trace, surtout au vu de ce qui reste au sol... J'ai vu le peuplement autour du saccage. Pour moi il s'agit de forêt mixte et saine. Je me pose la question de savoir comment ont été réalisés les inventaires. Je me demande aussi si les peuplements de ce type étant légion dans la région, cette règle pour le moins curieuse ne permet pas de faire ce que l'on veut, en fonction du bon vouloir de qui ? Faut-il s'attendre à d'autres horreurs boréales ? Une coupe à blanc est-elle nécessaire pour récolter les seuls peupliers ?

Le forestier sylviculteur que j'ai été ne voit dans cette pratique qu'un appauvrissement de la forêt patrimoine commun, et un coup sévère porté à sa diversité. Évidemment que dans un premier temps, ce seront les essences de lumière dites pionnières et donc les peupliers qui apparaitront ! C'est le processus normal de cicatrisation de la nature (souvent malade de l'homme).

S'il s'avérait que la régénération ne se fasse pas correctement, la compagnie "pourrait replanter". La vieille école ayant assuré ma formation de forestier m'a toujours enseigné que sauf cas exceptionnel (Incendie, création de forêt, etc.) la plantation était trop souvent la conséquence d'une erreur de gestion.

Le forestier sylviculteur et aménagiste que j'ai été n'a jamais attendu quoi que ce soit des exploitants forestiers en termes de respect de l'environnement. C'était à nous de le lui imposer via une réglementation adaptée, un suivi régulier et le cas échéant, des sanctions.

Le forestier sylviculteur et aménagiste que j'ai été sait que la nature évite les lignes droites. Or, cette coupe suit un tracé souvent rectiligne. Ça fait un peu frontière tracée au cordeau dans le désert au temps béni des colonies...

Le forestier sylviculteur et aménagiste que j'ai été n'est pas disposé à gober n'importe quel discours !

Poursuivant ma lecture, je tombe sur un acronyme (CPRS) et apprends la notion "protective" de cette coupe ! Là, j'ai failli m'étrangler et arrêter de lire. Le coup des acronymes (dissimulateurs ?) à la compréhension réservée aux seuls initiés me fait penser aux heures les plus sombres de l'obscurantisme médiéval. Les messes étaient alors dites en latin, langue évidemment incomprise du bas-peuple analphabète, ce qui permettait au clergé d'asseoir un peu plus sa tentaculaire domination. Il me semble que le vocabulaire forestier est suffisamment riche pour s'abstenir du recours à ces termes. Nous n'avons pas converti le taillis sous futaie en TSF, au risque de confusion avec la Transmission Sans Fil...

Ma lecture s'est arrêtée net lorsque j'ai lu que pour pouvoir laisser sur pieds des arbres de gros diamètre (Parce qu'il n'y a "pas de marché", quel bel argument !) l'exploitant doit en faire la demande officielle au ministère. Les bras m'en sont tombés. Une telle lecture me laisse pantois. Je crois que si je raconte ça au cheval de bois de mon enfance, je suis bon pour un méchant coup de patte !

On parle de prescription, terme médical. La forêt serait-elle malade ? De l'homme ? Avec de tels "traitements", la bonne santé risque d'évoluer vite en souvenir... Comment ne pas se dire qu'on est pris pour des demeurés lorsqu'on voit ce spectacle attristant et que dans le même temps on entend le flot des larmes de crocodile évoquant le réchauffement planétaire et autres périls ?

Non Madame, avec tout le respect que je vous dois, vos "explications" ne m'ont pas convaincu du tout. Si elles ne m'ont pas énervé, elles m'auront au moins mis en colère. Nuance...

Ce que je sais, c'est - qu'à condition d'y mettre les pieds - le terrain parlera toujours plus que tous vos acronymes réunis.

Ce que je sais, c'est que si en activité, j'avais laissé commettre un tel saccage, j'aurais été viré et que je me serais abstenu de faire appel de la sanction !

Peut-être faudra-t-il avoir l'esprit tordu pour envisager une autre hypothèse ? La définition locale de la ligne droite sylvicole serait-elle le plus court chemin menant de la tronçonneuse au profit maximum ? Autre et vaste débat...

"Autre pays, autres mœurs" s'exclamait Charles-Louis de Secondat, baron de La Brède et de Montesquieu face aux cannibales... "Circulez, il n'y a rien à voir" plaisantait Michel Colucci, alias Coluche. Ici, sur le chemin Caewood Ouest, il est un coin de désolation prescrite où il n'y a plus rien à couper...

Signé Joël Jean DEPLANQUE, retraité, écrivain, ex-forestier Français (Fr comme France ou Futaie Régulière) que vous pouvez si vous le souhaitez, traduire par Forestier Respectueux.

Pour vous servir !

Après cette réponse claire et nette, quoique pondérée, plus de son, plus d'image. L'ingénieur s'efface. Ça sent la reddition... Il me faut désormais faire preuve d'esprit constructif, ce qui au passage me permettra de démontrer aux larbins des exploitants forestiers que mes critiques sont fondées sur un minimum de connaissances techniques. Quitte à vanter l'Office National des Forêts (celui que j'ai aimé, pas ce qu'il est devenu. Nuance...), je me fendrai d'un autre article de vulgarisation dans le même journal local. Cet texte et les images l'illustrant seront repris par la presse au niveau régional.

"Autre pays, autres mœurs" s'écriait Montaigne face aux cannibales.

Il reste pourtant des domaines précis, régis par des lois immuables, des règles générales et principes fondamentaux. La balistique, science étudiant les mouvements des projectiles dans l'espace est l'un d'entre eux et peut se résumer à des formules mathématiques.

La sylviculture ne saurait se satisfaire de simples calculs, économiques ou non. Science du vivant, les paramètres à prendre en compte sont tellement nombreux et fluctuants que mettre une forêt en équation relève de l'illusion. Le forestier doit donc faire preuve d'une grande modestie, conscient qu'il est de l'incroyable complexité du milieu confié à sa gestion. Œuvrant pour les générations futures, son action peu sensible aux intérêts du moment se situera dans la durée, et sera toujours basée sur l'expérience des anciens.

Un exemple : En France, l'Office National des Forêts, établissement issu de l'ex administration des Eaux & Forêts, "jeune boutique" fondée en 1291 par Philippe le Bel, remaniée par Philippe de VI de Valois en 1346 (Premier Code Forestier) puis par Colbert sous Louis XIV. Servir à l'O.N.F., c'est connaitre l'honneur d'avoir comme illustre collègue un certain Jean de la Fontaine, fabuliste réputé du XVII° et membre de l'Académie française. C'est suite au travail permanent de plusieurs générations de vrais forestiers que la pérennité des massifs fut assurée. C'est grâce à des gens de cette trempe que la célèbre série Colbert est encore sur pied en forêt de Tronçais. La devise était et demeure "Imiter la nature et hâter son œuvre". C'est en appliquant ce principe simple que de nombreuses lignées de forestiers ont œuvré pour l'intérêt de la forêt et celui des générations futures. Une gestion saine de la forêt est basée sur la durée et ne saurait s'adapter d'une politique chaotique liée aux seuls intérêts économiques du moment. C'est ainsi qu'il faudra parfois attendre 250 ans (durée d'une révolution en futaie régulière) pour récolter un chêne ! Comparée à ce qui peut parfois apparaitre comme une prédation, cette sylviculture traditionnelle présente de nombreux avantages, dont :

Pérennisation du domaine forestier et de ses multiples rôles en termes d'environnement.

Valorisation des produits de la forêt via une plus-value.

Créations d'emplois.

Maintien des populations en zone rurale.

Meilleure intégration de l'homme au sein de son milieu naturel.

Visibilité à long terme sur la filière bois et garantie d'approvisionnement.

Pendant plusieurs siècles, des générations d'hommes simples, mais portés par une vraie vocation se sont donc succédées au service de la forêt. Pour ces passionnés, il s'agit de traiter du vivant, tâche Ô combien complexe, exigeante en modestie, car un arbre ne se résume pas en un volume de bois d'œuvre pouvant dégager du bénéfice. Leurs relevés bancaires (lorsqu'ils en avaient), pas plus que la loi du marché ne faisaient office de règles sylvicoles. Celles-ci sont intimement calquées sur et liées aux phénomènes naturels, à ce combat permanent qu'est la vie.

Pour résumer, la mission quasi sacerdotale du forestier consiste à accompagner la graine jusqu'au stade de l'arbre bon à récolter. Quelle aventure ! Empruntons donc ce long et parfois périlleux chemin.

Signal fort d'une compétition inter-espèces permanente, un arbre meurt et tombe au sol. Ce faisant, il crée une trouée qui, bénéficiant d'un apport soudain de lumière, sera rapidement occupée par un recru (semis). De nombreuses graines sont présentes, et - grâce au phénomène de dormance - ont pu conserver pendant des décennies leur capacité de germination. Les premières essences apparaissant seront dites de lumière ou essences pionnières (par exemple bouleaux). Leur développement réduira l'apport de lumière au sol, ce qui permettra l'apparition d'autres essences subtilement classées en demi-lumière, demi-ombre, ombre. Favorisant leur croissance, le forestier interviendra à plusieurs reprises comme un catalyseur et sélectionnera les tiges d'avenir à l'aide de dépressages puis d'éclaircies avant les coupes dites d'amélioration, d'ensemencement puis définitive. C'est ainsi que le fourré original deviendra gaulis, puis perchis avant d'atteindre le stade de futaie. Deux sortes de futaies : la régulière où tous les arbres d'une parcelle donnée sont du même âge (peuplement équienne) et la futaie jardinée qualifiée d'irrégulière, où toutes les tranches d'âge sont présentes (peuplement inéquienne). C'est ce dernier type qui se rapproche le plus la forêt naturelle. Il sera distingué la futaie jardinée pied à pied (mélange intime des essences et des âges au sein du même peuplement) et la futaie jardinée par bouquets ou parquets (peuplement mosaïque).

Par rapport à la futaie régulière, les avantages de la futaie jardinée sont nombreux:

Elle assure une production plus élevée d'arbres de grandes dimensions : récolte régulière d'arbres adultes procurant un revenu à chaque coupe.

Une meilleure stabilité des peuplements est garantie grâce à la protection mutuelle des arbres de taille différente, à un meilleur ancrage des arbres au sol et un élancement généralement plus faible.

Elle bénéficie d'une plus grande tolérance aux attaques parasitaires (insectes et champignons) et d'une moins grande sensibilité aux dégâts de gibier grâce à la présence de différentes classes d'âge, au mélange des essences, à la dispersion des taches de semis et au caractère naturel des jeunes arbres.

Son rôle de protection vis-à-vis de l'érosion ou du dessèchement du sol qui n'est jamais mis à nu, même temporairement est constant. Compte tenu des surfaces et taux de boisement à prendre en compte, le Canada et notamment le Québec détiennent aussi une lourde responsabilité en la matière, surtout à une époque où la déforestation plus ou moins sauvage est une des principales causes des déséquilibres et changements climatiques frappant la planète.

Ce mode de traitement peut être en pratique obligatoire dans certaines conditions.

Il permet de valoriser au mieux des forêts "mitées" suite au chablis où l'on a encore des arbres à laisser grossir avec des trouées en régénération.

Par contre, une forêt ainsi gérée est plus difficile à maintenir en équilibre, sa structure faisant appel à une gestion minutieuse, fine, voire difficile à mettre en œuvre dans la durée (inventaires, marquage des coupes).

Un respect de précautions accrues au cours de l'exploitation est impératif pour éviter des dégâts aux arbres restant sur pied et aux semis.
La futaie jardinée est victime de sa richesse compte tenu de la diversité des produits récoltés (dimensions et espèces). Ils pourront être plus difficiles à commercialiser (volumes insuffisants pour mobiliser débardeur et transporteur par catégorie de produit).
Il est impossible de résumer en quelques lignes cette noble science qu'est la sylviculture. Comment pourtant ne pas évoquer la notion de respect, durablement attachée au métier de vrai forestier, qu'il soit exploitant ou gestionnaire ? Les principes de bonne gestion ne sont l'apanage de personne, ne se limitent pas aux frontières d'un pays ou d'une province, et au-delà des baratins officiels, la seule chose qui importe, le seul élément qui l'emporte, c'est la vérité du terrain. Est-ce un hasard si le terme de "conservateur des Eaux & Forêts" était - il y a peu de temps encore - utilisé en lieu et place d'ingénieur forestier ?
En guise de conclusion, un court poème de Pierre de RONSARD (1524-1585).
Homme !
Je suis la chaleur de ton foyer par les froides nuits d'hiver,
l'ombrage ami lorsque brûle le soleil d'été.
Je suis la charpente de ta maison, le plancher de la table.
Je suis le lit dans lequel tu dors et le bois dont tu fais les navires.
Je suis le manche de la houe et la porte de ton enclos.
Je suis le bois de ton berceau et de ton cercueil.
Écoute ma prière, Ne me détruis pas !

Pourtant : "La forêt précède l'homme. Le désert le suit".

Les capacités de l'humanité sont grandes. Nous épuisons rapidement les stocks d'énergies fossiles, mais nous sommes aussi capables dans notre aveuglement de détruire une énergie renouvelable. Un comble ! Comme s'il était possible de se développer à l'infini dans un monde fini, lui... Ceci est d'autant plus grave que déforester, c'est s'en prendre à cet ensemble patrimonial universel que sont les massifs forestiers. Plus que jamais, le maintien de l'état boisé allié à une saine gestion, bien au-delà des intérêts économiques égoïstes d'une minorité, s'imposent avec acuité à toute personne ou société de bon sens.
"Autre pays, autres mœurs" s'écriait Montaigne face aux cannibales...

Quel sera l'impact de ces articles ? Je l'ignore, malgré quelques commentaires positifs de la part des lecteurs. J'aurai au moins dit ce que je pensais, démontré que certains ne sont pas dupes, utilisé les quelques connaissances en foresterie et sylviculture qui sont les miennes au bénéfice de la communauté et des espaces naturels. Car enfin, comment rester passif face au pillage organisé de ce magnifique patrimoine forestier ? Ici comme ailleurs, la forêt est au service d'intérêts financiers. Le plus difficile à accepter est cet emballage de concentré d'hypocrisie dans lequel est enveloppé sa prétendue gestion. Des textes existent, pouvant donner l'illusion d'une administration saine, prenant en compte les impératifs environnementaux, la possibilité[158] des peuplements. Tu parles ! Au Québec, on a de grandes surfaces de forêt, de gros besoins. Alors, on coupe !

En privé et entre quatre yeux, beaucoup de fonctionnaires des services forestiers confessent des abus, admettent un pillage éhonté. Ils avouent ne pouvoir parler publiquement, de peur de perdre immédiatement leur emploi.

Le système de santé.

Un chirurgien, client de notre magasin en Guyane avait servi au Canada et nous avait vivement recommandé de ne pas nous y faire opérer. Pourtant… S'il y a un point positif au Pontiac, c'est bien le système de santé. L'hôpital de Shawville offre des prestations de qualité et dispose d'une équipe de médecins et Personnel auxiliaire compétents et attentifs. On vient de loin pour s'y faire soigner, les services étant souvent d'une qualité supérieure à ceux de grandes villes comme Gatineau ou Montréal. En ce qui me concerne je n'ai que des louanges à formuler. Sur un plan plus général, par contre en matière de santé comme dans d'autres domaines, le dollar est roi ou plutôt dictateur. C'est ainsi qu'un ami a reçu deux courriers l'informant que ses parents allant prochainement atteindre les quatre-vingt-dix ans ne verraient plus leurs frais de médicaments remboursés. Les parents en question sont en maison de retraite, atteints de la maladie d'Alzheimer…

Impôts et taxes

Les impôts des salariés sont payés mensuellement par l'employeur. Évidemment, les services et les gratte-papiers se payent ! Les taxes et impôts atteignent des niveaux plus que dissuasifs et sont plus élevés de 20% environ au Québec qu'en Ontario. De même qu'aux U.S.A. les prix affichés dans les commerces sont hors-taxes. Au restaurant il convient de donner 15% de pourboire au serveur. Il n'y a pas de taxes sur l'alimentation. Par contre, taxes de Bienvenue, taxes municipales, taxes scolaires, taxes sur les plaques de voitures, taxes sur les quads, taxes sur les remorques, taxes sur les postes de quad, taxes sur les permis de conduire, etc. etc. Sans parler de l'impôt sur le revenu… C'est bien pour cela qu'il faut se méfier comme de la peste des salaires mirobolants annoncés par l'industrie de l'immigration. Si ceux-ci annoncent des revenus annuels de cent-mille dollars permettant de rêver en couleurs, s'il en reste un peu moins de la moitié dans la poche une fois pillé par les divers rackets, il faudra s'estimer heureux. De plus, il faut payer rapidement dès réception de l'avis, car les intérêts commencent à courir. Il n'est pas rare non plus de recevoir des rappels, des avis de réajustement alors que l'on a déjà réglé les factures. Ô surprise… Bref, cela fait beaucoup de choses "non mentionnées dans le manuel"… Et si vous constatez une erreur dans l'évaluation de vos taxes municipales, l'indemnisation ne pourra porter que sur un seul exercice…

---

[158] Volume de bois que la forêt est capable de produire annuellement pour une unité de surface donnée. Est largement fonction de l'accroissement naturel, sans cependant y correspondre.

> ★ Québec
> # AU-VOL!
> — Je me souviens —

Il ne faut pas oublier non plus que vos impôts et taxes peuvent être utilisés à concurrencer votre activité via des aides et subventions diverses.

Exemple du site des Chutes Coulonge ! Une belle structure sur le terrain, organisme municipal qui draine beaucoup de visiteurs.

Le lac Leslie sur la commune d'Otter Lake, bel exemple de montage... Appartiendrait à la municipalité qui le louerait à un privé (?). Question : la municipalité intervient dans l'attribution de subventions. Ce faisant, serait-elle juge et partie ? Si oui, pourrait-on parler de conflit d'intérêts ?

Savoir comment sont utilisées les taxes intéresse toujours le contribuable qui, de surcroit a le droit d'en être informé. Au Pontiac, les exemples de gestion de qualité discutable ne manquent pas. Entre un système pour faire passer des bateaux qui a couté une fortune pour n'être pratiquement jamais utilisé, les six ou huit-cent-mille dollars de frais d'étude pour un abattoir qui n'a jamais été construit, l'étude couteuse préliminaire à un projet de fusion qui n'a jamais vu le jour...

Autre problème, celui d'un évaluateur agréé, seul compétent à établir les évaluations des biens immobilier. La M.R.C. Pontiac n'a pas d'évaluateur agréé et fait appel à une compagnie privée. Celle-ci lui facture ses services environ sept-cent-mille dollars per an, ce qui avec les frais divers confine au million... Les payeurs de taxes et autres con-tribuables ne manqueront pas d'apprécier la rigueur de la gestion...

Il est illégal d'attribuer des aides ou subventions à la même entreprise. Il serait intéressant de savoir si cette règle est vraiment respectée ? Certains bruits...

Pratiquement dans le même ordre d'idée, le cas des T.N.O.[159] Au Pontiac les T.N.O. sont "gérés" par la M.R.C. du Pontiac. Si j'ai mis des guillemets à "gérés", c'est parce que la M.R.C. Pontiac n'a plus d'ingénieur forestier. Sans ingénieur forestier, comment prétendre gérer des territoires, de surcroit non organisés ? Cela pourrait être comique, mais la M.R.C. fait-elle appel à un ingénieur forestier privé ? D'autre part et sous toute réserve, la M.R.C. Pontiac viendrait de perdre récemment

---
[159] Territoires non organisés.

sa certification P.E.F.C.[160] Or, cette M.R.C. est chargée de la gestion de ces dits territoires. Il est permis de se demander sur quelles bases de compétences techniques... Fait-elle appel pour ce faire à des techniciens privés du domaine ? De toute façon, il est évident qu'en matière de gestion forestière, c'est le cirque le plus complet. C'est bien ce que le forestier professionnel que je suis a pu constater en dix ans passés au Pontiac. En tout état de cause, sans ingénieur forestier, comment sont traitées et signées les prescriptions[161] ? En tant que gestionnaire, la M.R.C. procède à des ventes de bois à des tarifs inférieurs à ceux des propriétaires forestiers privés et payeurs de taxes. Cette pratique honteuse constitue une concurrence déloyale. C'est bien ce qui ressort de l'article visible sur le site de la radio communautaire du Pontiac, C.H.I.P. F.M. sur lequel on peut lire : *Suite à l'article du journal du Pontiac, La MRC en concurrence abusive avec les propriétaires forestiers, la MRC Pontiac émet un communiqué dans lequel elle reconnaît l'importante contribution des producteurs forestiers de la forêt privée dans l'économie du Pontiac. La MRC supporte la Fédération des producteurs forestiers du Québec dans leur demande au ministre d'évaluer les bois des forêts privées disponibles pouvant être mis en marché dans une région et de consulter les offices de producteurs au sens de la Loi sur la mise en marché des produits agricoles, alimentaires et de la pêche, avant de consentir une garantie d'approvisionnement. La MRC est également favorable à la demande de la Fédération des producteurs forestiers, adressée au ministre, de mettre en place une fiscalité forestière favorisant l'aménagement des forêts et la production de bois tout en respectant les lois et des règlements en vigueur.*

La MRC s'engage, en collaboration avec les autres partenaires du milieu, à faire contribuer le territoire public intra-municipal (TPI) à la revitalisation, à la consolidation et au développement socio-économique de la région et des collectivités locales. La MRC a pour objectif de mettre en valeur de façon optimale et intégrée les possibilités de développement qu'offre le territoire, en conformité avec les préoccupations et les besoins locaux et régionaux, dans le respect des principes poursuivis par le gouvernement en matière d'aménagement, de gestion et de développement du territoire public. Depuis 2006, la MRC a octroyé des contrats d'une valeur de plus de 4.5 millions de dollars à des entrepreneurs locaux pour l'aménagement forestier sur les TPI.

À mon avis et par expérience, tout ça, c'est du flan, du baratin pour amuser les gogos. Il est bien connu que beaucoup de gens du ministère de l'Environnement savent des choses plus ou moins compromettantes, mais ne parlent pas de peur de perdre leurs postes. C'est en tout cas ce qui m'a été confié par au moins deux d'entre eux. D'ailleurs, quand on va un peu en forêt, il n'est pas difficile de constater le massacre éhonté de celle-ci. Le terrain parle, témoigne, atteste, prouve et démontre de manière éclatante que l'image du Canada en termes de protection des milieux

---

160 Le programme PEFC (*Programme for the Endorsement of Forest Certification* — programme de reconnaissance des certifications forestières) offre aux industriels une gamme avantageuse et concurrentielle de référentiels pour évaluer la chaine de traçabilité et le système d'étiquetage qui permettent d'informer et de rassurer la clientèle quant à la provenance, à l'authenticité des produits forestiers qu'ils offrent et de donner les renseignements relatifs à l'origine de ces produits issus de forêts gérées durablement, du recyclage et d'autres sources non controversées.
161 Équivalent d'un cahier des charges.

naturels est aux antipodes des propagandes protectionnistes encombrant les medias. En réalité, le Code Forestier en vigueur ressemble beaucoup à un relevé de compte bancaire. Il serait peut-être intéressant d'étudier la liste des derniers ministres des ressources naturelles et de chercher les liens qui seraient les leurs avec les compagnies forestières ?

D'une façon générale, beaucoup de gens souhaitent à voix basse et plus ou moins secrètement que l'U.P.A.C.[162] s'intéresse un peu aux affaires du Pontiac. Il faut croire que le poisson pontissois est de trop petite taille ou alors qu'il n'y a rien pouvant justifier une intervention.

In dollar we trust ! Le lecteur appréciera la pratique...

Concert "du SRAS"[163].

Nous nous sommes rendus à Toronto en compagnie d'un couple d'amis de Guyane pour assister le trente juillet 2003 à un concert au bénéfice de la lutte contre le SRAS. Nous en avons profité pour faire un second détour par les déjà vues et réchauffées chutes du Niagara. Même si le concert en question accueillait quelques grosses pointures du show-business, telles que Blues Brothers, ACDC, Rolling Stones, l'essentiel n'est pas à mes yeux sur la scène. Une vaste campagne publicitaire visa à rendre cette épidémie moins dangereuse, malgré les nombreuses victimes répertoriées jusqu'alors.

Il y avait du fric à se faire...

De plus, les médias à la botte répandirent sans gêne le bruit que les autorités se montreraient bienveillantes relativement à la consommation de substances illicites. En clair, "Vous pouvez venir et fumer tout ce que vous voulez, on vous foutra une paix royale". Il n'en fallait pas plus pour rassembler sur le gazon d'un terrain militaire environ 450000 spectateurs, ce qui fut parait-il le plus grand concert de l'histoire de l'Amérique du Nord. Que l'on ne s'y méprenne pas : je ne pense pas être un vieux débris hostile au fait que les gens souhaitent planer un peu. Je suis pour un système semblable à celui pratiqué au Portugal, alliant la dépénalisation des drogues douces - histoire d'en faire chuter les trafics - avec une répression centrée sur les trafiquants puis un drogué considéré et traité comme un malade.

Interdiction de porter un appareil photo, passage au détecteur de métaux, une organisation à l'américaine... 450000 personnes piétinant le gazon sous un soleil de plomb, je n'aurai jamais vu un bordel pareil... Ce jour-là, nous assisterons au spectacle en boucanant dans la fumée secondaire. Plusieurs syncopes seront signalées et par prudence, les organisateurs distribueront des bouteilles d'eau. Pas de drapeaux québécois avec la fleur de lys ici, mais des centaines d'*Union Jack* et de *Stars and Stripes*, avec la foule hystérique réclamant :

"*No borders ! No borders*[164] !"

---

162 Unité permanente anticorruption.
163 SRAS pour Syndrome Respiratoire Aigu Sévère.
[164] Pas de frontières !

Je serai absolument outré par cette politique du deux poids et trente-six mesures autorisant la consommation de cannabis pour cette occasion sous prétexte que la possibilité de faire du fric est là ! Pire, cette tolérance fut agitée par le pouvoir complice objectif pour l'occasion des dealers pour attirer du monde ! Il faut savoir si c'est dangereux ou pas, interdit ou non ! Messieurs les politiques, à mes yeux, vous vous êtes une fois de plus discrédités. Pourquoi ne pas monter des bordels ? Vous pourriez financer des crèches avec les recettes... Ce jour-là, j'ai regardé le capitalisme d'un autre œil, mesurant avec plus d'acuité encore le niveau d'hypocrisie et l'excès de mercantilisme dont il pouvait faire preuve.

Le climat.

Il est unanimement qualifié de nordique sévère. Nous avions eu une expérience préalable du froid pendant treize ans de Pyrénées passés dans un village d'altitude. Il y tombait plus de neige qu'au Québec. Malgré plus de vingt ans passés en Guyane nous avons pensé être capables de faire face aux hivers québécois réputés rigoureux. C'est vrai qu'ils peuvent l'être ! Pour autant j'ai toujours considéré comme méprisant le fait de considérer quelque région habitée que ce soit invivable sur la seule base de ces caractéristiques climatologiques. Car après tout, elles sont peuplées d'habitants qui se satisfont d'y vivre et qui, même si le climat influence les caractères, ne sont pas forcément des imbéciles pour autant. Dénigrer en permanence le climat constitue à mes yeux un manque de respect de ces populations. À mes yeux, pour être un tant soit peu crédible, une critique doit porter sur plusieurs aspects, un ensemble. Au Québec et notamment au Pontiac nous avons connu un moins 41° Celsius, record de froid toutes catégories de nos existences et rencontré une seule fois. Je tiens un journal depuis des années et note chaque jour les températures mini, maxi et moyennes. J'ai relevé un moins 31 dans notre Jeep à l'intérieur du garage. Chaque année nous avons connu des plus 38 pendant un jour ou deux, températures qualifiées de chaleur accablante. Il convient de signaler que le climat continental du Pontiac peut connaitre des amplitudes records sur une seule journée. Il est donc prudent de s'équiper comme pour une excursion en montagne. Nous avions en permanence dans la Jeep une pelle à neige ainsi qu'une hachette et - vieille habitude guyanaise- un bidon étanche contenant gants, anoraks, briquets et autres équipements. Les basses températures extrêmes ne sont pas insurmontables en elles-mêmes. Les maisons en bois sont confortables et par très basses températures, nous restons à l'intérieur, ne sortant que pour distribuer la nourriture aux animaux. Le côté pénible de l'hiver réside plus dans sa longueur que dans l'extrême de ses températures. La durée annuelle de chauffage est d'environ sept mois. La neige est supposée tomber avant Noël et être partie vers le 15 avril. Il va sans dire que nous sommes toujours contents de voir l'herbe réapparaître ! Au printemps, les eaux issues de la fonte des neiges peinent à s'infiltrer, le sol restant gelé en profondeur et donc quasiment imperméable. Les pires mois de l'année sont ceux des saisons intermédiaires, mai et novembre, se ressemblant fortement avec des taux record d'humidité et un froid pénétrant. Entre la fonte des neiges et la météo de Toussaint, le choix est cornélien... Le crissement de la neige sous les chaussures, je l'entends encore... Nous "aimions" ces grands froids, car ils étaient secs et nous sommes toujours trouvés plus confortables au Québec par moins 10 que dans la région parisienne à plus 3. Les maisons sont étudiées pour le froid. Il en va de même pour les vêtements, les techniques modernes nous permettent de disposer de textiles assurant un confort maximum. Je marchais pieds nus dans mes bottes de neige par des températures proches de moins trente et y transpirais ! Jusqu'à moins dix, c'était en T-Shirt coton que je faisais un tour ou deux du lac Lawless à pied ! Les saisons se succèdent en respectant scrupuleusement le calendrier : le 10 mai pour les premiers bourgeons, le 20 aout qui voit les feuilles de bouleau commencer à jaunir, le 10 octobre apogée des couleurs automnales... El le grand silence blanc... Au printemps, la nature s'emballe, un peu comme si les végétaux savaient avoir peu de temps. Les serres ont pris de l'avance et proposent une foule de fleurs, arbres et divers plants de légumes. Ah, la vie au Québec... Passer l'hiver à attendre le printemps et la belle saison à préparer le prochain hiver... Une existence d'écureuil ? Sans doute, mais le climat du Québec (au moins dans sa partie sud) ne constitue pas un obstacle sérieux à l'immigration, même si tous les Québécois qui le peuvent vont passer l'hiver "au sud", généralement en Floride, en tout cas sans sortir du système nord-américain (de façon à toujours avoir un fast-food à portée). Ailleurs, c'est réputé si sauvage et dangereux...

La langue française.

Il faut savoir que 60% des Québécois éprouvent des difficultés à lire ou écrire le français. Force est de constater que le système utilise aussi et sans vergogne la question linguistique pour diviser le peuple. C'est pour lui tellement facile et pratique... Au Pontiac les locaux parlent le *joual* ou *joil*, un méchant sabir issu d'un improbable mélange de mauvais français et d'anglais qui l'est tout autant. Au final, c'est totalement imbuvable. Ce soir, je vais *watcher* un *movie* sur mon TV (tivi), mais avant je m'en va *mouver* mon *truck*. J'ai changé son *wind shield* et ses *tires* et ces *tabarnak* du garage m'ont chargé des piastres en masse... Arrêtons la casse ! La langue française est on ne peut plus consciencieusement torturée. Reconnaissons qu'en notre douce France moralisatrice et donneuse de leçons, c'est aussi souvent le cas. Le cancre de base, incapable de s'exprimer correctement dans sa langue maternelle y glisse quelques mots d'anglais en croyant que ça va compenser ses carences. C'est raté, mn pote, même si tu crois que ça fait chic ! Le Québécois quant à lui a beaucoup de mérite de parler encore un français même défaillant, persécuté qu'il fut par environ quatre siècles de perfidies anglaises, perfidies, vilénies et coup bas perdurant encore de nos jours. Et quand je dis "défaillant", je me dois de relativiser la portée du propos. En effet, depuis l'époque des premiers migrants la langue française a largement eu le temps d'évoluer différemment de part et d'autre de l'Atlantique. Pour arriver à s'exprimer encore en français, le peuple de la belle province a réalisé un fantastique et admirable acte de résistance face à l'ennemi anglais. Cet effort magnifique empreint de sacrifice, Jean Paul Perreault, le courageux président d'Impératif Français, le poursuit encore avec abnégation. Ce combat pour la langue française que beaucoup de nationaux s'acharnent à détruire, y compris depuis les plus hautes sphères ministérielles, c'est celui de sa vie. L'ami Jean-Paul le mène énergiquement, contre vents et marées, ferraillant sans se lasser contre le rosbif envahissant. Poignante fête du Québec le jour de la Saint Jean-Baptiste avec tous ces étendards frappés de la fleur de lys ! Le Québécois actuel ne s'exprime pas pour autant en vieux françois, pas plus que le parisien du XXI° siècle pourrait affirmer pouvoir converser sans interprète avec Rabelais. Il ne faut pas ironiser de certaines expressions québécoises, car ce sont eux qui sont dans le vrai ! Qu'il s'agisse d'un chemin *allable*[165], du verbe *garrocher*[166], Et tous ces mots : *amancher*[167] *avant-midi, chauffe*[168]*r*... Ne pas s'étonner si tu pousses la *barouette*[169] et que tu chausses tes *barniques*[170]. Ta *blonde*[171] dit que ton *char*[172] fait de la *boucane*[173] et que ce quartier est plein de *charrues*[174]... Et ce sont bien les Québécois qui ont inventé les mots *courriels* et *clavarder* ! Quel coup de génie et fantastique pied de nez à l'hégémonie anglo-saxonne ! Oui, compatriotes Français, de ce côté de l'Atlantique notre langue est défendue. Il serait bien de ne point l'oublier, mais également de saluer cet effort. Il s'agit bien d'un effort encore plus marqué que sur l'hexagone, car ici le Québécois est au contact direct de l'ennemi. Nous parlerons donc et sans exagérer de combat au corps à corps ! Alors bien sûr, ici comme ailleurs la défense de la langue française est une forme de résistance quotidienne qui appelle un engagement. Mais même si l'ironie est de mise, elle devra tenir compte de l'histoire de ce pays et ce faisant sera naturellement modérée par le respect en résultant. Mais l'Anglais fait de la résistance ! Au Pontiac, après plusieurs générations passées dans le comté, on ne parle toujours pas français. Qu'il y ait un seul rosbif lors d'une réunion entre ami et voilà que tout le monde se met à baragouiner en anglais ! La solution pour éduquer ces braves gens est très simple et passe par le dollar. Dans les commerces comme dans les services j'exigeais d'être servi en français. Déférence oblige, je n'allais pas emmerder un vénérable papy unilingue avec ma sémantique, pas plus que l'apprenti rosbif se décarcassant pour s'exprimer dans la langue de Molière et faisant pour se faire de louables efforts. Par contre, l'anglais conquérant aux pectoraux en avant, le résistant obtus, le homard rouge francophobe, l'hermétique définitif, le *redneck* hostile à toute évolution,

---

165 Carrossable.
166 Lancer.
167 Fixer ensemble.
168 Conduire un véhicule.
169 Brouette.
170 Lunettes.
171 Petite mie.
172 Voiture.
173 Fumée.
174 Prostituées.

l'orangiste convaincu, le suprématiste anglophone et qui entend le rester... Tous ces braves gens généraient d'emblée chez moi un blocage et un gel immédiat de ma carte bleue. Le pire de ces denrées étant le francophone Québécois xénophobe, refusant de parler français avec des Français de France. Les échantillons sont très rares, mais il faut savoir que l'espèce existe. Dans les commerces de Shawville (village peuplé de pas mal de descendants des militaires ayant combattu à Waterloo) ou ailleurs (y compris en Ontario...) je militais activement en retournant les emballages des produits en étalage de façon à présenter le côté écrit en français aux clients. Sur ma carte bleue j'avais collé un ruban adhésif avec la mention bien visible et que je montrais ostensiblement "*Only in french when upset*" [175]qui déclenchait de nombreuses "grimaces tétanisés", mais également des sourires approbateurs. En fonction évidemment de la langue maternelle de la personne. Le client étant roi, la technique fonctionnait et en quelques années nous avons pu constater que les commerçants de Shawville faisaient des progrès constants en français... Comme quoi le dieu dollar saut aussi faire des miracles ! Au royaume du tout monétisé ce combat culturel touche un concept de civilisation. Il doit continuer afin d'imposer à l'anglais par la force de la monnaie ce qu'il se refuse à entendre par la raison. L'argent étant le nerf de la guerre, prenons l'ennemi à son propre piège Opposons donc à l'agression et à l'impérialisme linguistiques nos libres choix commerciaux en accordant aux nôtres la priorité de nos achats !

Le système et le Québécois.

Le Canada se prétend démocratie et en présente tous les accoutrements : liberté religieuse, droit associatif, liberté de circuler, droit de vote, liberté d'expression, etc. Cependant, le système est omniprésent et ne permet que ce qui ne lui nuit pas trop. Pire, plus ou moins mafieux et fondamentalement pervers, il fabrique lui-même les serviteurs qui le nourrissent, comme le ferait une idole pour ses adorateurs. Le Canada est au même titre que les États-Unis un pays capitaliste dont il copie peu ou prou les structures et modes de fonctionnement. Article un : le dollar est déifié. Article deux : l'individu passe après le dollar. Une fois bien intégrés ces deux principes non écrits la compréhension des questions quotidiennes se trouve considérablement simplifiée. Le système est partout, contrôle tout, réglemente tout et ne tolère que modérément la contestation. Quant à sa mise en cause radicale telle que les manifestations des indignés, elle est très mal considérée grâce à la désinformation permanente de médias courroies de transmission du pouvoir. Il exerce une pression constante sur l'individu. C'est ce que nous avons constaté en 2012 avec une grève illimitée des étudiants de certains établissements d'enseignement supérieur québécois du 13 février au 7 septembre 2012. Elle a fait suite à l'augmentation projetée des droits de scolarité universitaires pour la période 2012 à 2017 dans le budget provincial 2012-2013 du gouvernement du Parti libéral de Jean Charest. Ce ne sera que l'élection du gouvernement péquiste de Pauline Marois le 4 septembre 2012 et l'annulation par décret de la hausse des frais de scolarité entraine de facto la cessation du conflit. Ce conflit était pourtant bon

---

175 Seulement en français si contrarié.

enfant, les étudiants appelant la population à sortir dans les rues en frappant sur des casseroles ou tambours improvisés. Non seulement, ils ne contestaient pas le système en soi, mais ils en demandaient un peu plus ! En effet, ils souhaitaient que ledit système les assiste davantage ! Craignant sans doute des débordements, le gouvernement Charest a rapidement pondu une loi spéciale liberticide nommé loi 78. Elle fut présentée le 17 mai 2012 et adoptée le 18 mai à 68 voix contre 48 après environ 20 heures de débats en séance extraordinaire à l'Assemblée nationale du Québec3,4. Ce vote a eu lieu lors de la 14e semaine de la grève étudiante et vise, en premier lieu, à y mettre fin. Le 21 septembre 2012, les dispositions de ce texte qui encadraient étroitement les manifestations furent abrogées par décret du nouveau gouvernement de Pauline Marois. Ces événement auront au moins permis de constater la fébrilité d'un pouvoir face à ce qui n'était même pas du niveau d'un carnaval guyanais en termes de risques de troubles à l'ordre public. Le raidissement du pouvoir fut nettement perceptible face à ce qu'il considérait comme une menace potentielle et il n'hésita pas à remettre en cause les libertés individuelles.

Sans soupape de sécurité, cette société où l'on étouffe exploserait. Pour survivre le système autorise un certain niveau de pouvoir d'achat permettant au citoyen lambda d'accumuler les bébelles[176]. Le consumérisme effréné est la règle de base, le moteur et le ciment du système. La publicité est partout, frappe en permanence, est érigée en faveur personnelle. A la TV les films sont coupés toutes les quinze minutes par des messages publicitaires d'un niveau affligeant. Ils sont de plus en plus longs au fur et à mesure que l'on s'approche de la fin du film et que l'intrigue gagne en intensité, tenant le spectateur en haleine. Les boites aux lettres débordent de publicité papier, le téléphone sonne et parfois à des heures tardives, les sondages de satisfaction pullulent. Dieu dollar oblige, tout est payant et tout est monnayable. Au Pontiac en 2011 le revenu moyen disponible par habitant était de 19942 $ Canadiens. C'est l'un des plus faibles de tout le Canada. Il est certain qu'avec les fermetures de plusieurs usines offrant des salaires corrects, celui a du nettement diminuer. Le comté du Pontiac caracole depuis plusieurs années en queue de peloton, conservant assidument le titre de comté le plus pauvre du Québec. D'ailleurs, il suffit de faire quelques kilomètres, de sortir du Pontiac pour trouver des différences en termes d'animation, de commerces, d'activité...

Le Québécois est donc soumis à une pression constante, qu'il soit particulier ou entreprise. Il y a toujours une technique récente à adopter, une découverte, un produit incontournable, une loi au bénéfice de telle ou telle industrie. Pendant qu'il fait mumuse avec ses babioles, le système continu de formater les esprits. Il passe aussi la pommade dans le sens du poil, vantant les grands espaces, le bonheur de vivre au Canada, le meilleur système de santé au monde. Dans le même temps il met l'accent sur les difficultés de vie dans certains pays étrangers. Bref, tout est fait par le système de l'Union Soviétique Canadienne pour persuader ses citoyens de l'insigne chance qui est la leur de vivre dans un si merveilleux pays. Vivant en permanence sous une telle pression, sans soupape de sécurité, la plupart des conditions sont réunies pour que certains citoyens "pètent les plombs". Le tableau ci-dessous récapitule quelques tueries de masse survenues au Canada. (Source

---

[176] Biens de consommation courante.

Wikipédia). Et comme la pression exercée sur les citoyens est loin de diminuer, rien ne permet d'affirmer que le phénomène n'ira pas crescendo, hélas…

28 5 75	Fusillade de la Centennial Secondary School : un homme tue 2 personnes et fait 13 blessés, puis se suicide.
27 10 75	Fusillade de St. Pius X High School un homme tue une personne et fait 5 blessés, puis se suicide.
6 12 89	Tuerie de l'école polytechnique de Montréal: un homme tue 13 étudiantes et une secrétaire, et fait 14 blessés, puis se suicide.
24 8 92	Tuerie de l'Université Concordia, un enseignant tue 4 personnes et fait un blessé, puis est maîtrisé par un agent de sécurité.
28 4 99	Fusillade de W. R. Myers High School un adolescent de 14 ans tue une personne et fait 3 blessés.
13 9 06	Fusillade au collège Dawson un homme tue une personne et fait 19 blessés, puis se suicide après avoir été touché au bras par la police.

Tout ceci ne peut que déboucher sur un peuple soumis. L'absence de réaction est d'ailleurs une composante de la chute vertigineuse du Pontiac. Dénué d'esprit critique, enlisé dans les convenances de la bienpensance, le Pontissois ne pourra jamais rebondir, s'extraire du conditionnement le privant de toute aspiration de changement, d'évolution positive. Le Pontissois est résigné, accepte stoïquement son sort, se satisfait de voir le soleil se lever le matin. Pire, il semblerait même atteint du syndrome de Stockholm qui désigne un phénomène psychologique observé chez des otages. Il collaborera avec ses maîtres, trouvera insupportable, malvenu toute critique ou observation à leur égard et condamnera d'emblée et sans réserve leur auteur. Évidemment tout le petit monde des ploutocrates et de l'oligarchie composant le gros du Cul-Cul-Clan local se trouvent confortés par une telle situation et la servent à qui mieux-mieux. Bienvenue à Lobotomie Land !

Car enfin, quand on connaît le taux de chômage sévissant au Pontiac et que dans le même temps on voit des bandes de bûcherons étrangers à la région couper les forêts du Comté, des norias de camions qui viennent charger les grumes qui seront transportées, sciées ailleurs, comment ne pas qualifier ce système de pillage organisé ? On vient tranquillement d'assez loin pour embarquer les matières premières de la région et on repart tout aussi peinard, mais chargé à bloc une fois le forfait accompli. Aucune retombée économique pour la région, aucun emploi créé. Personne ne se rebelle, n'élève la moindre protestation… Aucun mouvement de population pour cogner sur le bureau du député, l'arracher à sa torpeur, le pousser avant de le soutenir, le porter, appuyer ses revendications, ses plans de développement. Rien ,ne se passe dans ce mouroir. On préfère écouter religieusement les bobards des organismes, attendre le miracle, le prochain mirage. Mais le train du progrès ne pourra pas s'arrêter au Pontiac : les rails ont été arrachés… Par contre, le wagon de la niaiserie y est bien enlisé ! La preuve avec cet article expliquant presque aux mamans comment apprendre qu'elles venaient d'accoucher ! Ca ne s'invente pas.

Si vous voulez votre carte postale de bienvenue pour nouveaux-nés, appelez la municipalité !

(ÉD. ANDRÉ MACRON)

La Municipalité de Mansfield-et-Pontefract, grâce à son comité famille et aînés très dynamique, est en train de mettre une dernière touche à sa politique familiale qui sera officiellement lancée au mois de mai.

Voilà déjà plus d'un an que le processus d'élaboration de la politique a débuté. D'abord, plusieurs partenaires, tels que nos citoyens jeunes et moins jeunes, organismes communautaires, élus, personnels municipal et institutionnel ont été sollicités afin de former le comité « Famille et aînés ». C'est à ce comité que le conseil municipal a donné le mandat d'émettre des recommandations en regard de l'élaboration de la nouvelle politique familiale pour faciliter la vie des familles et des aînés.

Une des actions suggérée par le comité est d'accueillir dans la municipalité nos nouveaux nés ou les enfants des nouvelles familles qui viennent s'installer dans notre belle communauté. À cette occasion, chaque enfant peut recevoir une carte postale produite en exclusivité pour eux. La carte postale a été créée par une jeune artiste Aurélie Sohn qui a généreusement offert son dessin pour l'occasion.

Pour recevoir la carte postale, il suffit de contacter la Municipalité de Mansfield-et-Pontefract en adressant la demande à Gisèle Hérault, conseillère municipale, en vous rendant en personne au bureau municipal ou encore par téléphone 819-683-2944 poste 2.

(Source : Agathe Vergne)

comprendre l'avenir est de bien connaître

Je suis intimement persuadé de l'exactitude du regard porté par Aldous Huxley dans son ouvrage "Le meilleur des mondes" dans lequel il affirme : *"La dictature parfaite serait une dictature qui aurait les apparences de la démocratie, une prison sans murs dont les prisonniers ne songeraient pas à s'évader. Un système d'esclavage où, grâce la consommation et au divertissement, les esclaves auraient l'amour de leur servitude"*. Pour moi, l'Amérique du nord a parfaitement réussi dans ce domaine ! Il suffit pour s'en persuader d'observer le Québécois à l'étranger : il revit ! Si chez lui, c'est souvent un automate livide réduit et engoncé dans un simple rôle de consommateur, les pressions castratrices se libèrent dès la frontière passée. Nous avons affaire à un autre homme, totalement transformé, souriant, enfin libéré.

Je le comprends d'autant plus facilement que pendant dix ans j'ai été soumis aux mêmes matraquages médiatiques et législatifs, aux mêmes consignes. Il est tout-à-fait normal que la personne ne pouvant pas ou ne voulant pas sortir de sa routine fige son comportement et son mode de pensée, ne voyageant même plus par petit écran interposé. Et comme l'homme libre est par définition nomade…

$$$

Nous sommes le 4 septembre 2009, en plein weekend "à rallonge", le premier lundi du mois de septembre étant ici fête du travail. Nous venons de recevoir un appel téléphonique. Encore un économiquement faible qui trouve nos tarifs trop élevés. Le beurre, l'argent du beurre et la crémière… Le lendemain 5 septembre 2009, nous décidons de baisser de plus de 20% nos tarifs de location et ainsi pouvons arguer de l'argument suivant : le confort d'une résidence quatre étoiles à un tarif équivalent à un trois étoiles ! le but reste de louer, le moindre dollar étant le bienvenu. Mais je ne me fais aucune illusion : les Harpagon de service trouveront d'autres arguments. Il m'arrive parfois de regretter mes clients du Vieux Broussard… Là-bas au moins, nous pouvions nous exprimer librement, en totale franchise, parfois (ou souvent) de façon virile, mais aussi il est vrai, avec tous les risques physiques que cette mâle attitude comportait. Ici, il faut rester dans le politiquement correct, le feutré, le non-dit, mettre sa vraie nature sous cellophane, préserver les apparences, embellir les choses aussi moches soient-elles. La personne a des droits qu'il convient de ne pas égratigner le moins du monde. C'est là une part de son salaire : s'échiner pour mériter son hamburger quotidien rapidement ingurgité, avec en prime l'incontournable respect sous blister. En bref, adopter une british attitude... Et ça, je ne sais pas trop faire.
J'aurais dû me méfier...

Je dois reconnaitre m'être planté : Trop demandeur de sécurité, le jaguar de Guyane est devenu mouton, s'est enniaisé, a fait confiance. Nous avons débarqué tel des pionniers, croyant l'espace vide de concurrence, en créant comme en Guyane un besoin et en occupant un terrain vide. Il l'était surtout de clients potentiels. De plus, nos résidences sont trop luxueuses pour le coin. À aucun moment pourtant, nous n'avons été dissuadés de construire ce genre de "palaces". Ces agents, commissaires au développement et autres conseillers soi-disant professionnels du Tourisme auraient pu nous orienter vers des structures moins luxueuses ! Ils n'en n'ont rien fait et nous ont laissés nous planter. Comment pouvaient-ils ignorer la réalité des taux de fréquentation ? Ces gens avaient forcément conscience du caractère trop optimiste du prévisionnel établi ! Dans ces conditions, pourquoi ont-ils accepté de nous prêter de l'argent ? La notion de prêt toxique est évidente, car de surcroit précédée de nombreux mensonges. Il y peut-être là défaut de conseil, captation de capitaux et prêt léonin ? J'ai communiqué sur mon affaire avec les députés et ministres du Québec. Absence de réponse fleurant le haussement d'épaules… Un des rares m'ayant répondu me conseillait de "saisir les tribunaux". Hé hé… Je lui ai gentiment répondu qu'en étant victime d'un système constitué, je ne pensais pas être assez stupide pour réclamer justice auprès d'autres produits et protecteurs de ce même système. Quand bien même je l'aurais tenté, quel en aurait été le cout ?

    Je me souviens avoir dans mon premier prévisionnel avoir ramené à vingt, quarante et soixante pour cent sur les trois premières années d'exercice les taux d'occupation initialement évoqués par la personne de l'immigration à hauteur de quarante, soixante et quatre-vingt pour cent. La commissaire du C.L.D. constate via une simulation sur le logiciel Excel que mes prévisions étaient trop faibles pour assurer la viabilité de l'entreprise. Qu'à cela ne tienne ! Elle saisit les taux évoqués par l'immigration. Et là, sourire de satisfaction, car ça passe... Pour le Français que je suis, habitué à la quasi légendaire frilosité des banques de l'hexagone, cette scène est surréaliste et je suis littéralement abasourdi. Je me rassure en sachant pouvoir compter sur les revenus de la vente du magasin en Guyane. Cependant, la question de savoir comment cette commissaire peut faire preuve d'autant de légèreté reste posée. Comment peut-elle aligner dans son tableur graphique des données sans rapport avec une réalité qu'elle ne peut ignorer ? Ce serait pourtant à elle et ses collègues de conseiller utilement les investisseurs que nous sommes au lieu de les envoyer au casse-pipe ! Je veux bien croire que le dynamisme affiché, l'évocation de notre carnet d'adresses, le ciblage d'une clientèle extérieure au Québec puisse plaider en faveur d'une réponse positive. Pourtant, il est évident que la concurrence locale doit aussi compter sur ces clients étrangers et est très loin d'atteindre ces taux d'occupation faramineux ! C'est à peine croyable ! Il y a indéniablement carence de ces organismes qui semblent être plus là pour appâter l'investisseur potentiel, quitte à lui faire briller des critères purement virtuels. Je ne suis pas loin de penser que ce comportement s'apparente à une forme de captation de capitaux. En fait, ils jouent sur du velours, la saisie des biens faisant l'objet d'une hypothèque se basant sur une évaluation largement inférieure à leur valeur réelle ! Le mode opératoire est on ne peut plus simple : préalablement à la demande de prêt, une évaluation est demandée par l'organisme prêteur. Le montant de cette évaluation est sous-estimé, inférieur au prix auquel serait vendu la propriété en question. Le prêteur est donc assuré de récupérer son argent, avec en prime diverses taxes et autres prélèvements. Les nouveaux arrivants au Nouveau Monde que nous étions ne pouvaient le savoir. En fait, nous étions doublement aveuglés. À la fois par la lassitude née de vingt ans de Guyane et par les oniriques perspectives qui s'offraient à nous. Avec en plus, et bien ancré dans le subconscient, le besoin de prouver ce dont nous étions capables. Séquelles cachées, ultime et dérisoire pied de nez aux magouilles ayant abouti à la suppression de mon poste à l'Office National des Forêts ?

    Oh, bien sûr, on peut se montrer admiratif face à la facilité d'obtention de prêts, mais il faut aussi les rembourser ! Et lorsque ceux-ci sont basés sur des données pour le moins fantaisistes, quand en outre on perd brutalement plus des trois-quarts de ses revenus, que fait-on ? Nous parlons de prêts toxiques.

    Nous aurions dû nous méfier...

***

Je souhaitais publier ce texte, mais me suis contenté de le faire circuler au sein des nids de ploutocrates que sont les organismes de développement et autres vitrines ou boutiques de l'oligarchie…

Aujourd'hui, c'est la Saint-Jean et donc ma fête. Je vais donc m'autoriser un instant de délire. Selon un article paru dans un journal précédent, le sentier de promenade du rocher de l'oiseau mesure quatre kilomètres de long. L'amateur de bonne information que je suis apprend qu'il fait huit kilomètres aller-retour. Pas besoin d'avoir inventé le bouton à quatre trous pour arriver soi-même, et sans calculette scientifique, à cette conclusion... Huit kilomètres, en termes de réalisation, mais surtout de communication, ça présente tout de suite beaucoup mieux. Adoptant le stratagème, les pêcheurs pourraient mesurer leurs prises en additionnant les longueurs des deux côtés de leurs captures. Une truite de trente centimètres passerait ainsi à deux pieds de long, soit une belle bête ! Mais imaginons qu'un touriste oublie son appareil photo et que, frappé par la beauté du panorama, souhaitant absolument réaliser quelques clichés depuis le sommet, il ait à faire quatre fois le parcours, soit seize kilomètres ! Dans ce cas, le petit chemin de promenade tranquille confinerait presque à la voie de grande randonnée. On se prend à rêver... Si par malheur, maman n'a pas pensé au biberon du petit dernier, on s'approche du périple...

Environ trois ans ont été nécessaires pour réaliser ce très joli parcours. Pour simplifier les calculs, arrondissons à mille jours. Sachant que la vitesse moyenne d'un escargot est de cinq mètres à l'heure (Sources Wikipédia et autres. Étude réalisée sur un escargot Turc, adulte et en bonne santé), cet animal pas vraiment performant va parcourir cent-vingt mètres quotidiennement et donc cent-vingt kilomètres en mille jours. Notre mollusque aurait donc réalisé quinze allers retours contre un seul pour les aménagistes, soit quatorze voyages d'avance pour notre bestiole baveuse !

Puisque nous parlons de bêtes à cornes, allons faire un tour du côté du projet d'abattoir. Trente ans que dure la plaisanterie ! Notre brave escargot aurait pu parcourir la bagatelle de mille deux-cents kilomètres ! Ca lui ferait presque un aller-retour Pontiac/Gaspésie ! Hélas, sans doute épuisé par les nombreuses et fort couteuses études préliminaires, le pauvre escargot serait crevé en route de désespoir. Ben oui, dès qu'il s'agit d'œuvrer au profit de ces forces vives que sont nos agriculteurs...

À moins que la fée Clochette ne l'ait effleuré de sa baguette magique, transformant notre peu véloce gastéropode en fougueux cheval de course ? Les enfants pourraient croire à ce conte en mesurant quel soudain dynamisme anime les partisans du nouveau local de la M.R.C.. En moins d'un an, un comité s'est déjà créé. A croire que le fait d'être directement concerné booste les décisions (?). Il y aurait peut-être là une opportunité à saisir, en introduisant dans certaines officines l'obligation de rendement, voire un salaire au mérite (?). Il serait alors peut-être permis au Pontiac de renouer avec le développement (?).

Mais je divague. Ce doit être la canicule de ces derniers jours. Aller Joël, un suppositoire et au lit ! Et surtout, oublie les escargots !

Plus sérieusement, le contribuable du Pontiac, après avoir payé les taxes englouties dans la laborieuse réalisation de ce sentier à destination de touristes en

raréfaction, devra encore débourser 7 dollars de parking... Comble de l'ironie, au Rocher de l'oiseau (décidément le bien nommé), il sera le dindon de la farce... Est-ce normal ? Cotisations par-ci, parking par-là, quel aménagement avantageux est prévu pour que l'habitant du Pontiac puisse bénéficier à moindre cout de réalisations locales qu'il a financées ? Cela ressemble au principe de la double peine : brave Pontissois, on va te taxer pour que tu puisses admirer quelque chose que tu as déjà payé ! N'y a-t-il pas là un abus ? Pourquoi ce parking ou encore l'accès aux pistes de quad de la région, aux chutes Coulonge, etc. ne seraient-ils pas gratuits pour les Pontissois, amateurs eux aussi de leur patrimoine régional ? Idée : pourquoi ne pas faire payer 7 dollars de parking journalier aux employés du futur building de la M.R.C. ? Que pense le si dynamique et véloce comité de cette géniale initiative ? C'est urticant, hein ?
    Joël Jean DEPLANQUE (En plein délire estival).

    Nous sommes en novembre 2011 et les organismes locaux ont décidé d'un 5 à 7, c'est-à-dire une réunion se voulant d'information. En fait un concert de brosses à reluire entrecoupé de solos d'autosatisfaction obligatoire, occasion pour les gratte-papiers de quitter leurs bureaux et d'étaler au bas-peuple l'illusion de leurs réussites. Une performance en soi que de faire admettre à la populace qu'on travaille fort. Mais enfin, face à un public composé majoritairement d'hypocrites intéressés, l'imagination des bureaucrates oisifs est en pays conquis… Car après tout, les flatteurs ont tout à gagner de ces illusionnistes en leur laissant croire qu'ils ont tout gobé de leur petit numéro d'autosatisfaction. D'ailleurs le système est parfaitement lubrifié, les aides diverses, prix et subventions étant la plupart du temps généreusement attribués aux mêmes "abonnés".
    Cette fois, c'est pour évoquer un mégaprojet nommé P.T.C.R.
    Le tout-Pontiac bureaucratique est donc là. En rangs serrés près du micro, rasés de frais et second menton de compétence ostensiblement affiché, les apparatchiks de la "Kommandantur" se tiennent bien sages. Les bonnes femmes se sont pomponnées, parfumées, lustrées. Chez ces pétroleuses bouffies de fières convictions, la certitude d'avoir œuvré pour la région perce derrière le fard. Le son métallique de leurs talons aiguille sur le carrelage subventionné scelle leur suffisance en un sérieux définitif. Les hommes ont serré au maximum leur plus belle cravate, signe indiscutable de compétence. *Limace blanche, stranglure noire*, chanterait Pierre PERRET… Dans la grande salle, des groupes se sont formés et les mêmes discutent avec les mêmes des mêmes choses qu'à la réunion précédente, sans effort de mémoire ou d'adaptation, puisque rien ou presque n'a bougé. Sourires et décoration se voudraient nature, mais n'échappent pas au synthétique. Canoë de résine et pagaies du même métal, tables et chaises issues du même baril de pétrole, dents blanches et doigts crochus. Cela fait pas mal de temps déjà que nous boycottons ce genre de plaisanterie stérile. Nous sommes venus à cette réunion non pas parce que nous y accordons un quelconque intérêt, mais pour écouter, prendre des notes afin de rédiger un article en hypocrisie massive pour le journal local. La vingtaine de dollars récoltée sera la bienvenue en ces temps de crise. Appât du gain, quand tu nous tiens… Nous espérons aussi - mais sans trop y croire - obtenir quelques informations, des rumeurs faisant état de l'installation dans la région d'un

grand nombre de sociétés. A l'exception de quelques amis que nous saluons, Maria et moi pénétrons dans la salle dans une indifférence réciproque. Quelques employés distribuent aux participants une pochette en papier glacé contenant le fruit de plusieurs mois de travail des organismes : cinq feuilles vantant les réalisations de ceux-ci et un questionnaire.

Le silence a été facilement obtenu et l'assistance se tient bien sagement assise face au micro, s'efforçant de transformer son indifférence en indéfectible attention. De toute évidence, ils y parviennent. On dirait des gamins dans l'attente d'un bon point ! Je surveille le LED rouge de mon petit magnétophone. Le directeur de la M.R.C. prend la parole et explique que des modifications ont dû être apportées au fameux plan Pontiac 2020. Selon lui, beaucoup de choses ont changé et il a fallu adapter le document aux nouvelles réalités. Des scieries et une usine ont fermé, un parc industriel a été créé. Ça, nous le savions déjà et avions salué en son temps les efforts accomplis par une paire de politiques sortant du lot, efforts ayant abouti à l'installation d'une usine de granules de bois.

Pas un mot par contre sur ce fameux projet d'installation d'une centaine de sociétés œuvrant dans le secteur des biotechnologies. Le boss a branché le brasseur d'air. Presque turgescente de fierté, la cravate menace d'entrer en érection et les compliments fusent. Il vante les mérites et le talent des membres de son équipe. Les souris pomponnées ne rougissent même pas sous des louanges qu'elles jugent de toute évidence méritées. Elles surveillent le micro, l'air gourmand, mais rien ne permet d'affirmer que cet intérêt est dû à sa seule forme phallique… C'est au tour du maire du patelin de prendre la parole. Nous sommes au Québec, mais le papy s'exprime en anglais. Je l'observe tourner lentement les pages de son texte au fur et à mesure qu'il l'ânonne. Je vivrai alors un de ces instants pendant lesquels on a envie de se pincer pour vérifier si on ne rêve pas. Voici que l'ancien répète à plusieurs reprises "ensemble, nous allons construire un monde meilleur" et invite l'assistance à reprendre en chœur ! L'espace d'un instant, le maire s'est transformé en télévangéliste et l'assistance s'est prise au jeu. La salle résonne d'un "ensemble, nous allons construire un monde meilleur". Je pensais naïvement qu'après le "Oui, nous sommes chaleureux" entendu au cours d'une réunion précédente, j'avais fait le tour

des illusions collectives, mais ces gens sont encore capables de surprendre ! J'espère secrètement un sursaut d'esprit critique, voire une simulation intéressée. Optimiste frisant l'inconscience, je ne peux m'empêcher de douter de leur sincérité. Quoique…
Des ploucs américanisés… Lequel de mes amis les avait déjà résumés ainsi?

Le micro change plusieurs fois de mains entre deux salves d'applaudissements polis et en rigueur massive. Chacun congratule le précédent, le suivant, la région, un avenir ne pouvant être que radieux. *Asinus asinum fricat*[177]… Tout va pour le mieux, tout baigne dans l'huile. Personne n'aborde la question de la crise financière internationale. D'ailleurs, pourquoi ternir une réunion où s'expriment l'espoir, la réussite et le volontarisme pour les saboter avec de telles babioles ? Ca n'est une fois de plus qu'un défilé d'illusionnistes sans talents, aux discours atones, sans relief ni consistance. De la bouillie pour les chats servie par des gens incolores, inodores et sans saveur à leurs copies conformes. Ils auraient pu être de belles marionnettes manipulées par des fils intelligents, mais les voici réduits en vulgaires automates. Pas de mains agiles donnant une illusion de vie, mais un ressort sans fièvre, maintes fois remonté, avec la même programmation… Rien de pétillant dans l'assistance, aucune authenticité. Le mouton cauteleux écoute religieusement et ne

---

[177] L'âne frotte l'âne.

pose surtout pas de question ! Ce serait se faire remarquer inutilement, montrer qu'on veut savoir, apprendre, et ça, le savoir, c'est dangereux, à manipuler avec précaution et à doses homéopathiques. Sous les moustaches sans vie, on ne distingue que difficilement l'espoir rentré d'une aide future, d'une subvention possible à gratter entre copains ou faux amis. L'opportunité à saisir comme ils disent... Les baratins durent pendant une longue heure et on n'apprend rien de nouveau. Tout le monde est content. Les uns d'avoir déballé leurs bobards sans rencontrer de contestation, les autres d'avoir réussi à faire semblant d'y croire... Au moins, pas de mauvaises nouvelles, c'est toujours ça de pris. Mais au Pontiac, il n'y a jamais de mauvaises nouvelles ! On pourra rentrer satisfait dans sa cabane en louant la chance de vivre dans un si beau pays. On pourra même boire une bière en cachette, persiflant entre deux chicots.

Les "gentils" organisateurs ont prévu une sorte de buffet. Comme c'est offert avec notre argent, je suis tenté par ce que les gauchistes appellent récupération individuelle. Il n'est pas question pour moi de gouter à leur "nourriture" à la fois solide et sordide, genre anglaise. Par contre, je me laisserais volontiers tenter par une petite rosée de vignoble. Avec un mépris total du danger, je m'approche du comptoir sur lequel trônent fièrement deux bouteilles de vin *"made in Canada"*. Si l'examen du blanc ne me permet pas d'émettre un premier jugement, je suis alerté par la couleur du rouge. Aucune chaleur ne s'en dégage, mais - un chouia kamikaze - je décide néanmoins d'essayer ce millésime 2010. Connaissant la barmaid, je lui demande, un brin perfide :

-Tu as du Bordeaux ?

-Non.

-Je connaissais d'avance la réponse et son ton sec, mais n'ai pu résister à provoquer.

-Je prendrai un doigt horizontal de rouge. Juste pour tester.

Le vin n'est évidemment pas chambré. Je le fais tourner dans le verre, hume. Apparemment, c'est du vin. Est-il fait à la perceuse, à partir de "moûts sélectionnés"? Prenant mon courage à deux mains, je le goute, le glume. La première impression est satisfaisante, un discret tanin s'étant installé dans ma bouche. Hélas, le plaisir s'estompe rapidement, la fugace saveur corsée ayant laissé place à un aigrelet parfaitement désagréable et durable, lui. Je restitue vite le verre à son comptoir et grimace.

-Il est bon, hein ?

- Non.

- C'est pourtant une belle réussite !

- C'est ça...

Une belle réussite...

Ce qu'il faut entendre ! Je me dis que si cette vinasse était hissée au rang de vin de messe, elle susciterait beaucoup de vocations de protestants. En tout cas, elle pourrait expliquer la désertification des églises ! Une belle réussite... Tu parles !

-Ton vin, il manque de soleil...

La barmaid en a assez entendu, tourne les talons et disparait derrière un rideau. Je traverse la salle en zigzaguant entre les groupes et les stands, retrouve Maria. Nous prenons rapidement la fuite. Mais, que vais-je donc pouvoir raconter dans mon article ? Certainement rien de ce que je pense, mon opinion étant encore plus acide que leur pinard !

J'ai vraiment l'impression que le Québec a réussi là où Staline a échoué. Un membre de ces nombreux organismes me confiait avoir été surpris par le niveau de bureaucratie sévissant au Québec.

-C'est encore pire qu'en France, me confiait-il, visiblement autant amusé que surpris.[178]

Entendre un des membres du gang se laisser aller à de tels commentaires est un plaisir royal. Je ne pus que lui répondre par une longue tirade observant que le Québec est la province du Canada comptant le plus fort pourcentage de fonctionnaires et par voie de conséquence, le moins de créations d'entreprises, ce à quoi il ne put qu'acquiescer. Une oligarchie bouffie de suffisance plastronne face à une bande de courtisans. Le pire réside sans doute dans le fait que ces organismes aux effectifs pléthoriques ne maitrisent pas grand-chose. J'en veux pour preuve que relativement aux prétendus grands projets en cours, ils ne savent rien, en tout cas pas beaucoup plus que nous ! Comment se fait-il que des gens qui sont officiellement chargés du développement soient réduits à l'application des programmes gouvernementaux et à la distribution des aides assorties ? Leur vitrine est quasiment vide, car la gestion des rarissimes grands projets leur passe largement au-dessus de la casquette ! Celle-ci est silencieuse, discrète, se trame entre décideurs loin des petits bureaux campagnards et des batailles feutrées de boulettes de papier. Comment pourrait-il d'ailleurs en être autrement ? Ca n'empêchera nullement ces ludions oisifs de se péter joyeusement les bretelles au cri de "c'est grâce à nous" chaque fois qu'un investisseur débarque ! Hélas, au Pontiac, leurs bretelles ne claquent pas souvent. Par contre, les fermetures d'entreprises… Pourtant, cette engeance se fend de communiqués, pose dans la presse, "communique", fait dans l'optimisme… Ca pond aussi des plaquettes sur papier glacé…

Je sais bien que dans la vie, il faut s'efforcer d'être sinon joyeux, du moins positif. Mais les mathématiques comptables pas plus que les banquiers ne connaissent les sentiments. Alors, lorsqu'on agit dans le secteur économique, il faudrait quand-même veiller à faire preuve d'un minimum d'objectivité. A force de refuser de voir les réalités en face, de nier les évidences, d'embellir sans cesse les réalités, de faire briller des statistiques tronquées, ces conseillers envoient les nouvelles entreprises droit vers l'échec.

En fait je pense qu'ils ne sont pas là pour la simple décoration, mais sont globalement rentables, car sont les maillons d'une véritable industrie, à savoir celle de l'immigration. Il est difficile pour le nouvel arrivant plein d'espoirs d'imaginer à quel point tout est ici monétisé. Tout est calculé dans un but de rentabilité, y compris et surtout l'immigration que ces organismes servent avec zèle. Leur vitrine alléchante donne à l'immigrant l'impression que son cas va être étudié dans le sens de ses intérêts. Les vraies ficelles sont tirées ailleurs. L'industrie de l'immigration y trouve largement son compte. La réussite de l'entrepreneur n'est pas un dogme. Le but est de l'attirer en lui vantant la région, le système économique. Une fois tombé dans le panneau, qu'importe s'il se plante ou aligne une réussite exemplaire ! Dans

---

[178] Authentique.

tous les cas de figure il y laissera des plumes. En cas d'échec, il aura investi, dépensé du fric, revendra à perte. Comme nos chalets, notre résidence, ses constructions resteront sur place et continueront à générer des taxes. Si la réussite est là, les impôts, charges, sollicitations diverses et taxes seront au rendez-vous. Et en matière de taxes, au Québec, au Pontiac, on s'y connaît !

Il est tout de même paradoxal que le petit entrepreneur comme nous doive faire appel, être conseillé par ce genre de bureaucrates n'ayant aucune expérience de gestion d'entreprise, ne pouvant aligner le moindre échantillon de réussite dans le privé et n'ayant de surcroit pas investi le moindre kopeck dans une région qu'il prétend développer ! Imaginons le Français frais émoulu d'une école et condamné au chômage s'il reste dans l'Hexagone. Voilà qu'il a l'idée d'immigrer, de quitter sa campagne normande ou toulousaine. Embauché par un organisme C.L.D. en mal d'échantillons pour sa vitrine vide, le bleu-bite débarque au Pontiac où il se trouve illico bombardé Commissaire en développement ! Le tendron ne se sent plus pisser. Imberbe et Commissaire ! Le profil de séide coule de source et notre Rastignac de supermarché sera immédiatement un ardent défenseur de l'oligarchie. Qu'une menace de suppression de poste - vraie ou simple intox - vienne à planer et la panique s'installe. Le temps de travail de notre freluquet est mis à profit pour communiquer. Ce sont des émissions radio où l'on affirme avoir une bonne connaissance des dossiers en cours. Lesquels ? On ne le saura jamais.

Alors, ces gens causent, en sont réduits à tenter de briller en société, à frétiller comme des gardons dès qu'une victime potentielle s'approche de leurs filets. A cet instant précis, ils trouvent une réelle justification au maintien de leur poste. L'assurance de la gamelle mensuelle de soupe a aussi son prix. Les roitelets se prennent d'autant plus facilement au jeu que personne ne se risque à leur tailler les ailes, ambiance anglo-feutrée oblige. Alors des clans se créent, d'autres se confortent au gré des messes basses, des rumeurs, des réunions à huis-clos, bruits de couloirs et petits intérêts égoïstes. C'est le domaine du copinage, relique bâtarde d'une solidarité rurale qu'ils n'auront jamais connue. Ici, le *red neck* est roi. Le bonheur se résume essentiellement au confort bancaire et on rêve en couleur dollar. On ne voit pas plus loin que l'intérêt immédiat, d'où l'emploi répétitif du mot "opportunité", accommodé à toutes les sauces. Ces roitelets chargés d'appliquer les plans gouvernementaux ont tout de même des pouvoirs. Il ne faudrait pas gratter beaucoup pour trouver conflits d'intérêt et favoritisme. D'ailleurs, ils suivent des cours spécialement étudiés pour éviter les conflits d'intérêts ! L'avantage en étudiant ce genre de trucs, c'est qu'on peut apprendre aussi comment les pratiquer sans se faire gauler. Un peu comme le garde forestier qui apprend les techniques de braconnage. Et là, je sais vraiment de quoi je parle... Dès que l'on demande à nos braves ronds de cuir à qui ont été attribuées aides ou subventions et leurs montants, la gêne s'installe et la rétention de données s'érige en rempart. Chez les précieuses, les sourires poudrés se crispent. Le curieux est aussitôt qualifié de "baveux", illico classé dans la catégorie des infréquentables. Nullement amateur de niaiseries ampoulées, c'est celle dans laquelle je me complais. Se battre ? Je ne suis pas venu au Québec pour faire la révolution.

À Rome, fais comme les Romains est mon principe. En conséquence de quoi, puisque la mode anglaise ne me satisfait pas du tout, JE ME CASSE !

Le gendre de la députée du Pontiac est un Français. Ayant eu la "chance"[179] d'épouser la fille de cette responsable, il pantoufle dans des services à l'utilité plus que discutable. Sa moitié qui n'a jamais rien réussi de sa vie vagabonde de poste en poste avec un succès égal, c'est-à-dire collant régulièrement au néant. Actuellement, elle est plus ou moins vaguement secrétaire d'un autre député local, d'un parti opposé à celui de sa mère. Ça n'est plus un panier de crabes, c'est bien plus gros qu'une nasse, carrément le chalut ! Et personne pour dénoncer cet état de fait !

"Nous allons construire un monde meilleur"... Affirmation gratuite, simple vœu pieux, petite phrase lâchée à l'assistance par un brave paysan propulsé au rang de maire et croyant certainement en ce qu'il dit ! Mais évoquait-il vraiment la venue de cette centaine de sociétés ? Si oui, a-t-il réfléchi un seul instant, en a-t-il mesuré l'impact sur la vie locale, les implications économiques et sociétales ? Si ce projet pharaonique venait à voir le jour, la population de la région serait multipliée par deux ou trois. S'agissant d'entreprises de hautes technologies faisant appel à des scientifiques, elles ne trouveront pas leur main d'œuvre localement. Il sera donc fait appel à des travailleurs étrangers non seulement à la région, mais aussi au Canada. Dans un premier temps, quelques spéculateurs feront fortune en vendant quelques terrains et le secteur du bâtiment sera prospère. Culturellement parlant, le décalage entre ces armées de scientifiques et les locaux sera énorme. Il existe donc un risque de voir se développer une société à deux vitesses. Cet aspect ne manquera pas d'être accentué par le pouvoir de l'argent. Qui peut croire un seul instant que l'arrivée brutale de plusieurs milliards de dollars de capitaux dans une région économiquement sinistrée se fera sans dommages collatéraux ?

Comment penser que ces gens ne sont animés que de bonnes intentions ? Déjà, les tigres avancent griffes rentrées. Le souhait aurait été exprimé selon lequel la population serait parfaitement intégrée à ce développement. Il nous est donc plus ou moins suggéré de collaborer avant même de savoir ce dont il retourne. Ca ressemble beaucoup aux manœuvres d'approche de l'oncle Sam, ce menteur, impérialiste invétéré. Rien n'est gratuit dans la vie et deux crocodiles ne peuvent pas cohabiter dans le même marigot. Que se passera-t-il ? Comment des gens, des organisations, des organismes et autres associations musclées des gencives, ne disposant même pas de l'autonomie financière, assistées par des subventions gouvernementales pourront-ils faire face à des investisseurs débarquant avec cinq milliards de dollars ? Comment ne pas pisser de rire à la lecture des rodomontades de ce club d'austères chroniques osant affirmer œuvrer pour le développement du tourisme au Pontiac et prétendant être un partenaire incontournable qui devra être consulté avant toute décision touchant au secteur touristique ? Avant même que d'être consultés, les propriétaires terriens - il y a peu de temps encore - fervents partisans d'une communauté qui n'en a que le nom, retrouvent leurs petits intérêts égoïstes et multiplient par plus de deux le prix de vente de leurs terrains ! Pire, le directeur de la M.R.C. du Pontiac, clamant au micro et le menton poussé en avant

---

[179] Quand on a vu l'engin, peut-on vraiment parler de chance ?

par l'arrogance que les gens de la région seraient systématiquement consultés et informés, apprend par la presse québécoise qu'il participera à une réunion à Ottawa avec le promoteur et le ministre du secteur ! Lorsqu'on lui demande des renseignements supplémentaires quant à cette rencontre, il répond ne pas être au courant... C'est dire que les décisions lui passent largement au-dessus du béret ! Cela témoigne également de l'importance accordée par le pouvoir décisionnel à ces margoulins de la ruralité ne devant qu'à leur titre ronflant l'opportunité de se péter les bretelles. Qu'un projet de la taille de P.T.C.R. voit le jour au Pontiac et ces dirigeants devront obéir au doigt et à l'œil aux injonctions de la direction de ces entreprises. Et s'ils ne le font pas, le groupe sera électoralement parlant en mesure de virer les ploucs indigènes et faire élire des gens à sa botte.

Les quelques esprits critiques de la région s'étonnaient plus ou moins publiquement qu'un directeur de M.R.C. se mette ainsi en avant relativement à un projet privé, alors même que le promoteur en question, personne ne l'a vu. Et le train des rumeurs de démarrer... La locomotive s'emballe, alimentée par des bruits plus ou moins convergents de corruption, de valises bourrées d'argent ayant circulé. D'ailleurs, pourquoi Daniel Labine, l'ex-boss de la stratégie de développement de la M.R.C. a-t-il été dégagé en sourdine ? N'était-ce pas lui qui était chargé de signer des documents en relation directe avec ce projet ? De quoi ce responsable se serait-il rendu coupable ? Et les potins de réaliser un flash-back sur le licenciement d'Ambrosio Camiseti, intervenu lui aussi sans que le public ne soit informé des motifs. Oui, avec ses messes basses, ses réunions à huis-clos, ses décisions sur coin de table, cette M.R.C. mériterait sans aucun doute de subir un audit ! Mais qu'espérer en la matière de la part d'un système englué dans les affaires ? La locomotive s'emballe et s'arrête bientôt, enlisée dans le magma de l'inertie et de l'opacité des oligarchies. Ponctuellement, un bruit nouveau s'envole tel un rond de fumée et se dilue aussitôt dans l'atmosphère glauque de l'indifférence assistée. L'oligarchie entretient l'équivoque en multipliant les projets sans lendemain. On entend parler d'un futur abattoir, d'une piscine à Campbell's Bay (ce serait tellement bien pour les rejetons de la députée locale...), d'un nouveau bâtiment pour les bureaucrates de la M.R.C., etc. Et on cause, et on s'agite, et on se réunit, et les fort couteuses études de faisabilité d'être commandées... Après avoir dépensé un petit million de dollars en frais d'études, le projet d'abattoir est abandonné. La piscine ? On n'en entend plus parler... Le bâtiment de la M.R.C. ? Les oligarques locaux rêvaient d'un complexe au bord de la rivière. Qu'ils continuent donc de rêver, l'actualité récente est à une mine de graphite du côté d'Otter Mountain ! Une réalisation pourtant est à mettre à l'actif de ces scribouillards : un système permettant à des petits bateaux de franchir des rapides sur la rivière des Outaouais. L'affaire a coûté plusieurs millions de dollars, sans compter les frais d'études et a permis à deux embarcations de passer ces rapides en cinq ans...

Moi qui étais venu au Québec croyant y retrouver les valeurs du May Flower, l'esprit d'entreprise, la liberté, me voici confronté à une sorte de république bananière, un capharnaüm de petits intérêts et de susceptibilités hétéroclites. Une administration aux effectifs plus que pléthoriques s'échine à réglementer, taxer, légiférer. C'est la ploutocratie dans toute sa splendeur.

Le projet P.T.C.R. doit créer une quinzaine de milliers d'emplois. Cette nouvelle population prendra rapidement le pouvoir économique, puis le politique. Comble de l'ironie, le Pontissois assis dans sa cuisine et bavant en sourdine sur les étranges[180] du haut de la sécurité de son coin de table, deviendra un étranger sur ses propres terres. Le maire qui se sera battu pour favoriser l'installation de ces entreprises sur le territoire de sa commune devra satisfaire à leurs moindres exigences, collaborer sous peine d'être balayé. Sincèrement, comment faire confiance à des gens tripatouillant les génomes, fabriquant des chimères ? J'apprenais que des gènes d'araignées avaient été introduits chez des chèvres et que les fibres contenues dans leur lait étaient utilisées dans l'industrie textile. "Nous allons construire un monde meilleur…". Ah bon ? J'espère être loin quand ce bonheur nouveau se présentera. Le jamais content que je suis a encore trouvé dans ce développement promis une raison supplémentaire de s'enfuir de ce cloaque. L'homme libre est nomade. Selon moi, il est aussi critique!

Il est curieux de constater le peu d'engouement suscité par ce projet P.T.C.R.. Alors même que la région est en crise suite à la fermeture des quelques rares usines occupant la main d'œuvre locale, beaucoup sont contre tout développement. Certains même s'acharnent à contrer toute initiative. Combien de projets ont-ils été abandonnés suite à l'hostilité de "riverains légitimement inquiets des perturbations engendrées" ? Avant même que la première pierre du projet P.T.C.R. ne soit posée, à la première rumeur, certains mettent leurs propriétés en vente, de peur de voir leur tranquillité disparaître. Je ne suis pas prêt d'oublier ce que me narrait un entrepreneur discutant avec un de ses confrères :

- Cette affaire de mégaprojet est bonne pour nous. Rien que pour ce qui concerne la construction, on est assurés d'avoir du travail pour plusieurs années…

Et son interlocuteur horrifié de partir en reculade avant de relever le menton et de bomber fièrement le torse en s'exclamant :

_Ho, ho ! Tu ne risques pas de me voir travailler là-dedans ! C'est bien trop gros ! Non, non et non ! Jamais je ne travaillerai pour ces gens ! Jamais !

-Mais il n'y a encore rien de lancé…

-Je te dis que jamais tu me verras dans cette affaire !

Le gars est quand-même entrepreneur et donc supposé rechercher des marchés…

Décalage apparent d'une réaction avec le sport national, à savoir la traque systématique du moindre dollar… Ma première réaction a été de rire. Pourtant, il faudrait réfléchir au-delà de l'aspect comique d'une telle attitude. Comment faut-il comprendre ce qui apparaît à première vue comme un non-sens ? Réaction de rejet systématique, ou après analyse critique ou simple constat d'être dépassé ? Défiance vis-à-vis de l'étranger, peur de l'autre ? Ce comportement a quelque part un je-ne-sais-quoi de sympathique. J'y vois chez ce qui est certainement un brave gars la simple crainte de se voir bousculé dans sa routine sécurisante. Car après tout, que reprocher à quelqu'un qui a été soigneusement maintenu dans un vase clos, auquel on a distillé la rare information, la légère formation que l'oligarchie jugeait suffisante ? L'univers géographique de cette personne, sa connaissance du monde ne

---

[180] Appellation locale des étrangers.

dépasse certainement pas Ottawa et on y est vite étiqueté, catalogué intrus. Sans démontrer d'un esprit condescendant, je vois dans ce comportement le résultat du nivèlement par le bas opéré par cette société à la fois mercantile et consumériste, au final peu respectueuse de l'individu, cet âne bâté encouragé à courir sans cesse derrière la carotte d'un argent qu'elle s'acharnera à récupérer. Comment ce type aurait-il pu s'en extraire, alors même que sa société s'est toujours organisée pour qu'il manque de références extérieures et donc d'esprit critique, clef de toutes les ouvertures ?

Nous rencontrons dans un magasin le gars à qui nous avons acheté un terrain 15000 $. Il se tient tout près de nous à la caisse, nous reconnait et son visage n'exprime rien d'autre qu'une extrême distance. Au moins une année, sans trop de lumière toutefois. Mister Peine-à-jouir paye et se casse, tel un automate livide, sans desserrer les dents. Je l'imagine avec sa femme dans leur Sam' Suffit boréal et ne peux m'empêcher de penser à ces longues soirées d'hiver passées dans l'allégresse glacée, la convivialité embryonnaire, balloté entre joie de vivre rentrée et constipation chronique.

Moins d'une heure avant, nous conversions avec une septuagénaire, fièrement plantée sur ses guiboles, attachée à liquider au rabais son stock de papier peint. Notre mamie met un point d'honneur à s'exprimer en un parfait français et sans accent. Nous sommes pourtant à Shawville, sorte de Babaorum version anglophone comptant encore dans ses rangs un bon lot d'excités, à savoir quelques orangistes aigris et plus ou moins abimés ! Alors que je lui demande si elle compte partir à la retraite, elle se raidit et me répond :

- Il n'en est pas question ! Je veux continuer à travailler ! Je fais beaucoup de bénévolat. On m'a tout volé il y a une dizaine d'années, pour un demi-million de dollars. Je n'étais pas assurée mais ai remonté la pente. Toute seule. Maintenant, je fais quelques journées à l'hôpital en tant que bénévole.

Cette personne respire à la fois détermination, bonté et courage, force le respect. Elle m'impressionne vraiment. Comme quoi, en ce bas monde, le soleil éclaire tout et son contraire. Entre le sinistre tocard à la vue basse et le courage anonyme, discret, il existe tout un fossé que cet abruti irréversible à gueule de déterré n'est pas prêt de combler.

Un fraudeur employé de la M.R.C. Pontiac !

Monsieur Labine n'est plus employé de la CDE (Corporation de développement économique) du Pontiac depuis janvier dernier, à la suite d'une "entente conjointe" mettant fin à son contrat. M. Labine avait été embauché fin 2009 en qualité de Commissaire en développement stratégique par le CDE qui ne pouvait se douter des antécédents de cette personne. Une enquête menée par le journal Le Droit révèle que M. Labine aurait été condamné à deux peines de prison pour fraude et escroquerie au cours des dix dernières années ! C'est ainsi qu'en 2001, il aurait été condamné à vingt mois pour fraude à l'encontre d'un de ses anciens employeurs. Une seconde condamnation (2 ans avec sursis, 21500 $ d'amende et 2 ans de probation) lui fut infligée en juillet 2010, cette fois pour fraude et escroquerie contre deux petites entreprises et pour un montant de 84 000 $. Qualifié dans un article de fraudeur notoire, D. Labine aurait été proche de mettre en danger le gros projet de 5 milliards de dollars proposé par l'homme d'affaires Michael Bartlett. D. Labine est donc resté à l'emploi de la CDE plus de deux années. Quelques semaines après son départ de la CDE, plusieurs intervenants impliqués dans le dossier P.T.C.R. ont appris, de manière fortuite, la vraie nature du personnage. "Sur le terrain, Daniel Labine était le maître d'œuvre du P.T.C.R.. Tout passait par lui". Aujourd'hui, bien des Pontissois sont soulagés en constatant qu'ils ont, sans vraiment le savoir, évité le pire. À commencer par le directeur général de la M.R.C. Pontiac, Rémi Bertrand qui avait pourtant participé au comité de sélection responsable de l'embauche de D. Labine. Suite aux agissements de ce dernier, le projet P.T.C.R. devrait subir un retard de plus de six mois par rapport au calendrier initial, admet M. Bertrand. "Après le départ de M. Labine, beaucoup de gens sont venus me voir personnellement pour se plaindre du traitement qu'ils avaient reçu. Bien des gens se sont fait promettre des choses qui ne se sont jamais matérialisées. Ce que nous avons appris sur M. Labine par la suite nous a aidés à comprendre ce qui était en train de se passer sur le terrain". M. Labine n'a commis aucune fraude et n'a volé personne au cours de son passage à la CDE. Pour autant, au moins deux entrepreneurs sont allés jusqu'à signer des ententes pour céder la propriété intellectuelle sur leur invention. La transaction n'a jamais été complétée, mais ils sont aujourd'hui au bord de la faillite. Cette mésaventure oblige maintenant toutes les organisations publiques de la M.R.C. Pontiac à procéder à une vérification des antécédents des gens qu'elles comptent embaucher, quel que soit le poste.

Au Pontiac, beaucoup de rumeurs circulaient, parlant de secrets, d'opacité et/ou regrettant le manque de communication quant à ce mégaprojet, alors même que des promesses de forte implication de la population avaient été formulées.

Une autre presse (LesNews) n'y va pas par quatre chemins et titre carrément : Michael Bartlett : SAUVEUR OU FUMISTE ? Et d'écrire "Michael Bartlett ne manque pas de vision ou d'ambition pour réaliser son projet de 5 G$ à Mansfield-et-Pontefract, mais il manque sûrement de capital. Il s'est décrit lui-même comme très riche dans une entrevue accordée au Droit, mais si ce patrimoine existe il est privé, voire secret, car les placements publics de Michael Bartlett ne valent que quelques dizaines de milliers de dollars. LesNews a révisé les documents déposés par des entreprises associées à Michael Bartlett à la Security & Exchange Commission (SEC) et ils témoignent d'investissements qui sont à bout de souffle. Par l'intermédiaire de la société de portefeuille Centerpointe Investments, M. Bartlett contrôle 45 millions d'actions de la société de biotechnologie Clearant". Or, les titres de Clearant s'échangent à 0,0 $ sur le marché en vente libre (Pink OTC), et la société a cessé de déposer des documents à la SEC en 2009 et de produire des états financiers vérifiés en 2006. Selon cette même source, les trois autres entreprises de Michael Bartlett sont Creative Presentations, Las America Cultural et Leisure Capital & Management étant essentiellement des coquilles vides servant à solliciter des mandats de consultation.

Quant aux supposés intérêts que Michael Bartlett détient dans le secteur minier, ils se résument à un siège au conseil d'administration de Wealth Minerals, une société minière junior de Vancouver affichant un déficit de 4,9 M$ en

2011 et lui ayant versé 7 500 $ en jetons de présence à sa dernière année financière. On est bien loin du cinq milliards de dollars d'investissement qu'il fait miroiter aux résidents du village de Mansfield-et-Pontefract !

D'autre part et toujours en relation avec ce projet P.T.C.R., il apparaît qu'une action en justice serait sur le point d'être intentée par une Société estimant avoir subi un préjudice.

Joël Deplanque. Sources : Journal Le Droit du 12 mai 2012, LesNews du 30/04/2012.

OK. Mais pourquoi pas de sanction contre le directeur de la M.R.C. Pontiac?

Quelques idées sur la notion d'immigration choisie...

C'est le contenu qui doit prendre la forme du contenant. Alors, *"À Rome, tu fais comme les Romains"*. J'ai très souvent dit à un étranger critiquant la France que s'il n'était pas content, il avait la possibilité d'aller voir ailleurs. Parce que je ne souhaite pas que mon épouse soit obligée de revêtir un voile, je ne vais pas me balader dans un pays islamique. Je persiste et signe. J'ai toujours été pour la notion d'immigration choisie. Cependant, l'ayant vécue, je suis amené à moduler ce qui ne fut pourtant jamais un indéfectible enthousiasme de ma part quant à cette notion. Je conçois parfaitement qu'un pays décide librement qui il va accepter ou refuser sur son sol et de quels avantages il fera bénéficier l'immigrant. Charbonnier est maître chez lui. Je passerai sur les considérations politiques du sujet, tout comme les problématiques sociales, religieuses qui pourraient y être intégrées.

Lorsque nous sommes arrivés au Canada, c'était le fruit d'une décision personnelle, fondée par l'espoir de vivre une nouvelle expérience, plus en phase avec nos aspirations. Nous avons tout fait pour nous positionner dans une configuration nous permettant d'obtenir nos cartes de résidents permanents. Soyons honnêtes : il nous arrivait de critiquer la France, en exagérant les aspects que nous considérions négatifs. Oui, nous dénoncions sa vie sclérosée, sa propension à faire trop souvent preuve de paternalisme. Oui, nous regrettions son repli individualiste, sa perte de convivialité. Nous fuyions son manque de dynamisme économique. Nous pensions trouver chez nos cousins Québécois les authentiques descendants d'un *May Flower* perdurant.

J'ai toujours approuvé la notion d'immigration choisie, à la réserve près qu'adoptée préférentiellement par des originaires de pays pauvres, elle prive ceux-ci d'une main-d'œuvre souvent spécialisée leur faisant cruellement défaut. De plus, ces personnes ont souvent été formées par ces pays, au prix d'un important sacrifice financier. Voici donc que le pays d'accueil organise une politique migratoire lui permettant de recevoir les gens dont il a décidé lui-même avoir besoin et dont la formation ne lui aura rien couté. Ce pays, en l'occurrence le Canada, va donc tirer un profit financier de cette politique. Parallèlement, ce sera l'hémorragie de compétences chez le pays de départ. Ainsi, le fossé socioéconomique continuera de se creuser. L'immigré enverra bien quelques subsides à sa famille restée là-bas et les pays riches se donneront bonne conscience grâce à quelques programmes d'aide. Cela sera-t-il suffisant pour rééquilibrer les plateaux de la balance ? Bien sûr que non ! Nous savons tous que les pays pauvres le sont de plus en plus. L'immigration choisie n'est pas seule responsable, mais y contribue.

Le système est pervers et l'immigration choisie s'est vite transformée en chasse aux capitaux et compétences. Ce pays fait une propagande éhontée dans des pays cibles comme la France pour capter devises et cerveaux. Et ça marche ! Tant et si bien qu'une fois ajouté le mensonge à la publicité, celle-ci devient propagande. Et la chasse légale devint braconnage, tout aussi légal d'ailleurs. Pourquoi se gêner ? Il faut savoir et être bien conscient que l'immigration au Canada n'est pas autre chose qu'une industrie. D'ailleurs, je me suis amusé à écrire aux services de l'immigration en adressant et parlant d'Industrie Canadienne de l'immigration. Le courrier arrive et les réponses obtenues ne contenaient aucune remarque ! J'en conclue que le fait est accepté, reconnu et que dans un pays où tout est monétisé le commerce déguisé des humains ne froisse aucune conscience.

C'est que le terrain est soigneusement préparé ! La population canadienne affirme à qui veut l'entendre que si "l'immigré est ici, c'est bien parce qu'il est mieux que chez lui". L'argument pourrait être imparable et indiscutable s'il n'était pas préalablement assorti de la question "à qui profite le crime ?". Quel citoyen Québécois se pose la question, analyse le problème ? Aucun, car tous ne voient que la conséquence au niveau notamment de ceux qualifiés de minorités visibles. Personne ne croira que la politique d'immigration du Canada n'est fondée que sur des principes humanistes. Au royaume des opportunités, tout est monétisé, y compris le malheur humain. Lors du dramatique tremblement de terre en Haïti, le premier réflexe du Canada fut d'essayer de fourguer des baraques en contreplaqué… Rentabilité avant tout, ces épais, aveuglés par le solde de leurs comptes bancaires ne pouvaient pas concevoir l'existence de termites… Oh, bien sûr, les tirelires destinées à collecter des dons pour Haïti fleurissaient dans les supermarchés, histoire de se donner bonne conscience. Plusieurs mois après la catastrophe, ces fonds étaient toujours bloqués et connaissaient des "problèmes administratifs d'acheminement". Gageons qu'ils travaillaient, investis dans je ne sais quel juteux placement ?

Dans la foulée du séisme, plusieurs milliers d'Haïtiens furent accueillis au Canada. En général des jeunes gens en bonne santé, aptes au travail physique et ne demandant qu'à travailler ou pour certains d'entre eux, à grossir les rangs des gangs de rue sévissant à Montréal. Aucune entreprise humaine n'est parfaite…

Il m'aura fallu plusieurs années de Québec pour arriver à comparer immigration choisie et esclavage. Bien sûr, le Canada n'envoie pas des bateaux ici ou là, ne charge pas de force des captifs à fond de cale. Il aurait d'ailleurs bien tort, "l'esclave" est désormais volontaire et paye lui-même ses frais de voyage. Tellement volontaire que beaucoup s'ingénient à se positionner, à se vendre aux modernes chasseurs de têtes ou de bras. La procédure est donc beaucoup plus subtile.

Raffinée.

Quel en est le mode opératoire ?

Il faut savoir que celui-ci répond à des exigences strictement commerciales et que sa mise en œuvre en suit strictement les principes.

Le Canada envoie des chasseurs de têtes et de fortune dans des pays cibles. Une large propagande médiatique est assurée par tous les supports, les ambassades et consulats. Les Personnels choisis dans les officines de recrutement illustrent ce qui est supposé représenter la diversité canadienne. Derrière leur comptoir, sourires avenants et physiques féminins souvent attirants, ces personnes de race noire, Maghrébins, Indiens, Asiatiques ou autres font vitrine.

Les dépliants et fascicules sur papier glacé sont distribués à-tout-va. Les avantages de la vie au Canada y sont magnifiés, les réussites économiques des migrants mises en évidence et vantées. On vous conseillera bien de ne pas mettre en vente vos biens avant d'être accepté, mais d'une façon générale tous les inconvénients du Canada sont expédiés aux oubliettes. L'hiver est traité d'un sourire accompagnant un haussement d'épaules...

Sont détaillées les types d'immigration en fonction de vos âge, profils professionnels, diplômes, qualifications, expérience, confort bancaire. Le Canada recrute en fonction de ses besoins économiques et intérêts. À cette fin il propose des statuts de travailleurs autonomes, entrepreneurs ou investisseurs.

Nous avons tous en mémoire ces images horribles montrant les acheteurs potentiels d'esclaves examinant la dentition, la musculature de leur future main-d'œuvre marchandise, les courbes de leurs prochaines esclaves sexuelles. Futé, le Canada a remplacé cela par un certificat d'acceptation nommé C.S.Q.[181] au Québec. Il s'agit donc bien d'une sélection à laquelle il conviendra de respecter les critères pour espérer avoir une chance d'être sélectionné. Le processus est un brin pervers, car il établit un rapport de forces entre une autorité et un demandeur qui dès le départ se positionne dans une situation de faiblesse qu'il s'efforcera de dépasser. Ce faisant, il ne pourra qu'accentuer sa soumission au système. J'ai connu un jeune employé Français du C.L.D.[182] Pontiac dont le contrat arrivait à son terme. Nous fumes nombreux à nous "émerveiller" face aux actions menées par ce petit fayot pour conserver son poste de commissaire au développement économique. Émissions radio, courriers et entretiens divers au cours duquel il mettait en avant sa compétence et ses connaissances particulières des dossiers en cours. Par analogie à son patronyme et à sa jeunesse, nous l'avions ironiquement surnommé "le caneton". Il ne put s'empêcher lors d'une participation à un concours de poésie de composer un texte sur l'intégration et fortement en relation avec sa situation personnelle. Il s'efforçait même et avec ostentation d'acquérir l'accent québécois ! On peut imagier sans peine avec quelle délectation le système traita notre freluquet et tel le chat jouant avec la souris, le poussa dans ses derniers retranchements. Une fois le caneton bien soumis, ayant fait la démonstration de toutes les preuves d'allégeance possibles, ledit système lui donna satisfaction. Enfin titularisé et rassuré sur son sort, que s'empressa de faire ce volatile mouillé, le rampant cauteleux vantant les inestimables mérites du magnifique comté du Pontiac au service duquel il œuvrait énergiquement, mais dont en privé il avouait parfois "en avoir marre de ce trou" ? Il demanda et

---

[181] Certificat de sélection du Québec.
[182] Centre Local de Développement.

obtint un poste en ville ! Là, à Gatineau, il put oublier les ploucs du Pontiac et, potentiel Rastignac de sirop d'érable, aspirer à une brillante carrière.

Avant d'obtenir le précieux C.S.Q. il faudra passer une visite médicale. Il va sans dire que cette visite sera beaucoup plus poussée et intrusive que les examens sommaires pratiqués sur les esclaves des siècles passés. Mais après tout, le pays a bien le droit de se protéger. Ce faisant, il pourra aussi arguer que cette visite va aussi dans le sens de la protection du candidat.

Ledit candidat pourra aussi s'il le souhaite assister à des séances d'information. Nous nous sommes rendus à au moins une d'entre elles. L'animatrice était une sculpturale blonde à lunettes dont la seule vue pouvait donner vraiment envie à tout homme normalement constitué de visiter ce pays. Au Canada tous les moyens sont bons pour attirer le client.

Plusieurs mois après en avoir fait la demande vous recevez enfin le document tant espéré. Si vous êtes investisseur et capable de placer environ un million de dollars, les délais ne sont -voracité oblige- que de quelques semaines. Riche ou pas, "l'esclave" est soulagé, peut se réjouir ! Il est sélectionné pour le Québec et pourra enfin jouir des incomparables bienfaits de l'Union Soviétique Canadienne ! Lorsque nous avons reçu les nôtres, nous étions sur le sol canadien et avons du effectuer un voyage en Europe afin de pouvoir faire apposer sur nos passeports le tampon des services de l'Immigration. Nous aurions pu aussi faire un tour aux États-Unis tout proches.

Dès que le visa de résident est accepté, tout se précipite. Dans la semaine nous recevons permis de conduire, carte soleil, carte de sécurité sociale et divers documents. Reconnaissons ici l'efficacité des services. Mais le filet ne se resserre-t-il pas sur "l'esclave" ?

C'est bien ce que nous avons ressenti plusieurs années plus tard, face à l'insistance récurrente de plusieurs personnes visant à nous faire demander la nationalité canadienne ou s'étonner fortement que nous ne l'ayons pas encore. Tout ça mis bout à bout nous a toujours poussé à ne pas demander la nationalité canadienne, décision que nous sommes très loin de regretter.

Il faut bien intégrer le fait qu'une fois installé et votre entreprise lancée, vous ne connaitrez aucun répit. Les sollicitations en tout genre se bousculent. Votre compagnie doit avancer à marche forcée. Le matraquage se fait via une foule de réunions organisées par des gens pas fichus de planter un clou, mais qui vous apprendront à construire des maisons. Comme cela n'est pas suffisant, leurs homologues réfléchissent à de nouveaux règlements, toujours contraignants. Le bâton colle au plus près de la carotte qui fait avancer l'âne.

Des associations se créent, officiellement pour défendre des intérêts sectoriels. Dès le début, elles imposent de nouveaux règlements. Le pire est que ce sont les membres eux-mêmes qui se mettent les chaines aux pieds et s'en félicitent ouvertement ! J'en veux pour preuve le passage de deux à trois dollars de la taxe d'hébergement par nuitée. À les entendre, ils étaient tous contents…

Que "l'esclave" souhaite rentrer au pays après avoir réussi au Québec ? S'il dit vouloir quitter le Canada, il devra "racheter sa liberté" en reversant environ une grosse partie de la somme avec laquelle il repart ! En cas de vente de biens immobiliers, de cessation d'activités ou tout autre motif ayant permis de récupérer un investissement, il faut faire en sorte que le notaire n'ait pas vent d'intentions de quitter le Québec ! Il serait dans l'obligation de le signaler et "l'esclave" en passe d'être affranchi serait obligé de reverser environ un quart de son argent à l'État... C'est ce que nous a appris notre agent immobilier. C'est que dans ce pays prétendu libéral on sait respecter les fruits du travail... Parfois, dans ces grands espaces symboles de liberté, il n'est pas déconseillé de faire profil bas ! Surtout pour tout ce qui a aspect au patrimoine, car dès que l'on commence à y causer dollar, même les murs sont tout ouïe... Donc si vous vendez, silence radio et cassez-vous en silence avec votre argent !

Pourtant, en principe, la vente d'une résidence principale n'est pas sujette à impôts. Il en va tout autrement lorsqu'il s'agit d'une résidence secondaire qui sera taxée à 27% ! À vérifier, car les modes de calcul de ces rackets légaux sont assez compliqués.

Le Canada affirme absorber à lui seul le tiers de l'immigration mondiale. Conséquences version canadienne:... On est mal placé pour critiquer sa volonté d'intégrer et son esprit tolérant, tout comme les règles et obligations qui vont avec. Cependant, comme tout système il peut se voir apporter quelques remarques.

Le marché aux "esclaves".

Je me découvre docile ! Le sentiment de libertinage omniprésent connu en Guyane disparaît. La notion tant recherchée de liberté supposée vraie et organisée, s'y engouffre. Enfin ! La Guyane ? Je n'en vois plus que les mauvais aspects. Le Québec et ses grands espaces sont mon nouvel Eldorado. Par tous les moyens j'essaye de me positionner favorablement dans le but de décrocher la timbale : le droit de m'installer et de travailler au Québec. Ça m'est d'autant plus facile que je suis très attaché au principe selon lequel "à Rome, tu fais comme les Romains".

C'est donc un Joël au dos rond qui se présente devant un ancien dirigeant d'entreprise mué en sélectionneur d'immigrants. Un gars ayant dépassé la soixantaine est installé à un large bureau devant lequel défilent les porteurs de rêves. L'expression de son visage est austère, mais je n'y vois qu'un sérieux rassurant. Nous patientons une trentaine de minutes avant d'être invités à nous présenter au sélectionneur. Le chuchotement est de rigueur dans la file d'attente. Il y règne une ambiance particulière dominée par l'absence de solidarité. C'est déjà le domaine du "mon cul, ma gueule", pudiquement renommé compétition. Arrive notre tour. Le vieux nous dévisage rapidement pendant que nous nous asseyons. Son accent fleure bon le sirop d'érable concentré.

-Vous venez de quel endroit ?
-Guyane française. Nous...

Visiblement il n'en a rien à foutre, ne sait pas où ça se trouve et ne veut surtout pas le savoir. Il feuillette sans le lire notre dossier.

-Que faisiez-vous avant de venir ?
-Nous exploitions notre société "Au Vieux Broussard" un commerce de matériel pour la vie en jungle. Ce magasin...

Je voudrais lui en dire plus, lui expliquer ce qu'était la vie en Guyane, notre forte implication dans la gestion de notre magasin. Ses lunettes semblent se tordre sous l'effet d'une étrange grimace. Pour un peu il se laisserait aller à se frotter les mains.

-Au Vieux Broussard… Au Vieux Broussard… C'est bon, ça… C'est même très bon… Votre projet ici ?

-Construire des chalets hauts de gamme et les louer. Nous avons acheté une maison et un terrain au bord d'un lac et…

Le vieux s'excite.

- 40% la première année, 60% la seconde, 80% la troisième. Excellente idée!

Plus de trois décennies de vie professionnelle et familiale passées sous silence, pesées sans balance par un bureaucrate déshumanisé… Avant que nous ayons le temps de dire ouf, un coup de tampon machinal vient frapper notre dossier.

-Suivant !

Ce sera tout. Un peu comme sur un foirail du Limousin, sauf que le bétail, c'est nous… Notre sort a été réglé en moins d'une minute et nous nous levons, un brin frustrés. Un sentiment de vide abyssal m'envahit et je regarde sans joie le cachet et la signature en bas de feuille. Tout ce travail, ces années de vie laborieuse, de proses de risques… Tout ça pour être jugés à la va-vite par un vieux con binoclard n'ayant aucune idée de notre cursus… La pensée de ce vieux cuisinier au nez rouge m'ayant confié se sentir piégé n'a pas le temps de s'installer dans mon esprit que déjà le candidat suivant est sur mes talons, me reprochant presque de m'attarder. Tout ce travail de positionnement, de constitution de dossier, de construction d'espoir pour n'être jugé de façon expéditive que sur des aprioris… Je me dis que notre sort était scellé bien avant de passer devant ce vieux débris et que seule notre bonne santé financière intéresse les services canadiens de l'immigration. Finalement, n'avons-nous pas péché par excès de modestie, manque d'affirmation de nous-mêmes ? Nous nous sommes comportés comme des pauvres venant implorer un banquier pour l'octroi d'un prêt au lieu de le considérer au mieux comme un partenaire. Ne sommes-nous pas face à un pays demandeur d'immigrants, car y trouvant de multiples intérêts ? Alors, pourquoi ai-je manqué autant de caractère, fait preuve de docilité ? Même encouragé par l'opportunité de s'extraire de la Guyane, de cette impression d'y tourner en rond et de la remplacer par de grands espaces ouverts, oui, j'aurais dû me méfier.

Mais l'espoir renait vite. L'important n'est-il pas d'être sélectionné ?

***

Je suis bien conscient du fait que parler d'Union Soviétique Canadienne et qualifier le Canada de pays néoesclavagiste peut surprendre. À tous ceux qui n'adhéreraient pas à ces idées (et je les sais nombreux) je conseillerai de tenter de sortir de l'image d'Épinal véhiculée par la désinformation officielle et qui ne correspondent pas du tout aux réalités du terrain. A tout le moins le marché géré par l'industrie canadienne de l'immigration est soumis comme quel marché à la loi de l'offre et de la demande. Il est tout de même curieux d'étudier l'évolution dans le temps des profils nécessaires pour satisfaire au C.S.Q. La crise financière mondiale a poussé de plus en plus de personnes à émigrer. La quantité de candidats au certificat de sélection s'en est trouvée fortement augmentée. Dans ces conditions, c'est en toute "logique canadienne" que l'industrie de l'immigration a placé la barre nettement plus haute. Les "esclaves" devront désormais avoir plus de compétences, un meilleur confort financier et les frais de dossiers évolueront à la hausse de façon drastique.

LE PANIER DE CRABES. QUELQUES COMBINES LOCALES, EN VRAC.

Là aussi, il y aurait beaucoup à dire.

Les textes régissant les M.R.C. indiqueraient que l'épouse du directeur ne peut pas être employée par la M.R.C. Ce texte s'applique-t-il à la concubine du directeur ? Non pas que la vie amoureuse du directeur de la M.R.C. me passionne ! Je m'en fous comme de ma première liquette. Tout simplement parce que cet homme public se prétendant irréprochable et discourant à longueur d'années sur des projets et réalisations arlésiennes, devrait réfléchir à la maxime affirmant que lorsqu'on veut être dur, il faut être pur.

Car lorsqu'on sait que sa concubine a acheté une maison juste à l'endroit choisi pour le fameux et fumeux projet P.T.C.R. avant que l'existence de ce projet soit portée à la connaissance du public...

Le cas se complique un tantinet lorsque l'on apprend que ledit chalet est proposé en location. La situation est d'autant plus cocasse quand on apprend sur le site de l'entreprise de cette employée d'organisme que seuls sont acceptés les paiements en espèces...

> Les animaux de compagnie ne sont pas admis au sein de l'établissement

> Cet établissement accepte uniquement les paiements en espèces

Tout le monde sait que ce chalet est loué régulièrement. Reconnaissons que sa propriétaire est très bien placée pour en assurer la promotion, la publicité et profiter des conseils que ne manqueront pas de dispenser ses collègues aux clients potentiels. Qui oserait ne pas louer en termes flatteurs auprès desdits clients le chalet de la concubine du singe ? Ce faisant, qui osera parmi les employés de la M.R.C. proposer d'autres chalets en location que celui de ladite concubine ?

De forts soupçons de fraude fiscale et de conflit d'intérêts sembleraient donc justifiés. Ces détails, additionnés au cas Labine, ça commence à faire, non ?

Ceci est d'autant plus probable en examinant les faits suivants :

À aucun moment les organismes M.R.C., C.L.D., S.A.D.C. ne nous ont envoyé le moindre client, alors que ceux-ci sollicitent régulièrement ces organismes dans le cadre de leur recherche de location.

Une amie a fait appel à leurs services à cette fin. Il lui a été répondu qu'il n'y a "rien à louer dans la région". Par contre il lui a été vivement conseillé d'acheter la maison du copain, ce qui a été fait...

De la même façon, il a été conseillé à un employé de la M.R.C. de louer un chalet de nos concurrents à l'époque encore "bien dans les papiers" de l'oligarchie locale. Le chalet en question était nettement plus éloigné de son lieu de travail que les nôtres.

La politique locale est donc très "consanguine". Le copinage et le cousinage sévissent dans toute leur splendeur et on s'arrange sans vergogne entre "bouseux" bureaucratisés...

***

Opacité, décisions sur coin de table :
Un projet d'installation d'usine traitant les boues septiques a été refusé par une M.R.C. voisine il y a dix ans de cela, puis par une autre huit ans plus tard. Il semblerait donc que la notion de communication y existe. Nous apprenons que le maire du bled voisin nommé La Chasse aurait déclaré - apparemment fort satisfait de ne pas accueillir sur son territoire une usine à merde - qu'au "Pontiac, il y a peu d'habitants"... Voici donc notre vaillante et dynamique région recueillir les boues septiques en provenance de kilomètres à la ronde ! Il y a matière, et pas seulement à contestation ! J'écoute et savoure la célèbre chanson de Ricet Barrier : le printemps :
"On dit que le printemps, ça sent la rose
le lilas et puis le jasmin.
oui mais chez moi, ça sent autre chose,
vu qu'on cure la cuve à purin".

***

Et puis il y a les libertés à l'égard de la courtoisie...
Dans un torchon pompeusement baptisé "rapport annuel" et pondu par la S.A.D.C. on prend ses aises avec la plus élémentaire des politesses. Mais là où il y a de la gêne, il n'y a pas de plaisir ! C'est sur Internet que je découvre ce recueil de niaiseries ampoulées, prétendant retracer les activités de cet organisme se consacrant parait-il au développement de la région. Une fois passé l'incontournable magma d'autosatisfaction des premières lignes, je tombe sur une page entière de louanges glorifiant la S.A.D.C. En filigrane, une image et un témoignage d'amis entrepreneurs. Je lis le texte à la gloire de nos gratte-papiers. Le panégyrique est truffé de fautes d'orthographe et de français. Les connaissant et les sachant attentifs à la langue française, je suis éminemment surpris que ceux-ci en soient les auteurs. Ça n'est pas possible qu'ils aient laissé publier une telle cagade en l'état et en discute aussitôt avec eux. Bingo ! Ils m'apprennent ignorer l'existence de ce document... Donc, dans sa toute puissance, bardée de certitudes, la S.A.D.C. s'auto-congratule à l'aide de textes de son cru, textes dégoulinant d'encensements et au bas desquels elle indique l'identité de l'auteur supposé, auteur ignorant avoir écrit ce texte... Assez révélateur de l'état d'esprit de ces illusionnistes de bureau en mal de reconnaissance, non ? Ce faisant, l'organisme en question utilise abusivement et à leur insu les noms, qualités et images d'entrepreneurs. Il leur fait tenir de façon tout aussi abusive et toujours à leur insu des propos dont il espère retirer bénéfice moral et/ou financier.

Mais pourquoi ne pas avoir *a minima* sollicité un témoignage ? Ou alors informer en proposant un texte ? Au-delà de l'incorrection, ceci est à mon avis gravissime et ce, à plus d'un titre :

Constituant la preuve irréfutable de l'inefficacité de cet organisme.

Tendant à prouver que cette structure est consciente de ses carences.

Établissant clairement et sans ambiguïté qu'on agit sans vergogne et assuré d'une impunité acquise par principe. Après tout, pourquoi ne pas penser et écrire en lieu et place des "administrés", ces cochons de payants ?

Prêts à mentir, à travestir la vérité économique, à faire briller n'importe quoi pour piéger l'entrepreneur, l'investisseur potentiel, l'attirer dans ses filets... Et une fois que le naïf se sera bien planté, l'abandonner à son sort.

Je ne sais pas si juridiquement parlant cet acte peut être qualifié de faux et usage de faux en écriture, usurpation d'identité ou autre.

Et puis, il y a l'orthographe !

La ficelle de cette pathétique masturbation médiatique est on ne peut plus grosse ! Je constate immédiatement que le style rédactionnel est exactement le même que celui utilisé les années précédentes. L'auteur ne cherche pas à se renouveler. C'est la même bouillie insipide et laborieuse, sans relief ni variation, pas plus que d'intérêt. Il ne prend même pas la peine d'essayer d'adopter un style différent lorsqu'il fait témoigner autrui. Au-delà du manque d'imagination, je constate également une continuité dans les fautes d'orthographe. Une autre impression se dégage de cette lecture laborieuse : on dirait un plaidoyer, une lettre d'excuse, une supplique pour conserver son poste, sa gamelle de soupe mensuelle.

Bref, une impression d'encéphalogramme plat. Le standard local...

***

Le même jour, j'ai réalisé un reportage portant sur une exposition organisée par la S.A.D.C. et consacrée aux entreprises "vertes". Premier constat, par rapport à la manifestation de l'année précédente, les effectifs de participants se sont réduits au moins de moitié. J'interviewe un des caniches de service, largement subventionné par ailleurs. Le larbin est tout heureux de vanter les mérites des gentils organisateurs. Et d'affirmer sans rire et visiblement ravi que chaque année les effectifs de participants augmentent d'environ 30%. Brave petit caniche qui aura mérité son chapelet de saucisses... Le célèbre San Antonio avait bien raison d'écrire que "*plus le maître est Con et plus le chien est fidèle*[183]". Il s'agit donc d'une société nivelée par le bas, où le mensonge est érigé en système dont il constitue une des composantes du ciment en assurant une fragile cohésion. Chez ces cauteleux aux compétences douteuses ou qui demanderaient souvent à être précisées, la négation des évidences côtoie la nécessité d'embellir la réalité via un discours formaté. Toute question est immédiatement considérée comme inquisitrice, incongrue. Son auteur rangé au banc des contestataires, des hérétiques avant que d'être mis au ban de la "communauté des chaleureux". Surtout ne pas penser ni réfléchir, ce serait contester... Avec les renards il est conseillé de renarder. Alors pour l'occasion, je me

---

[183] San Antonio : Les Con.

fais faux-cul de première et brosse le plouc pédant dans le sens du poil. Mes articles vantent leurs réalisations, se réjouissent de leurs actions, félicitent élus, agents et autres intervenants. Certains enragent, car sachant que sous ma casquette de journaliste, je pense exactement le contraire de ce que j'écris. Oui, c'est du second degré et silencieusement jouissif ! Sauf à l'égard de l'hôpital régional, des services de santé, des petites gens souvent bénévoles, des artisans éreintés de taxes, de mes amis pressés tels des citrons par un système boulimique, bref, de structures ou personnes méritantes.

***

Les rapports de gestions avec leurs camemberts faisant état de plus de la moitié du budget de cet organisme consacré aux salaires et frais de fonctionnement, à comparer aux quelques points de pourcentage concernant le volume d'aides attribuées (aux copains ?)... J'en fais la remarque et dès l'année suivante, le camembert est absent. Disparu ! Il est vrai que ma question était aussi directe que les observations que j'avais formulées... Comme ces gens sont vraiment à l'aise dans leur routine et ne doutent de rien ! Innocence, quand tu nous tiens...

***

Il y a aussi le cas de la tendre épouse de M. Raymond Durocher, maire de Fort-Coulonge et actuel préfet du Pontiac, un ex-ambulancier mondialement connu dans le quartier et reconverti pour le comté à l'agonie dont il a la charge et ce, au vu des succès de sa gestion, en chauffeur de "corbillard"... Une sorte de bouffon au rire niais dont il entend fièrement faire profiter la société à l'énoncé de ses seules vannes. Bref... Cette brave épouse du clown en chef fut nommée archiviste à Fort-Coulonge, village tristounet, trou-du-cul du Pontiac vivant des souvenirs de sa glorieuse époque passée, en l'occurrence le temps de la drave. Le poste devait être temporaire. Il semblerait que le provisoire s'inscrive dans le durable, même après la fermeture du bureau en question (?)... Il n'y a pas de petit bénéfice et quand on peut prendre des choses à la main, il n'y a pas besoin d'échelle, hein ? Dans ces conditions il n'est pas difficile de comprendre pourquoi Monsieur le préfet se balade toujours avec un beau téléphone intelligent (le téléphone...).

Dans le même genre, essayez de deviner qui est la directrice du village de Fort-Coulonge ? Nul besoin d'aller chercher bien loin ! Tout simplement Martine Durocher ! La frangine à Raymond ! Vu l'importance de la mégalopole de Fort-Coulonge (1377 habitants en 2011), la brave Martine cumule les fonctions de Directrice générale/Secrétaire-Trésorière... C'est ce que l'on peut voir sur la page de ladite municipalité. On reste entre nous. Ça ne sort pas de la famille, même si ça fait un peu république bananière, hein ? Ah, on peut rire des rois nègres !

***

Difficultés financières obligent, (le jardin, la pêche et la cueillette des champignons ne suffisant pas), j'avais cherché un emploi et décroché un job de journaliste au Journal du Pontiac[184]. Le journal étant gratuit et financé par les seules publicités des entreprises locales, il était hors de question d'écrire des articles polémiques. Je rédigeais donc des articles au second degré, à l'eau de rose, me faisant rire sous cape et satisfaisant l'égo des gogos locaux que je caressais dans le sens du poil. J'ai souvenir d'une grille de mots croisés parmi d'autres, pour une fois un brin révolutionnaire et qui avait soulevé la vive indignation des ploucs encabanés et autres peines à jouir. Mais jugez plutôt..

Horizontalement.
1) Très souvent pressés. Principes.
2) Basse vallée. Cri d'enfant. Désiré. Berna.
3) Fut grand. Pas à toi. Département français.
4) De frais. Un allemand. Parfois de somme. Collectes d'impôts.
5) Théâtre national. Rêve d'élu avant l'oubli. Se fait pour du son. Automate.
6) Poisson. Tour rapide. Reptile.
7) Plantez des taxes et il pousse ! Incroyants.
8) La tienne. Rarement d'impôts. Mer anglaise.
9) Souvent dessous dans un bureau. Négation. Numéro d'Henri. Prénom allemand. Sur un cheveu.
10) Au bureau, se croient parfois arrivés. De service, parfois. On y sèche au midi.
11) Société de sécurité informatique. Vieux patelin. Comme un imposable. Etat, parfois après impôts.
12) Brille. Parfois fait vers l'inconnu. Surplomb. Chose latine.
13) Elle sait, phonétiquement. On y réglait ses comptes. Fruit de montagne. Fin d'infinitif. Interjection sudiste.
14) Dieu ne manquant pas d'air ! Comme un certain dada. Codage arithmétique.
15) Article. Parfois moteur. Guettent parfois des pays.
16) Parfois sixième. Chrome pour le chimiste. Nombre de deniers. Basses.
17) Précède la manière. Très causant. Moi. Peut-être une solution.
18) Au monde. Âne sauvage. Type d'économie.
19) Inéluctable pour certains, souhaitable pour d'autres (3 mots). Bâche de bateau.
20) Ancienne ville de Turquie (En anglais). Roi de Perse. Peut être panique.

Verticalement.
1) Comme la valeur du dollar, par exemple. Peut faiblir.
2) Ville de Floride. Organisation mondiale de la santé. Envahit un payeur de taxes.
3) Réfutés. Rouler (familier). Pas pressé. Suisse.
4) De plus en plus élevées. Qualifie un petit souci. Saint des Pyrénées. Du bateau !
5) Fini de payer ! Coordination. Orifice.
6) Pas acquise. Pantoufle parfois.
7) Enduire. Développements pontissois, parfois.
8) Dans l'urne. Apparues. Magasin de chasse du Québec. Route départementale.
9) Salut. Explosif. Calme le bas peuple, rassure ses dirigeants (3 mots).
10) Palais d'Italie. Accompagne un avis de taxes. Vieille vache. Note. Réfléchi.
11) Unité de flux lumineux. Peut gronder. Symbole chimique. Canadien le plus fort du monde !

---

[184] Authentique.

12) Certains peuvent croire en faire partie. Possessif. Révolution. University of Southern California.
13) Produit par la lecture d'une feuille d'impôts. Autre appellation des contribuables (3 mots. Familier). Souvent chaud.
14) Se marre. Saint du sud de la France. Marque de vêtements.
15) Métal léger. Sommet anglais. Pieuses initiales. Pâtée autrichienne.
16) Forme de contestation (2 mots).
17) Métal précieux. Costard des moutons. Parcouru. Espèce d'autruche.
18) Scribouillard (2 mots). Petit mustélidé.
19) Lac yankee. Anonyme. Élargi. Lettre grecque.
20) Fin de contribuables (3 mots). Comme un compte en banque. Précède et suit la taxe.

	1	2	3	4	5	6	7	8	9	10	11	12	13	14	15	16	17	18	19	20
1	C	O	N	T	R	I	B	U	A	B	L	E	S	■	A	D	A	G	E	S
2	■	R	I	A	■	N	A	■	V	O	U	L	U	■	L	E	U	R	R	A
3	A	L	E	X	A	N	D	R	E	■	M	I	E	N	■	S	■	A	I	N
4	R	A	S	E	■	E	I	N	■	B	E	T	E	■	T	O	N	T	E	S
5	T	N	■	S	I	E	G	E	■	A	N	E	■	R	O	B	O	T	■	L
6	I	D	E	■	■	E	■	T	R	■	■	V	I	P	E	R	E	■	■	E
7	F	O	N	C	T	I	O	N	N	A	R	I	A	T	■	I	M	P	I	S
8	I	■	T	A	■	N	E	T	T	E	■	C	■	S	E	A	■	■	■	O
9	C	O	U	D	E	■	N	E	■	I	V	■	H	A	N	S	■	P	O	U
10	I	M	B	E	R	B	E	S	■	N	O	T	E	■	S	A	L	I	N	■
11	E	S	E	T	■	U	R	■	P	■	L	A	S	■	■	N	U	E	■	■
12	L	■	R	■	O	R	■	S	A	U	T	■	A	P	I	C	■	R	E	S
13	L	C	■	P	R	E	■	A	I	R	E	L	L	E	■	E	R	■	V	E
14	E	O	L	E	■	A	M	I	N	E	■	A	■	C	A	B	A	■	■	C
15	■	L	E	■	H	U	I	L	E	■	F	A	I	L	L	I	T	E	S	■
16	S	E	N	S	■	C	R	■	■	T	R	E	N	T	E	■	V	I	L	E
17	A	R	T	■	A	R	A	■	J	E	■	■	F	U	I	T	E	■	■	U
18	N	E	■	O	N	A	G	R	E	■	C	U	E	I	L	L	E	T	T	E
19	T	■	C	H	U	T	E	D	U	S	Y	S	T	E	M	E	■	T	A	U
20	E	P	H	E	S	E	S	■	X	E	R	C	E	S	■	■	P	E	U	R

218

Le téléphone du journal avait rougi. Il est vrai que certaines définitions et solutions pouvaient écorcher un chouia les délicates oreilles de la bienpensance des indigènes. Je ne pouvais en rester là et, les sachant aussi susceptibles qu'intellectuellement très limités, devais leur balancer dans les dents un court échantillon de ma pensée. C'est ainsi qu'en guise de cadeau de départ, je me fendrai de l'éditorial ci-dessous qui menacera d'atteindre son point de fusion.

Pour une fois, je vais exprimer mon sentiment et tant pis si ça grimace dans certains locaux climatisés ou non ! Au Pontiac sinistré vous discourez tourisme... Eh bien, parlons-en !

Satisfaits d'un séjour à Montréal, des amis de Guyane française nous visitent. Au programme, l'incontournable chute Coulonge. Premier os : un établissement local ne peut pas changer leurs euros. Le mot "BANQUE" est pourtant écrit en grosses lettres sur le bâtiment. Si si...

Visite du parc des chutes, durement frappé par la tempête. Sourire face au dégradant panneau précisant que "Tout invités doivent s'inscrire pour obtenir une passe au parc". Évidemment, le mot bordel est prononcé... Ces fautes pathétiques avaient déjà été signalées dans ce journal ! (par moi-même, "maudit Français", ce qui a peut-être froissé des susceptibilités locales ?) ! Ignorerait-on ici autant la honte que les respects de l'orthographe, des clients et de soi-même ? Au guichet, une cliente proteste : les deux-tiers du circuit sont interdits d'accès et ce, sans réduction tarifaire. Rien n'y fait. Il faudra casquer plein tarif. Quel restaurant oserait faire payer un repas complet, mais s'arrêtant à l'entrée, au prétexte que le chef cuistot est souffrant ? On veut bien croire que les frais de remise en état du parc seront élevés, mais tout de même ! Le risque était-il couvert par une police d'assurance ?

On ne cesse de se gargariser du mot communauté et celle-ci est constamment sollicitée pour des causes diverses. Quels avantages lui sont consentis ? Le Pontissois ne devrait-il pas bénéficier d'un accès gratuit ou à tarif réduit à des sites et installations qu'il a financés ? Jusqu'où la cupidité à courte vue se fera-t-elle l'alliée objective d'une politique anti commerciale ? A quelques mètres de la piste cyclable, un panneau tout aussi glorieux menaçait l'intrus osant pénétrer sur le terrain de son propriétaire ! C'est avec ça qu'on veut lancer le tourisme au Pontiac ? Ça n'est pas gagné...

Lassés, nos amis ont changé et dépensé leurs euros à Pembroke. Des trois jours passés ici, ils garderont un souvenir mitigé, surpris par une qualité d'accueil de quelques commerçants locaux laissant à désirer. En partant, ils nous demanderont ce que nous sommes venus faire là. Bonne question !

Mais je ne jetterai pas le bébé avec l'eau du bain. Ayant (par souci du local) acheté un VTT chez un commerçant de la place, je demande à celui-ci de le mettre en dépôt-vente sur son parking vide. Refus immédiat pour cause de "manque de place"... Je me rends donc à Mansfield, chez un marchand n'ayant reçu de ma part que de rares visites en 10 ans. Il accepte volontiers et une fois le véhicule vendu, refuse la commission que je lui offre ! Je reviendrai là.

La malbouffe sévit ici. On se limite pour l'essentiel à d'infâmes fritures, hamburgers et autres malfaçons. On ne mange pas; on se remplit. C'est tout dire...

Mais où se cache la clientèle d'une restauration de qualité ? Et celle pouvant combler le soi-disant déficit d'hébergements ?

Le soin apporté à l'image... Je relis ce torchon pompeusement intitulé "discours du budget" 2013. Comment oser adresser à la population un tel tas de fautes, un texte laborieusement ânonné, digne d'un cancre ? Il faut vraiment éprouver peu de considération à l'endroit des contribuables ! Personne au sein de cette usine à gaz qu'est la M.R.C. Pontiac pour corriger et "pondre" un texte correct ? Le respect de l'orthographe et des gens... Tout commence pourtant par là. À croire qu'ici, tout le monde se fout de tout ? Pontiac, risée du Québec ?

Le résultat des recensements prouve que beaucoup ont compris qu'ici, le salut est dans la fuite. On veut se lancer dans le tourisme, développer la région ? Il ne suffira pas de multiplier les études, continuer à s'entasser dans les bureaux, se pomponner à l'embellie, arborer et vendre de grosses cravates, s'auto-pommader entre "membres du club", clamer des déclarations ronflantes et se péter les bretelles au cours de réunions sans suite pour s'inscrire dans une dynamique de progrès au service réel de la région. L'opération ne réussira que grâce à un investissement massif, faute de quoi le Pontiac restera un mouroir à une petite heure de la capitale. Quel responsable politique n'en aura pas honte ?

Quelle politique attractive pour l'installation d'entreprises ? Dès le départ celles-ci sont matraquées par des taxes démotivantes et une jungle règlementaire. Messieurs, soyez cohérents puisque vous êtes réputés servir les dieux de l'économie ! Oubliez la routine, simplicité dépassée et illusoire de l'intérêt immédiat ! Faites preuve d'imagination en découvrant le sens des mots "gratuité, exonération, simplification, politique incitative"... Ils sont pleins de vertus que vous semblez hésiter à exploiter. Quant à quelques conseillers jamais payeurs, qu'ils reprennent contact avec les réalités ! Et pourquoi pas une expérience à leur compte (réussie), passeport pour le public ? Chiche ?

Pour laisser croupir en queue de peloton pendant 5 années consécutives une région disposant d'autant d'atouts que le Pontiac, à une heure de la capitale du second plus grand pays du monde, il faut démontrer de "compétences" particulières ! En regardant les comtés voisins, on pourrait même croire en détenir l'exclusivité... Une chose est sure : on n'attrape pas les mouches avec du vinaigre. Traitez-moi de baveux si ça vous chante, mais regardez avant l'état de votre comté. Ça devrait vous inciter à un peu de modération...

Deplanque Joël, Français de France, donc râleur, fier de l'être et incurable.

Journal LE DROIT du 05 mars 2015 Mis à jour le 29 mai 2015

Détournement de fonds dans les C.L.D. Dans un échange de courriels, le maire de Gatineau et président de Développement économique C.L.D. Gatineau, Maxime Pedneaud-Jobin, s'est dit «surpris» des constats du vérificateur général, dans la mesure où le C.L.D. Gatineau respectait «à la lettre» les consignes de Québec en la matière.

Martin Roy, Archives LeDroit

Le détournement de fonds destinés à l'aide aux entreprises pour payer des dépenses purement administratives était une pratique courante dans une quarantaine de Centres locaux de développement (C.L.D.) au Québec entre 2011 et 2013.

Le vérificateur général du Québec, dans son rapport publié la semaine dernière, ajoute qu'en 2013 seulement, la moitié des 120 C.L.D. de la province ont utilisé des actifs du Fonds local d'investissement (FLI) pour payer des honoraires et d'autres frais qui «en principe, auraient dû être assumés à même leur budget de fonctionnement».

Un montant d'environ 3 millions $ par année aurait ainsi été détourné par les C.L.D. au détriment des entreprises à qui était destiné cet argent. Ces C.L.D. ont ainsi agi en complète contradiction de leurs ententes de gestion dans le cadre des FLI, un fonds constitué à partir d'un prêt gouvernemental sans intérêt qui totalisait 172 millions $ à la fin 2014.

En Outaouais, à part le C.L.D. Pontiac qui n'a pas retourné notre appel, tous les C.L.D. affirment n'avoir jamais utilisé l'argent du FLI à des fins non permises. Le directeur général du C.L.D. Vallée-de-la-Gatineau, Marc Dupuis, admet toutefois que des actifs du fonds d'investissement ont été utilisés pour payer des honoraires à deux reprises, parce que, dit-il, «la situation était hors de notre compétence».

À la défense du C.L.D. Vallée-de-la-Gatineau, les règles entourant l'utilisation d'actifs du FLI pour payer des honoraires en liens avec des prêts et des dossiers de créances n'étaient pas entièrement claires à ce sujet. L'Association des C.L.D. du Québec a demandé des clarifications à plusieurs reprises à propos de cet élément. Le vérificateur général recommande d'ailleurs de clarifier les modalités du FLI à cet effet. «Mais jamais nous n'avons pris de l'argent destiné aux entreprises pour nos opérations courantes, insiste M. Dupuis, surtout pas.»

Le maire de Gatineau «surpris»

Dans un échange de courriels, le maire de Gatineau et président de Développement économique C.L.D. Gatineau, Maxime Pedneaud-Jobin, s'est dit «surpris» des constats du vérificateur général, dans la mesure où le C.L.D. Gatineau respectait «à la lettre» les consignes de Québec en la matière. «Le C.L.D. a même dégagé des surplus de 5,9 millions $ en six ans, des surplus qui ont été réinvestis dans la communauté d'affaires, a-t-il souligné. Aucune somme provenant du FLI n'a servi à autre chose que pour financer des entreprises, et aucuns frais de gestion n'ont été prélevés dans le FLI. Au cours des dernières années, DEC.L.D.G a d'ailleurs passé avec brio les évaluations de programmes imposées par le gouvernement.»

Le directeur général de DEC.L.D.G, Michel Plouffe, ajoute qu'aucun autre C.L.D. au Québec n'a pu dégager autant d'économies dans son budget d'opération au cours des dernières années. «Nous sommes l'antithèse de ce qu'on retrouve dans le rapport du vérificateur général, dit-il. Notre rigueur et nos façons de faire ont même été une contribution pour les autres C.L.D. dans la gestion et les suivis de dossiers.»

Rendement

Les taux de rendement des FLI sont très variables d'un C.L.D. à l'autre. À Maniwaki, M. Dupuis ne cache pas sa fierté de pouvoir afficher un rendement de 3,8 %, alors que la moyenne provinciale est de 0,3 %. À Gatineau, le C.L.D. doit écrire son taux de rendement à l'encre rouge, à -2,5 %. «Notre rôle n'est pas de faire des rendements de 6,7 ou 8 %, affirme M. Plouffe. Nous avons eu de bonnes discussions en comité d'investissements sur l'équilibre entre le rendement et le développement local. Nous ne sommes pas des banques. Nos rapports de créances ont toujours été validés par le ministère du Développement économique.»

En tant que journaliste, j'étais en première ligne pour constater la chape de plomb régissant la communication. Toute question était considérée comme une rébellion. Non prévue dans un programme taillé sur mesure, quelque interrogation que ce soit dérangeait fortement. Tout comme la sale manie que j'avais d'enregistrer au lieu de prendre des notes (tout en demandant l'autorisation).

ANNEXE DOCUMENTAIRE

Une preuve de mensonge grossier parmi d'autres, s'inscrivant de surcroit dans un continuum.. Où sont les clients ?

Danger ! Piège !

Ils veulent se lancer dans le tourisme, mais menacent de flinguer ceux qui oseraient marcher sur leur terre…

Les véhicules de la M.R.C. Pontiac, les Personnels et responsables divers bloquent une voie de chemin de fer en passe d'être arrachée. Aucune conviction ne se dégage de ce cliché. Il fait beau et pour ces gratte-papiers potelés, c'est carnaval ! Pour l'occasion, les ploutocrates larbins du système se déguisent en prolos contestataires ! Personne n'y croit, mais tout le monde se marre ! C'est la sortie estivale qui casse la monotonie, la cause sacrée d'une semaine qui s'achève...

Constatant le traquenard dans lequel nous sommes tombés, je demande par écrit au C.L.D. de Campbell's Bay les informations suivantes :

    LAC SANS LOI Inc.   Litchfield, ce 27/07/2011
    41 Chemin du lac Lawless
    LITCHFIELD J0X 1K0
    1 819 648 5363
    http://www.lacsansloi.com
    contact@lacsansloi.com

    à
    C.L.D., S.A.D.C. Campbell's Bay.

    Objet : Taux d'occupation et autres informations relatives au secteur du Tourisme dans le Pontiac.

    Les renseignements disponibles sur Internet étant très imprécis et/ou partiels, nous sollicitons communication dans les délais usuels de tout document précisant :
    Statistiques globales précises et relatives au secteur touristique dans le Pontiac.
    Taux d'occupation annuels et saisonniers des infrastructures d'accueil, qu'il s'agisse de gites, résidences de tourisme, terrains de camping, autres.
    Répartition et évolution de l'offre d'hébergement : gites, résidences de tourisme, terrains de camping, accueil en famille, autres.
    Répartition de la demande : clientèle locale, familiale, étrangère à la région, à la province, au Canada.
    Évolution quantitative et qualitative de ces structures d'accueil, inventaire des capacités, créations, fermetures.
    Évolution quantitative et qualitative de la gamme d'activités proposées, nature de celles-ci, structures d'accueil, inventaire des capacités, créations, fermetures.
    Informations détaillées précisant les dispositions prises pour l'amélioration de l'image de la région, incitatifs et budgets spécifiques consacrés, répartition, bénéficiaires, etc.
    Nature, volume des aides et subventions diverses accordées aux intervenants, budgets spécifiques consacrés, bénéficiaires, etc..
    Informations relatives à ce secteur d'activité dans le Pontiac, notamment financières et humaines. Volume d'affaires généré, nombre de personnes travaillant à temps plein ou partiel dans ce secteur, combien d'entre elles ne disposent que des seuls revenus issus de l'activité touristique, etc. Ces informations feront la distinction entre les opérateurs privés du domaine et les intervenants des différents organismes locaux.

    L'ensemble de ces données fournies portera sur les cinq derniers exercices, soit de 2006 à 2010 inclus.

                                    DEPLANQUE Joël.

    Dans la réponse la panique commence à poindre et pour une fois c'est écrit en français correct.

Campbell's Bay, le 11 août 2011

Monsieur Joel Deplanque
Lac sans loi Inc.
41, Chemin du Lac Lawless
Litchfield, Québec J0X 1K0

Objet : Demande d'informations relatives au secteur touristique dans la MRC de Pontiac auprès du Centre local de développement (CLD) du Pontiac

Monsieur,

En réponse à votre lettre datée du 27 juillet 2011, vous trouverez ci-dessous les informations concernant les activités du Centre local de développement du Pontiac relatives au mandat de développement du secteur touristique dans la MRC de Pontiac.

1. Concernant les éléments statistiques et la connaissance de l'offre et de la demande :

    - Statistiques globales annuelles et relatives au secteur touristique dans le Pontiac.
    - Taux d'occupation annuels et saisonniers des infrastructures d'accueil (gîtes, hôtels/motels, terrains de camping et autres services d'hébergement).
    - Répartition et évolution de l'offre d'hébergement, en fonction de la demande intérieure locale, familiale, extérieure à la région, du reste du Canada.
    - Évolution quantitative et qualitative des structures d'accueil et de la gamme d'activités proposées (incluant les capacités, création, fermeture).

Les données statistiques auxquelles vous faites référence ne sont disponibles qu'auprès de Statistique Canada, et nous sont transmises par l'intermédiaire de l'association régionale (ATR), Tourisme Outaouais. Malheureusement, les données compilées par territoire de MRC sont peu significatives car le système de Statistique Canada est basé sur le coefficient de variation et la marge d'erreur indiquée pour la MRC de Pontiac est de 31,05% (2009).

Toutefois, nous travaillons en partenariat avec les entreprises et organismes touristiques du Pontiac afin de compiler certaines informations concernant les services d'hébergement. Des sondages volontaires ont été conduits en **2008 et 2010** et nous ont permis de visualiser certaines tendances concernant les différents types d'hébergement disponibles, leur fréquentation ainsi que les tarifs pratiqués. Ces données sont également comparées avec la région de l'Outaouais (données disponibles par région touristique auprès de Tourisme Québec).

Le travail de recensement effectué pendant ce sondage « maison » nous a permis de faire un point sur la disponibilité et le type de services d'hébergement offerts dans le Pontiac.

Statistiques avec une marge d'erreur avouée de **31,05%**...

De plus, une étude de provenance a été conduite pendant la saisons estivale 2009 par la firme *Zins, Beauchesne et associés* à partir de code postaux et auprès du bureau d'information touristique, de 4 évènements (Rodéo Pontiac, Motos à la « Bay », Tournée des ateliers d'artistes et Shawville Jamboree), de cinq hébergements de différents types et un d'attrait important (Chutes Coulonge).

Les résultats de ce sondage volontaire et de cette étude peuvent vous être transmis électroniquement.

La liste des entreprises et organismes offrant des services d'hébergement reconnus par Tourisme Québec et classifiés par la CITQ est disponible en tout temps et nous permet de faire un inventaire très exhaustif de l'offre disponible en matière d'hébergement.

Toutefois, il faut rappeler que la mise à jour des informations concernant ces entreprises et organismes est volontaire et notre rôle est de permettre à ces entreprises de le faire le plus régulièrement possible. À cet égard, nous proposons aux entreprises et organismes du Pontiac deux répertoires en ligne dont l'inscription est totalement gratuite, soit le site ***tourismepontiac.com*** et *commercepontiac.ca*.

Des études régionales, provinciales et sectorielles nous permettent également de raffiner notre connaissance de l'évolution des tendances de l'offre et de la demande touristique. Notre organisation n'étant pas l'émettrice directe de cette documentation, celle-ci peut être consultée à nos bureaux sur rendez-vous.

Nous utilisons également les données statistiques transmises par la SADC concernant la fréquentation du bureau d'information touristique, des demandes d'information par courrier et courriel. Le système de *Google Analytics* nous permet également de connaître la fréquentation des sites internet sous notre responsabilité, soit **cycloparcppj.org** et **tourismepontiac.qc.ca**. Nous tentons de garder ces sites le plus à jour possible, dans la limite des ressources humaines et financières dont nous disposons.

Nous disposons également d'informations concernant les organismes et entreprises privées reliées aux activités touristiques sur le territoire de la MRC de Pontiac. Les organismes à but non lucratif (OBNL) mettent à disposition du public leur rapport annuel ainsi que leurs états financiers lors de leur assemblée générale annuelle. L'information appartenant aux entreprises privées avec lesquelles nous faisons affaires est évidemment confidentielle.

Enfin, n'étant pas un organisme de contrôle des normes de qualité dans les entreprises touristiques, notamment les services d'hébergement et de restauration, nous nous fions sur le professionnalisme des propriétaires ou Conseils d'administration le cas échéant quant à la qualité des services offerts aux visiteurs et touristes dans la région du Pontiac.

2. Concernant les éléments touchant la promotion de la destination :

Les activités de promotion et d'amélioration de l'image de la MRC de Pontiac se font à trois niveaux :

Au niveau régional, le CLD et ses partenaires s'assurent d'une présence continue et active de représentants du Pontiac (organismes et entreprises) auprès de l'ATR, Tourisme Outaouais, notamment au sein du Conseil d'administration, de comités marketing et lors des exercices de planification stratégique. Le CLD est également membre de la Commission développement économique et emploi de la Conférence régionale des élus de l'Outaouais (CRÉ-O) qui inclut les projets de développement touristique régionaux.

Au niveau de la destination **Pontiac en Outaouais**, la MRC est responsable de la mise en marché de la destination globale que représente le territoire du Pontiac ainsi que de certains attraits ou infrastructures dont elle a la charge, notamment le Cycloparc PPJ-Route verte[MC]. Elle délègue d'un côté la planification et la mise en œuvre du plan marketing annuel au CLD et d'autre part l'accueil et l'information touristique à la SADC.

Un tableau récapitulatif des ressources humaines et financières dédiés annuellement (2006 à 2010) a la mise en marché est annexé aux présentes.

3. Concernant les éléments touchant le développement touristique :

   Nature, volume des aides et subventions devant ou ayant aidé des intervenants, à aspects spécifiques ciblés/aidés, bénéficiaires, etc.

   Le détail annuel par programme et type de bénéficiaire (OBNL, entreprise privée) des aides, subventions et prêts accordés est disponible en annexe aux présentes. Étant donné que notre organisation peut traiter jusqu'à 150 demandes par année, l'information détaillée par promoteur individuel peut être rendue disponible pour consultation à nos bureaux et selon le code d'éthique et de confidentialité de la Corporation. Il est conseillé de prendre rendez-vous afin de vous assurer de la disponibilité d'un agent de développement pour répondre à vos questions.

   Informations relatives à ce secteur d'activité dans le Pontiac, notamment financières et humaines : volume d'affaires généré, nombre de personnes travaillant à temps plein ou partiel dans ce secteur, combien d'entre elles, ne disposant que des seuls revenus issus de l'activité touristique, etc. Ces informations feront la distinction entre les opérateurs privés du domaine et les intervenants des différents organismes locaux.

   De la même manière qu'il est très difficile de se procurer des statistiques fiables et représentatives par territoire de MRC quant à la fréquentation touristique, les enquêtes menées par Statistique Canada ne permettent pas de colliger l'information dont vous faites mention autre qu'à l'échelle nationale, régionale ou territoriale.

   Les seules statistiques disponibles à l'échelle de la MRC sont celles du recensement 2006 (profil des communautés). Le site internet de l'institut de la statistique du Québec ainsi que la Banque de données des statistiques officielles peut également être consulté mais se base toutefois sur les mêmes données de 2006 à l'échelle provinciale ou régionale.

   Voici des liens vers certaines analyses pertinentes à l'activité touristique au Canada :
   http://www5.statcan.gc.ca/subject-sujet/theme-theme.action?pid=4007&lang=fra&more=0
   http://www.statcan.gc.ca/pub/13-604-m/13-604-m2011069-fra.pdf
   http://www.statcan.gc.ca/pub/21-006-x/21-006-x2004008-fra.pdf

   Le CLD a l'obligation de produire et de mettre à jour un *Plan d'action local pour l'économie et l'emploi* (PALÉE) dans un horizon de 5 à 10 ans. L'*exercice stratégique* mené en **2008 et 2009** nous a permis de développer un diagnostic par secteur de la situation socioéconomique pontissoise. Lors de la tenue de consultations sectorielles, les participants ont notamment fait mention des constats suivants par rapport au secteur tourisme :

   Un territoire possédant une richesse naturelle, des paysages et des sites exceptionnels ainsi que des entreprises en récréotourisme déjà bien établies, tout en ayant un patrimoine bâti intéressant et un réseau culturel important dont il peut se servir pour continuer de se développer.

   Constat 1: Manque de services de base et d'accueil
   Constat 2: Fragilité du réseau touristique
   Constat 3: Absence d'image de marque et manque de reconnaissance touristique

   Le plan stratégique Vision Pontiac 2020 tient compte de ces constats et prévoit les actions à réaliser en conséquence. Le plan stratégique complet est disponible en ligne ou à nos bureaux.

3. Concernant les éléments touchant le développement touristique :

- *Nbre(s), valeur(s) des aides et subventions annuelles accordées des intervenants publics spécifiés (fédéraux, provinciaux, etc.)*

Le détail annuel par programme et type de bénéficiaire (OBNL, entreprise privée) des aides, subventions et prêts accordés est disponible en annexe aux présentes. Étant donné que notre organisation peut traiter jusqu'à 150 demandes par année, l'information détaillée par promoteur individuel peut être rendue disponible pour consultation à nos bureaux et selon le code d'éthique et de confidentialité de la Corporation. Il est conseillé de prendre rendez-vous afin de vous assurer de la disponibilité d'un agent de développement pour répondre à vos questions.

- *Statistiques sectorielles et sectorialisées dans le format le plus détaillé possible qu'il vous sera possible de nous fournir [illisible]*

De la même manière qu'il est très difficile de se procurer des statistiques fiables et représentatives par territoire de MRC quant à la fréquentation touristique, les enquêtes menées par Statistique Canada ne permettent pas de colliger l'information dont vous faites mention autre qu'à l'échelle nationale, régionale ou territoriale.

Les seules statistiques disponibles à l'échelle de la MRC sont celles du recensement 2006 (profil des communautés). Le site internet de l'institut de la statistique du Québec ainsi que la Banque de données des statistiques officielles peut également être consulté mais se base toutefois sur les mêmes données de 2006 à l'échelle provinciale ou régionale.

Voici des liens vers certaines analyses pertinentes à l'activité touristique au Canada :
http://www5.statcan.gc.ca/subject-sujet/theme-theme.action?pid=4007&lang=fra&more=0
http://www.statcan.gc.ca/pub/13-604-m/13-604-m2011069-fra.pdf
http://www.statcan.gc.ca/pub/21-006-x/21-006-x2004008-fra.pdf

Le CLD a l'obligation de produire et de mettre à jour un *Plan d'action local pour l'économie et l'emploi* (PALÉE) dans un horizon de 5 à 10 ans. L'*exercice stratégique* mené en **2008 et 2009** nous a permis de développer un diagnostic par secteur de la situation socioéconomique pontissoise. Lors de la tenue de consultations sectorielles, les participants ont notamment fait mention des constats suivants par rapport au secteur tourisme :

Un territoire possédant une richesse naturelle, des paysages et des sites exceptionnels ainsi que des entreprises en récréotourisme déjà bien établies, tout en ayant un patrimoine bâti intéressant et un réseau culturel important dont il peut se servir pour continuer de se développer.

Constat 1 : Manque de services de base et d'accueil
Constat 2 : Fragilité du réseau touristique
Constat 3 : Absence d'image de marque et manque de reconnaissance touristique

Le plan stratégique Vision Pontiac 2020 tient compte de ces constats et prévoit les actions à réaliser en conséquence. Le plan stratégique complet est disponible en ligne ou à nos bureaux.

Le volume d'affaires total généré par le tourisme dans la MRC de Pontiac (retombées économiques directes et indirectes) est extrêmement difficile à mesurer autrement que par la compilation de données publiques et privées, ce qui exigerait une analyse économique approfondie coûteuse et aux résultats parfois peu fiables ou questionnables, comme nous le prouvent les enquêtes menées par Statistique Canada. Mais il est évident que le tourisme et les activités indirectes qu'il génère n'est pas négligeable et doit être considéré comme un secteur économique à part entière.

La mise à jour annuelle d'un profil touristique pontissois précis et détaillé est impossible à réaliser avec les moyens dont nous disposons. Nous misons sur la collaboration du milieu et des partenaires pour optimiser les fonds de développement qui nous sont confiés.

Il est important de rappeler que les promoteurs soutenus (à but lucratif ou non lucratif) le sont uniquement en fonction de la qualité et du mérite de leur projet (impact économique, social, nombre d'emplois créés, stress concurrentiel, etc.). Ces aides financières sont également limitées par le financement annuel qui nous est confié par le Ministère du développement économique, innovation et exportation et la MRC (programmes gouvernementaux et quotes-parts).

Les critères de nos programmes de subvention et de prêts sont disponibles sur demande et toute intervention (aide technique et/ou financière) est soigneusement conduite afin d'encourager un maximum de petites et moyennes entreprises à démarrer et se développer sur notre territoire. Avec les années, nous avons remarqué que plus de 63% des entreprises auxquelles nous avons offert des services techniques et/ou financiers sont encore en activité, ce qui dépasse de loin le taux de survie général des PME au Québec (35%).

Nous espérons que ces informations répondent à votre requête et vous seront utiles. Nous restons à votre disposition pour toute question complémentaire concernant le sujet en rubrique.

Veuillez recevoir, Monsieur, nos salutations distinguées.

Isabelle de Bruyn
Directrice générale, CLD du Pontiac

p.j.: Liste des documents de référence
Détail des investissements locaux en promotion et développement touristique 2006 à 2010

c.c. : Richard Grimard, Président, CLD de Pontiac
Michael McCrank, Préfet, MRC de Pontiac
Charlotte L'Écuyer, Députée de Pontiac à l'Assemblée nationale
Mathieu Ravignat, Député fédéral de la circonscription de Pontiac
Rémi Bertrand, Directeur général de la MRC de Pontiac
Lionel Donaldson, Directeur général de la MRC Pontiac

***

Quand nous repensons aux dix ans perdus en Union Soviétique Canadienne nous regrettons fortement nos investissements financiers, physiques et pires, moraux. L'argent dépensé et la somme des travaux réalisés démontrent des espoirs qui fondèrent notre installation. Est-il possible que le sentiment de se retrouver enfin en zone sécuritaire après la dangereuse Guyane nous ait fait baisser la garde au point de sombrer dans une telle naïveté ? En résumé, je serai devenu trop bon et donc trop con. La méconnaissance des méthodes locales ne peut tout expliquer à elle seule. La déception est à la hauteur. Mais l'avenir est devant et il ne sert à rien de pleurer sur le lait renversé…

LIBERTÉ RETROUVÉE !

Nouveau départ…

Il a fallu choisir une nouvelle destination, un nouveau futur, une nouvelle vie. Un ami de Guyane nous avait visités et nous avions fait avec lui le tour des horizons possibles. En procédant par élimination, il ne restait que quelques pays d'Amérique du sud. Paraguay, Argentine, Uruguay… Surtout pas la Bolivie, jugée misérable et non sécuritaire. À notre grande surprise notre ami nous informe qu'un de ses anciens collègues de Guyane vit en Bolivie et s'en trouve satisfait. Il nous communique ses coordonnées et nous le contactons. Ce qu'il nous apprend nous démontre rapidement à quel point nous avons été désinformés par ce qu'il convient d'appeler la propagande occidentale, par définition hostile à un pays refusant de se plier à la politique des pays dominants et volontiers dominateurs. André est aussi un ancien de Guyane et vit à Trinidad. Plus tard, nous rencontrerons sur Internet, Michel de Santa Cruz de la Sierra qui confirmera les dires d'André. Une nouvelle grande décision est prise, une fois encore conséquence d'un tout petit hasard de la vie. Ce sera la Bolivie. L'espagnol est la langue maternelle de Maria. Après quarante ans de vie commune pendant lesquels le français lui fut imposé, il me semble normal de faire une immersion dans une langue qui n'est pas la mienne. D'autant plus, hypocrite que je suis, que je la manie déjà bien…

Nous sommes en octobre et ne voulons surtout pas passer un hiver de plus dans ce cloaque. La banque nous propose une solution légale à savoir un délaissement volontaire. La technique consiste à abandonner les biens immobiliers contre le montant des hypothèques en cours. Nous signons les documents sur la table de notre salon face à un banquier et un avocat ébahis face à notre décontraction. Tous deux nous assurent que si nos biens sont vendus plus chers que les montants des hypothèques en cours, nous serons crédités de la différence.

Cause toujours, beau merle, on te croit…

Et la question inévitable se glisse, susurrée, diluée dans le venin…

-Peut-on savoir où vous allez, vos intentions…

La réponse est tout aussi sincère !

-Nous allons chercher un loyer pas cher dans le coin, essayer de trouver un emploi…

Pauvre con, si tu savais l'envie de rester ici qui nous anime... Tu crois sans doute que je vais t'avouer qu'on part en Amérique du sud, au risque se faire taxer de 15 à 50% de l'argent qui nous reviendrait en cas de vente de nos biens pour une somme plus élevée que le total des hypothèques ? De toute façon, nos intentions ne re regardent en rien. Les deux ratasses hochent la tête. Les mines d'enterrement s'effacent juste après la dernière signature apposée sur le dernier document. Tout sourire, je leur propose un verre qu'ils disent ne pouvoir accepter. Je boirai donc seul, sans manquer de lever mon verre en portant un toast au Pontiac et au succès qui fut le nôtre dans cette superbe région. Le binôme est effaré et tente en vain de sourire. Quand je leur fais part de mon intention d'écrire un livre sur notre histoire leurs visages retrouvent leur naturel trahissant la constipation chronique.

D'autres que nous se seraient suicidés.

Quelques jours plus tard le banquier revient, accompagné d'un agent immobilier. Nous sommes toujours aussi décontractés et procédons à la visite des lieux. Je les informe qu'avant de quitter les lieux nous ferons une vidéo montrant le journal du jour et prouvant l'état des lieux. Je demande à l'agent s'il est d'accord pour que je continue à chercher des acheteurs, ce à quoi il répond par l'affirmative. L'ambiance est faussement bon enfant et le banquier vient à parler de motoneiges en croyant bon de préciser :

-Nous autres Québécois aimons l'aventure, les décharges d'adrénaline...

Je réussis à maîtriser une réponse cinglante. Pauvre brêle sinistre ! Tes motoneiges évoluent sur des sentiers balisés dont tu payes l'entretien... Pendant que tu glissais sur ta poudreuse, Maria marchait avec son fusil, de nuit en pleine jungle, hors-layon à la boussole et appelait des animaux dont tu ignores jusqu'à l'existence. Dans ces conditions, tes automates livides soi-disant amateurs d'adrénaline se chieraient dans les bennes.

Je ravale mes ultimes velléités agressives. Nous sommes aux environs du quinze octobre et après une orgie de couleurs, les arbres se déplument sérieusement. Un hiver que nous ne connaitrons pas approche à grands pas. Intérieurement je me bidonne. Je sais que dans une dizaine de jours, nous serons au soleil, hors-gel, hors-taxes. Adieu entreprise ! Pas de neige à pousser, pas de nuages à chauffer, pas de pousse-mégots à entretenir...

Nous avons travaillé sur la liquidation de quelques biens et vendons la voiture, le quad, les meubles des chalets et divers matériels. Vus les prix que nous demandons, quelques rapaces du quartier se pressent en rangs serrés... Point très réconfortant, nos fidèles amis continuent de nous épauler. Nous prenons deux billets aller-retour au départ de Plattsburgh (U.S.A. où les vols sont moins chers) pour Santa Cruz de la Sierra, la Bolivie n'acceptant pas de passagers non-résidents sans billet retour. Michel que nous ne connaissons que par Skype nous prête sa maison. Comme il y a une grande piscine, nous acceptons volontiers... Nous ne le verrons pas cette fois, car il part pour la France deux heures avant notre arrivée.

Animés d'un curieux sentiment de libération, nous quitterons Lawless sans nous retourner avec un peu plus de sept mille dollars U.S. en poche et cinq ou six valises. L'avenir est à nous...

Nos amis Jacques et Nathalie sont venus nous chercher. Nous passerons une nuit chez eux à Gatineau. Le lendemain, ils nous conduiront au terminal de bus, direction Plattsburgh aux U.S.A., petite ville proche de New York. Demi-surprise, nous nous sommes plantés dans le choix des vols... Nous avons pris Plattsburgh / New-York / Miami / Santa Cruz de la Sierra. Or, le vol Miami / Santa Cruz remonte vers le nord et repasse par New-York... Nous ferons donc un aller-retour New-York / Miami pour rien ! Mais en tant que grands voyageurs nous sommes abonnés à ce genre de gag. On ne se refait pas...

Nous parlons de nos amis laissés là-bas au Québec. On se rassure en se disant qu'ils viendront nous voir. Soleil magnifique... Sous nos ailes, les eaux bleues du lac Titicaca... Quelques instants plus tard nous approchons de Santa Cruz. L'avion perd de l'altitude et en regardant par le hublot, je reconnais manguiers, bois-canon[185]. Nous sortons de l'aéroport. Il fait plus de 30°, on parle espagnol. Je suis déjà chez moi.

-Taxi !

Nous allons passer une semaine chez Michel. Ensuite, direction Trinidad. Nous arrivons de nuit et il pleut dru. André nous attend et nous partons vers son estancia de 3500 ha, à une trentaine de kilomètres de là. La piste est pourrie, boueuse à souhait. Nous croiserons de nombreux capibaras[186]. Je revis. Nous passerons trois semaines invités sur l'estancia avant de louer une chambre en ville. Nous mesurons sans peine la différence de notion de l'hospitalité entre la Bolivie et le Québec !

Une fois trouvé un logement à Trinidad, la première chose que je ferai sera de découper ma si précieuse et si convoitée carte de résident permanent canadienne. Dans la foulée, ma carte soleil et celle de sécurité sociale, toutes en cours de validité subiront très exactement le même sort. Cet acte sacrilège, pour beaucoup impensable, je l'ai baptisé "Opération Spartacus" et réalisé une vidéo visible à l'adresse https://www.youtube.com/watch?v=ZGQFMYUwrws

Les regrets ?

Il est trop facile de dire de ne pas pleurer sur le lait renversé. Les regrets existent indéniablement. Au premier rang de ceux-ci celui d'avoir eu envie de créer une structure nouvelle dans un pays étranger à cinquante-quatre ans. Nous aurions pu venir directement en Bolivie et nous la couler douce au soleil, dans un environnement humain autrement plus vivant que chez les horreurs boréales.

Pas de haine, mais la déception et le ressentiment de nous être faits arnaquer par un système et ses larbins.

Le regret d'avoir travaillé dur, en y croyant, pour tout perdre au final.

Celui d'avoir perdu l'héritage de nos parents, investi dans cette mésaventure.

Nous nous sommes fourvoyés en voulant nous constituer par notre travail un capital immobilier à transmettre à nos deux fils. Tout c'est investissement financier et moral, tout ce travail n'était au final que la poursuite du vent[187]. Et le vent nous a balayés.

---

[185] Cécropias. Essence pionnière, famille du papayer.
[186] Cabiai. Plus gros rongeur du monde.
[187] Ecclésiaste 1:14 J'ai vu tout ce qui se fait sous le soleil; et voici, tout est vanité et poursuite du vent.

Nous avons de temps en temps des nouvelles du Pontiac. Elles ne sont jamais réjouissantes. Les entreprises ferment, la population vieillit et diminue. Les taxes continuent d'augmenter. Pas de fuite de cerveaux, ceux-ci étant partis depuis longtemps... Les jeunes quittent la région pour la ville. D'autres s'inscrivent au B.E.S. et restent là à zoner et fumer des joints. Périodiquement un nouveau projet faramineux sort de l'imagination fertile des ploutocrates. Personne n'y croit, mais ça fait les titres de la presse gratuite. Pire, selon certains bruits, il paraitrait que des projets industriels auraient ciblé le Pontiac pour s'installer. Comble de l'ironie, de hauts responsables politiques auraient conseillé à leurs promoteurs de préférer la destination U.S.A. Beaucoup affirment que l'État du Maine est hospitalier... Rien ne me surprendrait venant du capitalisme international. A ces niveaux de décision tous les coups sont permis et l'intérêt du Pontiac est le cadet des soucis de ces messieurs. De plus, il apparaitrait parfaitement logique de penser que si les petits joueurs locaux pratiquent la chasse et la captation de capitaux, d'autres placés à des niveaux plus élevés peuvent s'amuser avec les implantations d'industries. Pourquoi pas ? Qui pourrait croire qu'entre hégémonie, intérêts commerciaux et besoin impérieux de redonner des couleurs à une économie vacillante, l'Oncle Sam ne pourrait pas se livrer à ce petit jeu, via quelques complices dans la place ? La haute finance se rit des frontières et manipule comme elle l'entend ses marionnettes politiques qui prennent leurs ordres auprès d'elle. Les mauvaises langues ne prétendent-elles pas déjà que le Canada ne serait qu'une étoile de plus sur le drapeau yankee ? Alors...

Et que sont devenues nos propriétés ? J'avais trouvé un couple d'acheteurs Français et informé l'agent immobilier de leur visite. Ces personnes sont venues exprès depuis la France pour voir nos propriétés. Le jour et à l'heure convenus, pas d'agent immobilier en vue ! Nos Français se sont retrouvés condamnés à faire un tour rapide dans un mètre de neige, sans pouvoir visiter...

Plus tard, nous apprendrons que tout a été vendu. Il aura tout de même fallu une paire d'années pour liquider à vil prix des chalets en une région prétendue en grave manque d'hébergements...

La maison de cinq-cents M², son parc d'agrément clôturé, l'étang, les diverses annexes ont été vendus deux-cent-cinquante mille dollars. Ils nous avaient couté six-cent-trente mille sans compter notre très important travail. Les heureux nouveaux propriétaires seront-ils au moins capables d'entretenir ce que nous avons créé ? Il est permis d'en douter, notre jardin étant en friches...

Nos deux chalets quatre étoiles en bord de lac seront lâchés contre cent-mille dollars. Ils nous en avait fallu quatre-cents-soixante-dix mille pour les construire, en-dehors de notre main-d'œuvre.

Il serait vraiment malvenu de notre part de penser à d'éventuelles magouilles dans ces transactions...

La compensation ?

Elle sera aussi énorme qu'imprévue. Nous ne nous sommes pas retournés en laissant derrière nous un bon million de dollars en terrains, bâtiments et travaux. L'avenir est devant, même si à soixante-trois ans on ne rebondit pas avec autant d'aisance qu'à cinquante. L'essentiel est de conserver le moral et surtout, rester un couple uni malgré les aléas de la vie.

Se faire niquer à nos âges par "plus con que soi" n'est-il pas le signe d'une jeunesse encore bien présente ?

Pendant nos dix ans de Canada, à l'exception des trois dernières années, nous aurons été sinon riches, du moins aisés. Autour du lac les gens appelaient notre maison "le château". Mais cette richesse n'était que matérielle, autant dire du pipeau. En fait, au-delà de l'indiscutable confort, elle ne satisfaisait que nos égos. Nous n'en retirons qu'une expérience au gout amer, un enseignement suite à une erreur colossale.

Admettre enfin pour plausible le principe affirmant que *"le matérialisme, c'est acheter avec de l'argent qu'on n'a pas, des trucs dont in n'a pas besoin pour épater des gens qui n'en n'ont rien à foutre"*.

La Bolivie était le bon choix et nous y vivons depuis le 23 octobre 2013.

Avec un climat beaucoup moins humide que la Guyane, une insécurité bien moindre, une population très hospitalière. Avec nos petites retraites, nous nous retrouvons avec un pouvoir d'achat élevé. Quelle joie de retrouver une faune identique à celle de la Guyane, avec en prime une densité supérieure. La Bolivie est le premier pays du monde en ce qui a trait à la faune avicole ! Nous avons troqué nos armes contre des caméras et appareils photo numériques.

Pour le Bolivien, c'est un honneur de recevoir un étranger. Rien à voir avec le Canadien en mode recherche permanente de profit et qui s'enferme dans son sous-sol pour se siffler en douce une canette de bière.

Les invitations et fêtes se succèdent à un rythme assez serré.

Ces gens souvent humbles sont beaucoup plus heureux et généreux que les riches nord-Américains. En général le souci du lendemain n'existe pas ici.

Un voisin et ami vit chichement, mais chaque fois que nous nous rendons chez lui, il nous invite à manger, avec les personnes qui nous accompagnent. La vie en Bolivie est par bien des aspects comparable à celle des années cinquante en Espagne. Nous y avons trouvé d'incroyables espaces de vraie liberté. Que ne sommes-nous pas venus ici plus tôt ? Parce que quelle générosité ! Quelle fierté ! Quelle noblesse simple ! Quelle notion de l'entraide et de la famille ! Beaucoup de Québécois devraient venir ici prendre des leçons d'humanité.

Tout ça pour comprendre que *"le bonheur n'existe pas en tant que destination. Le bonheur, c'est le chemin censé y conduire"*.

Lao Tseu.

Ploutocrates, vous aviez sans doute pensé qu'une fois partis, nous allions oublier votre arnaque ? Eh bien non. Nous souhaitons par cet ouvrage éviter à ceux qui seraient tentés par l'aventure de connaitre les mêmes déboires ou au moins éviter de commettre les mêmes erreurs et bien prendre en compte un maximum d'éléments avant de succomber au miroir aux alouettes québécois. N'oubliez jamais qu'au moins la moitié des Français installés au Québec le quittent avant deux ans ! Quel pourcentage y laissent des plumes ? Si ce livre résumant une expérience personnelle peut dissuader quelques volontaires, ou leur permettre d'éviter les erreurs que nous avons commises, j'aurai atteint mon but. Le meilleur conseil que je puisse donner est de ne pas écouter seulement ce que vous souhaitez entendre. Le Canada est un beau et grand pays. Ce n'est ni le paradis, ni l'enfer, mais il sait être l'un ou l'autre.

Si d'aventure quelques automates livides et éminemment susceptibles, labélisés Pontiac trouvaient que j'y suis allé un peu fort dans ce roman, qu'ils portent plainte ! Ils auront sans doute remarqué qu'à plusieurs reprises j'évoque le bon sens paysan. Cette notion qu'ils ignorent sans doute préconise de toujours "garder une poire pour la soif". On retrouve un conseil équivalent dans l'ouvrage L'ART DE LA GUERRE du général Sun Tzu. Il y enseigne notamment que les jeunes guerriers jettent d'emblée toutes leurs forces dans la bataille, contrairement aux plus anciens qui en conservent en réserve, généralement les meilleures. Pour vous servir, si affinités, j'en ai encore sous la semelle. Avis aux amateurs, donc…

Certains avaient une ferme en Afrique. Nous avions des chalets au Canada…

Nous aurons tout perdu au Pontiac pour cause de mensonges et tromperies. Pontissois, malgré vos trucks, vos quat'roues, vos roulottes et vos matches de hockey, vous n'aurez jamais en vie pure ce que nous avons en jours de congés.

Références et liens utiles :

Beaucoup des images de ce livre sont des articles du Journal du Pontiac pour lequel j'ai travaillé. Les autres sont des scans de documents originaux ou des photos de notre collection personnelle.

Français déçus Québec - Immigrer.com www.immigrer.com

Des Français déçus du Québec. ww.journaldemontreal.com/2014/02/16/des-francais-decus-du-quebec

Les espoirs déçus des immigrants français - Le blogue du QL www.leblogueduql.org/2007/12/les-espoirs-dus.html

Immigrants Français au Québec : L'Arnaque - www.agoravox.fr › Culture & Loisirs › Étonnant

31 mars 2009 - Le racisme anti-français n'existe qu'au Québec, pas dans les autres provinces. Pourquoi ?

Québec - Un Kabyle à Montréal: "Je suis franchement déçu du ... pointdebasculecanada.ca/quebec-un-kabyle-a-montreal-je-suis-franchement-decu-du-...

Impératif français | Le Canada nous a beaucoup déçus. www.imperatif-francais.org/a-vous-la-parole/.../le-canada-nous-a-beaucoup-decus/

7 mars 2014 - Nous avons quitté le *Québec* avec le sentiment de l'esclave enfin libéré ... Désolé, mais le Canada nous a beaucoup *déçus* et c'est pour nous ...

Vécu au Québec pendant dix longues années. Achevé d'écrire en Bolivie, le 05/09/2016.

Bonne chance à nos successeurs !

Pour toute communication, merci de le faire via la chaine youtube de Deplanque Joel.

www.ingramcontent.com/pod-product-compliance
Lightning Source LLC
Chambersburg PA
CBHW051307220526
45468CB00004B/1235